从零开始学炒股

MACD操盘术

黄凤祁◎著

中国宇航出版社

·北京·

图书在版编目（CIP）数据

从零开始学炒股 ： MACD操盘术 / 黄凤祁著. -- 北京 ： 中国宇航出版社， 2019.1（2021.11重印）
ISBN 978-7-5159-1544-9

Ⅰ. ①从… Ⅱ. ①黄… Ⅲ. ①股票投资—基本知识 Ⅳ. ①F830.91

中国版本图书馆CIP数据核字(2018)第258754号

策划编辑 田芳卿
责任编辑 吴媛媛　　装帧设计 宇星文化

出版发行 中国宇航出版社
社 址 北京市阜成路8号　　邮 编 100830
(010)60286808　　(010)68768548
网 址 www.caphbook.com
经 销 新华书店
发行部 (010)60286888　　(010)68371900
(010)60286887　　(010)60286804(传真)
零售店 读者服务部
(010)68371105
承 印 三河市君旺印务有限公司
版 次 2019年1月第1版　　2021年11月第2次印刷
规 格 787×960　　开 本 1/16
印 张 16　　字 数 215千字
书 号 ISBN 978-7-5159-1544-9
定 价 48.00元

本书如有印装质量问题，可与发行部联系调换

化繁为简的 MACD 操盘技术

中国A股市场发展到现在，虽然时间并不太长，但早已过了最初的博傻阶段，不再是有钱敢买就能赚到钱。如今的A股市场，如果投资者没有技术，是很难再赚到钱的。以2017年的结构性牛市为例，上证指数仅仅上涨了300多点，盘中个股却是涨跌互现，有的股票上涨了数倍，有的却一跌再跌。

据不完全统计，2017年A股投资者人均盈利2.31万元，然而超过90%的股民都遭受了不同程度的亏损。什么原因造成这种两极化呢？毫无疑问，就是看股民对炒股技术的掌握程度。

新股民亏了，尚有情可原，可是当年实际上亏损的多是老股民，这就说明投资者对技术的掌握还不够扎实。正是在这样的背景下，我们推出了“从零开始学炒股”丛书。

以股民最常用的MACD指标为例，它只有两线一柱三个指标，在判断超买超卖以及股价趋向性方面有得天独厚的优势，那么为什么很多老股民就用不好呢？就是因为许多老股民掌握多种技术，比如K线形态，MACD、KDJ、BOLL等指标，每种技术都略知一二，又每种技术都不过硬、囫囵吞枣，导致观察行情时阴差阳错，亏损是必然的。

新股民像一张白纸，你在上面写什么，这些内容就会成为未来的依靠。然而，新股民同样面临一个重要的问题：如何将技术学精、学透？

为了利于投资者更深刻地理解MACD指标的应用技术，本书从最基本的MACD常识开始讲解。首先，介绍两线一柱的市场含义，及其与股价和趋势的对应关系，如何实战应用。比如MACD指标的运行规律、MACD指标对趋势的判断、MACD红绿柱的意义及其对股价的影响，以及趋势演变的形态。

其次，本书从实战角度介绍了MACD的应用技巧，比如顺势交易中的金叉、死叉、MACD柱的使用方法以及对买卖点的判断，逆势交易中背离技术的多种应用，以及波段操作中的各种实战技巧。

最后，本书从实战升级的角度，详细讲解了MACD抄底攻略和逃顶攻略，以及MACD高级战法中的量化分析战法。就像剑术高手一样，只有将有形的剑化为无形的剑气，才能达到剑学的最高境界。

万丈高楼平地起。要想弄懂、掌握MACD指标的应用技术，必须像那些爱好武术的朋友一样，将MACD分析技术化繁为简，从最基础的一招一式开始练习，最终成为武林高手。

炒股技术种类繁多，各有优缺点。对投资者而言，要想从股市中赚到钱，不是学会所有炒股方法就能达到这一目的。学习技术的过程中要戒骄戒躁，打好根基，再通过实践去理解、吃透，这门技术才能够真正上身。

炒股技术与其他技术一样，关键在于学里而非学表，就像MACD指标分析技术，形态往往是次要的，重要的是明白形态背后的市场含义。明白了这些，才能真正做到无招胜有招。

对投资者而言，与其终日羡慕那些炒股高手获得了丰厚的投资收益，不如静下心从MACD指标的一招一式开始练习。待到冬去春来，你就会惊奇地发现，原来自己不知不觉间已经成长为MACD波段炒股高手。

目 录

CONTENTS

第一篇 MACD 基础篇

第1章 认识MACD 1

1.1 MACD 指标的概念 3

1.1.1 MACD 是超买超卖指标 3

1.1.2 MACD 指标显示区域 5

1.1.3 如何调出 MACD 指标 6

1.2 MACD 指标的构成 10

1.2.1 快线：DIFF 线 10

1.2.2 慢线：DEA 线 12

1.2.3 MACD 柱 14

1.2.4 0 轴 15

1.3 MACD 指标的运行规律 17

1.3.1 MACD 指标的运行区间 17

1.3.2 DIFF 线和 DEA 线正负值的转化 20

1.3.3 MACD 指标的钝化现象 22

1.4 MACD 指标的超买与超卖 25

1.4.1 超买 25

1.4.2 超卖 27

1.5 MACD 指标的钝化 30

1.5.1 DIFF 线高位钝化 30

1.5.2 DIFF 线低位钝化 31

1.5.3 DEA 线钝化 33

第 2 章 MACD 指标的实战意义 37

2.1 MACD 双线的作用 39

2.1.1 DIFF 线的实战作用 39

2.1.2 DEA 线的实战作用 40

2.2 MACD 柱与股价波动的关系 42

2.2.1 红柱变化与股价的关系 42

2.2.2 绿柱变化与股价的关系 44

2.2.3 红柱转绿柱与股价的关系 46

2.2.4 绿柱转红柱与股价的关系 50

2.2.5 小红柱与小绿柱间的互相转换 52

2.3 MACD 指标与股价运行的方向 53

2.3.1 MACD 双线方向与股价运行方向 53

2.3.2 MACD 柱变化与股价运行方向 56

2.3.3 MACD 双线一柱结合判断股价运行方向 59

第 3 章 MACD 指标与趋势的关系 63

3.1 如何根据 MACD 指标判断趋势 65

3.1.1 上涨趋势的判断 65

3.1.2 下跌趋势的判断 66

3.1.3 震荡趋势的判断 68

3.2 MACD 指标与趋势演变 71

3.2.1 行情启动时的 MACD 指标征兆 71

3.2.2 行情转弱时的 MACD 指标征兆 73

3.2.3 行情转强时的 MACD 指标征兆 75

3.2.4 盘整后变盘时的 MACD 指标征兆 78

3.3 MACD 指标钝化与趋势反转 81

3.3.1 DIFF 线低位钝化与趋势反转向上 81

3.3.2 DIFF 线高位钝化与趋势反转向下 82

第二篇 MACD 实战技巧篇

第 4 章 MACD 指标的顺势操作技巧 85

4.1 金叉买入技巧 87

4.1.1 金叉 87

4.1.2 低位金叉 88

4.1.3 二次金叉 90

4.1.4 无效金叉 92

4.2 死叉卖出技巧 95

4.2.1 死叉 95

4.2.2 高位死叉 97

4.2.3 接连死叉 98

4.2.4 无效死叉 101

4.3 MACD 柱买卖形态与技巧 103

4.3.1 红柱持续变长 103
4.3.2 红柱快速缩短 106
4.3.3 绿柱持续变长 108
4.3.4 绿柱快速变长 110

第 5 章 MACD 背离逆势操作技巧 113

5.1 什么是背离 115

5.1.1 背离的定义 115
5.1.2 如何判断背离 117

5.2 背离的种类 119

5.2.1 底背离 119
5.2.2 顶背离 121

5.3 底背离买入形态与技巧 124

5.3.1 波谷底背离 124
5.3.2 柱线底背离 125

5.4 顶背离卖出形态与技巧 127

5.4.1 波峰顶背离 127
5.4.2 柱线顶背离 129

5.5 MACD 与成交量背离形态与技巧 130

5.5.1 双线上行，阳量缩减 130
5.5.2 双线下行，阴量缩减 132

5.6 特殊背离形态与技巧 134

5.6.1 背离式上涨 134
5.6.2 背离式下跌 137

第 6 章 MACD 波段实战技巧 139

6.1 多空趋势的界定 141

6.1.1 大盘趋势的判断 141

6.1.2 个股趋势的判断 142

6.2 波段操作策略 144

6.2.1 选定波段操作的周期 144

6.2.2 根据操作级别进行波段操作 145

6.3 小波段实战策略与技巧 148

6.3.1 30 分钟图短线波段操作策略与技巧 148

6.3.2 整理结束的买点判断 150

6.3.3 结束上涨的卖点判断 153

6.4 大波段实战策略与技巧 155

6.4.1 周线图为主的波段操作策略与技巧 155

6.4.2 低位钝化买入技巧 157

6.4.3 高位钝化卖出技巧 159

第三篇 MACD 高级实战技巧篇

第 7 章 MACD 抄底实战攻略 163

7.1 底部形态判断技巧 165

7.1.1 底部形态特征 165

7.1.2 底部反转时的 MACD 指标征兆 167

7.1.3 启动时的 MACD 指标征兆 171

7.2 强势买入形态与技巧 173

7.2.1 MACD 二次翻红 173

7.2.2 0 轴之上 MACD 二次金叉 174
7.2.3 双线向上发散 176
7.2.4 DIFF 线突然向上翘起 177
7.3 弱势反转买入形态与技巧 179
7.3.1 DIFF 线低位钝化 + 金叉 179
7.3.2 0 轴之下 MACD 二次金叉 180
7.3.3 DIFF 线大角度向上 183
7.3.4 死叉不死 184
7.4 经典买入形态与技巧 186
7.4.1 佛手向上 186
7.4.2 小鸭出水 188
7.4.3 天鹅展翅 190
7.4.4 漫步青云 191
7.4.5 海底缆绳 193
7.4.6 空中缆绳 194
第 8 章 MACD 逃顶实战攻略 197
8.1 顶部形态判断技巧 199
8.1.1 MACD 指标的顶部特征 199
8.1.2 弱势转弱时的征兆 200
8.2 经典反转卖出形态 202
8.2.1 DIFF 线高位钝化 + 死叉 202
8.2.2 双线向下发散 205
8.2.3 DIFF 线大角度向下 208
8.3 弱势转弱卖出形态 209

8.3.1 MACD 二次翻绿 209

8.3.2 金叉不叉 212

8.3.3 0 轴附近接连死叉 214

8.4 MACD 柱卖出形态 216

8.4.1 红柱快速大幅缩短 216

8.4.2 绿柱快速大幅变长 219

第 9 章 MACD 指标量化战法 223

9.1 认识 MACD 交易系统 225

9.1.1 MACD 交易系统简介 225

9.1.2 MACD 交易系统的优劣 228

9.1.3 MACD 交易系统的参数修改与设定 231

9.2 建立属于自己的 MACD 交易系统 236

9.2.1 根据自身需求更改 MACD 指标参数 236

9.2.2 不同周期的参数设定 239

9.3 MACD 交易系统实战 242

9.3.1 根据新 MACD 交易系统的提示买入 242

9.3.2 根据新 MACD 交易系统的提示卖出 243

第一篇 MACD 基础篇

第 1 章　认识 MACD

MACD 指标是波段操作的工具，但在使用这一指标判断趋势和行情时，首先应先了解它。什么是 MACD 指标？MACD 指标包括哪些内容？MACD 指标有哪些运行规律？什么是 MACD 指标的超买与超卖？什么是 MACD 指标的钝化？MACD 指标钝化后如何应对？只有弄清这些问题的答案，了解这些基本知识，才能更好地使用 MACD 指标。

1.1 MACD 指标的概念

1.1.1 MACD 是超买超卖指标

MACD 指标是炒股时经常使用的一个反映盘中买卖力量的指标，被称为指数平滑移动平均线，是利用常用为 12 日的短期指数移动平均线与常用为 26 日的长期指数移动平均线之间的聚合与分离状况，对买卖股票时机做出研判的一种技术指标。

严格意义上，将 MACD 定为超买超卖类指标不够科学，应当将它归为趋势类指标，通过指标的运行情况判定股票价格的趋势变化。但是，由于盘中出现超买超卖时，MACD 能够充分反映这一点，所以市场上习惯将其称为超买超卖类指标。更多的时候，MACD 指标提示的是一种趋势上的变化。基于物极必反的原理，当市场严重超卖达到极限时，趋势就会转为上涨；当市场严重超买达到极限时，趋势就会转为下跌。因此，MACD 反映的是一种趋势变化规律。

从这个角度来讲，MACD 指标是利用一只股票盘中买方与卖方的力量变化反映股价运行的变化。在观察市场趋势变化之前，必须先了解 MACD 的相关知识，本书将一一讲解，这里只是让读者首先对 MACD 指标有一个初步的感性认识。比如，当 MACD 指标反映出卖方力量大于买方力量时，股价就会下跌；当 MACD 指标反映出买方力量大于卖方力量时，股价就会上涨；当买方与卖方力量均衡或差别不大时，股价就会呈现震荡走势。这一点很容易从成交量的变化上得到印证。

★ 案例解读

图 1–1 是贵阳银行（601997）日线图，股价运行到 A 区域后，MACD 出现了超卖的情况。在 C 区域，这种超卖现象达到了极限，成交量从 126 245 手（2.20 亿元）的卖出量突然转化为次日 244 392 手（3.72 亿元）的买入量，买入量约为卖出量的两倍，因而股价结束超卖状态，出现了趋势回升。

股价震荡上行到 B 区域后，MACD 提示进入了超买状态，成交量从最初 394 769 手（6.47 亿元）的买入量一下子转化为接连两个交易日的卖出量，卖出量分别为 209 029 手（3.41 亿元）和 189 226 手（3.05 亿元），卖出金额合计 6.46 亿元，几乎与前一日 6.47 亿元的买入金额持平，股价因此转为持续下跌。

也就是说，MACD 指标超买超卖后，从成交量上也印证了趋势的变化。

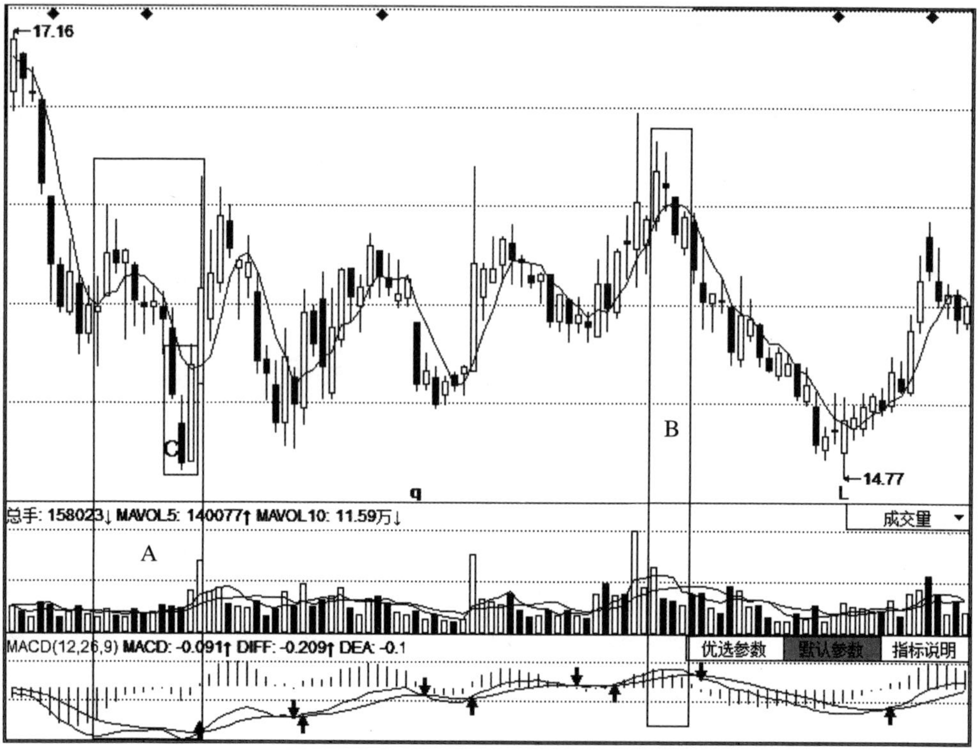

图 1–1　贵阳银行日线图

★ 实战要点

1. MACD 指标虽然能够反映盘中买卖双方力量的变化，尤其是进入超买超卖状态后，但其更多的是反映股价运行趋势的变化，如图 1–1 中 A 区域和 B 区域所示。

2. 实战中应用 MACD 指标主要用于判断趋势的演变，尤其是判断趋势的反转，所以往往将其作为根据趋势变化把握买卖时机的波段操作工具。

3. 根据 MACD 判断趋势演变时，不能仅仅根据单日的买卖双方力量变化决定买入或卖出，应从整体趋势演变的角度分析。

1.1.2　MACD 指标显示区域

在了解了 MACD 指标究竟反映的是什么之后，还要清楚 MACD 指标的显示区域，这一点很好理解。在目前所有的炒股软件中，MACD 指标都显示在 K 线图最下方一栏，在不改变初始设置的情况下，MACD 指标显示区域通常在成交量显示区域的下方，便于投资者观察分析市场走势。

★ 案例解读

图 1–2 是中信银行（601998）日线图，打开其 K 线图就会发现，K 线图成交量下方即为 MACD 指标显示区域，交易者随时可以根据 MACD 指标的变化，结合 K 线图走势观察和判断趋势演变。

★ 实战要点

1. 只要投资者没有在炒股软件的页面设定上进行修改、增加或删除，MACD 指标显示区域都是在 K 线图最下方一层，如图 1–2 所示。

2. MACD 指标显示区域不会因为 K 线图周期不同而有所改变，即使是分时图上的显示区域，也是一样位于最下方一层，如图 1–3 所示。

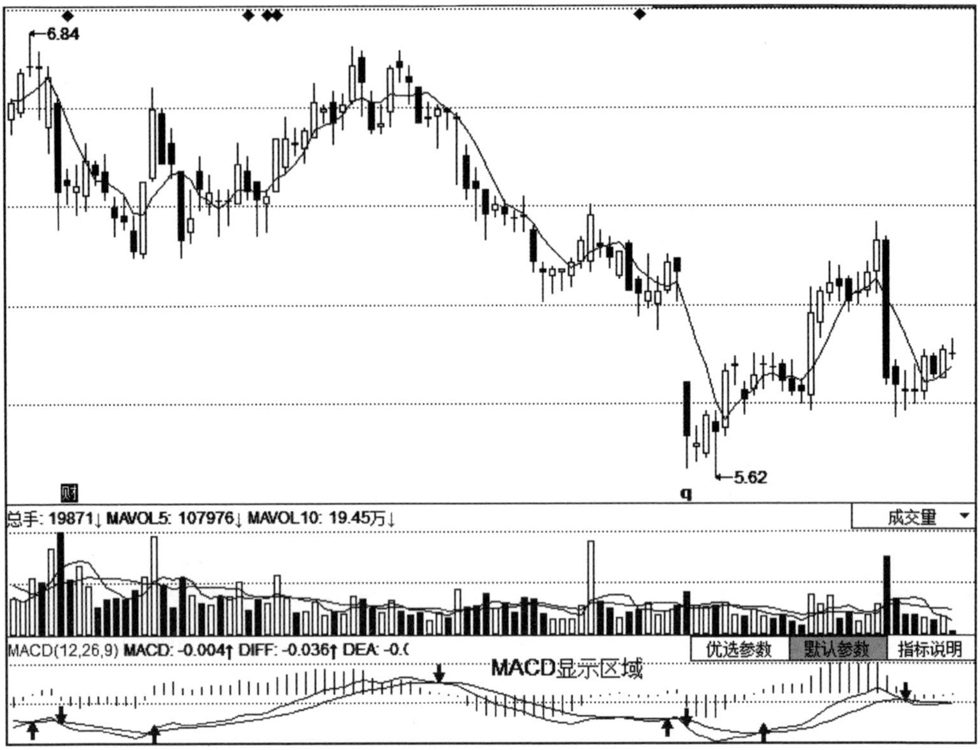

图 1–2　中信银行日线图

1.1.3　如何调出 MACD 指标

下载并安装炒股软件后，并不是打开大盘或任意一只股票的 K 线图最下方区域都会显示 MACD 指标，投资者需要学会调出 MACD 指标。

具体方法有两种：

（1）鼠标对准大盘指数或任意一只股票任意周期的 K 线图的指标显示区域下方“设置 指标平台”一栏后面的 MACD 字样，对准 MACD 字样点击鼠标左键，指标区域即会显示 MACD 指标。

（2）打开大盘指数或任意一只股票任意周期的 K 线图，输入英文字母“MACD”，“键盘精灵”就会跳出一个对话框，敲击一下键盘上的回车键（Enter），或是用鼠标对准对话框中显示的“MACD”选项，点击鼠标左键，即可调出 MACD 指标显示区域。

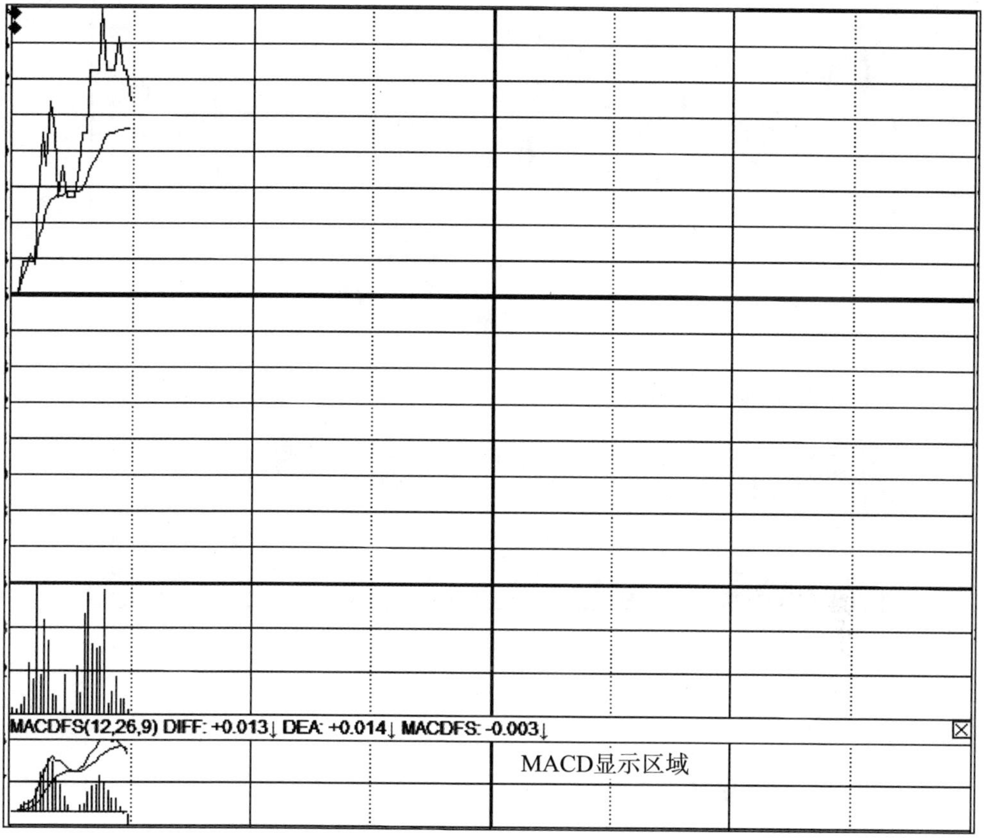

图 1–3　出版传媒 2018 年 8 月 10 日分时图

★ 案例解读

图 1–4 是华夏银行（600015）30 分钟图，打开 30 分钟 K 线图后，指标区域显示的是 KDJ 指标。此时只需点击 A 区域的“MACD”选项按钮，即可在指标区域调出 MACD 指标。如没有“MACD”选项，可按 B 区域的左右箭头调出该选项后再点击，30 分钟图指标区域即会显示 MACD 指标，如图 1–5 所示。

使用“键盘精灵”调出 MACD 指标，可以采用如下操作。

图 1-4 华夏银行 30 分钟图（一）

图 1-5 华夏银行 30 分钟图（二）

比如，调出中信证券（600030）1 分钟图后，指标区域显示的是 RSI 指标。这时只要输入“MACD”，屏幕右下角即会出现一个“键盘精灵”对话框，然后敲击键盘上的回车键，或用鼠标对准对话框中 F 区域“MACD”选项，点击鼠标左键，即可调出 MACD 指标，如图 1–6 所示。

图 1–6　中信证券 1 分钟图（一）

对准图 1–6 中 F 区域点击鼠标左键，或是敲击回车键后，中信证券 1 分钟图上的指标区域即会出现 MACD 指标，如图 1–7 所示。

★ 实战要点

1. 通过 K 线图下方指标栏调出 MACD 指标时，如果显示栏中没有 MACD 选项，可以点击指标选项最右侧的滚动按钮，如图 1–4 中 B 区域的左右箭头所示，直到“MACD”选项按钮出现在这一栏，直接点击即可。

2. 在调出 MACD 指标的过程中，只能调出这一周期 K 线图上的 MACD 指标，切换到其他周期图时，指标区域不一定显示 MACD 指标。显示若非 MACD 指标，只需按照调出 MACD 指标的方法重新调出即可。

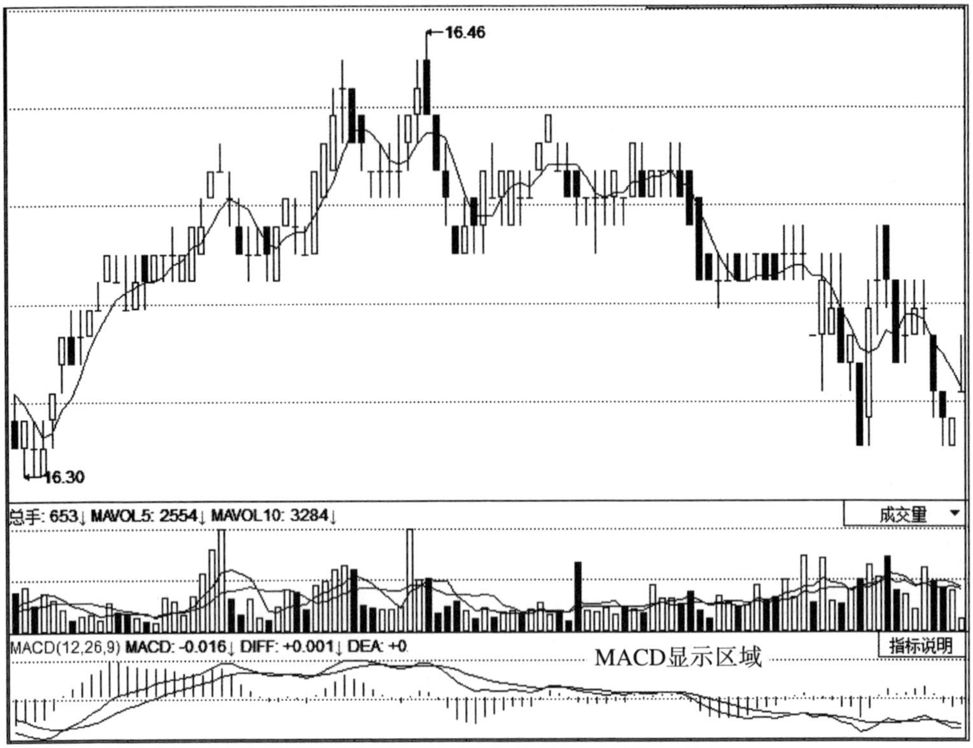

图 1-7　中信证券 1 分钟图（二）

1.2　MACD 指标的构成

1.2.1　快线：DIFF 线

DIFF 线为 MACD 指标中重要的离差值平均线，其计算公式为今日 EMA（12）– 今日 EMA（26）。公式中涉及的 EMA 是指数平均数指标，即平滑移动平均值。简单来说，EMA 反映的是均价的趋势快慢变化。计算 DIFF 线时，通常是以 12 日的 EMA 平均值减去 26 日的 EMA 平均值，得出的数值或正或负，连接起来就构成 DIFF 线。

DIFF 线的数值计算方式对投资者来说意义并不大，但需要明白它反映的是一种短期平均价格趋势，这一点和短期均线（如 5 日均线）类似，是一条由无数个短期平均值连接绘制而成的线，俗称为快速线或快线。

在同花顺炒股软件中，DIFF 线在 MACD 指标显示区域内显示为蓝色，它反映的是股价趋势的快速波动。利用 MACD 指标判断行情时，DIFF 线的方向处于引领状态，并且其向上或向下的大角度波动往往是短线买入或卖出的征兆。因此，在 MACD 指标中，DIFF 线具有指路先锋的作用。

★ 案例解读

图 1–8 是葛洲坝（600068）日线图，MACD 指标显示区域内，A 区域那条位于上方运行的曲线是DIFF 线。此时行情是上涨行情，DIFF 线位于上方，引领行情上涨。B 区域为下跌行情，此时 DIFF 线位于下方，引领行情下跌。

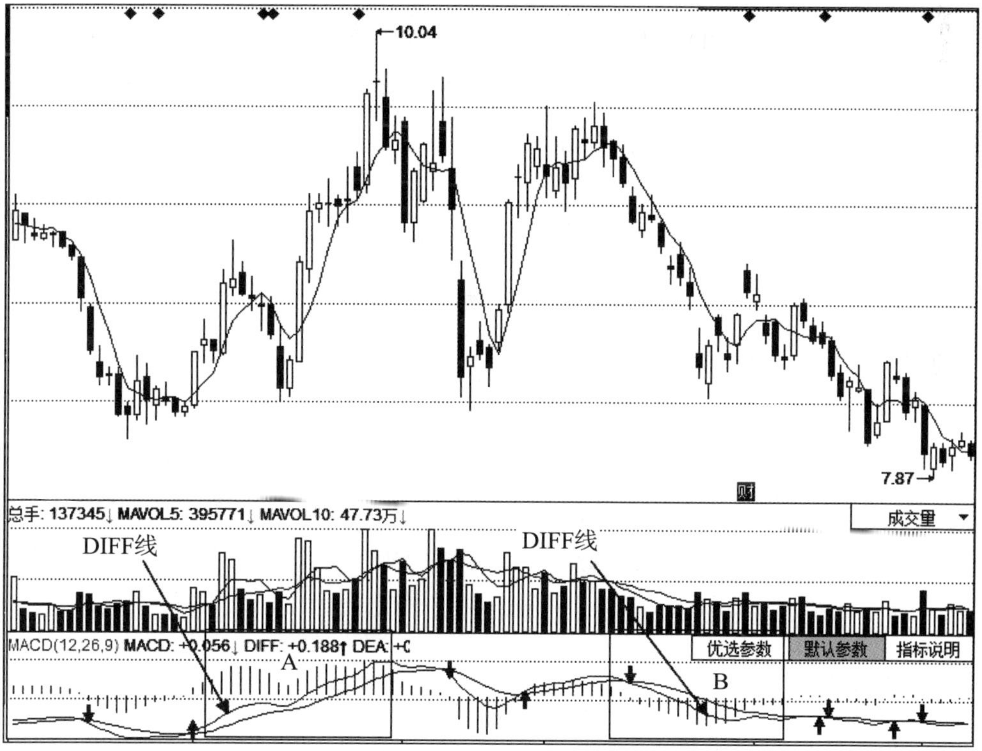

图 1–8　葛洲坝日线图

★ 实战要点

1. 不同的炒股软件中，DIFF 线的颜色往往不一样，但只要将鼠标对准 MACD 指标显示区域的两条线，屏幕上即会显示哪条是 DIFF 线，查看起来十分方便。

2. 在 MACD 双线中，除非是震荡行情，在上涨或下跌行情中，因为 DIFF 线是快线，所以在上涨行情中位于上方，引领行情上涨，如图 1–8 中 A 区域所示；在下跌行情中位于下方，引领行情下跌，如图 1–8 中 B 区域所示。

3. DIFF 线是一条短期的移动平均线，类似于均线系统中的 5 日均线或 10 日均线。DIFF 线只是在计算周期上与另一条 DEA 线有所区别，代表的统计周期不同。

1.2.2 慢线：DEA 线

DEA 线是 MACD 指标中另一条重要的离差值平均线，是根据离差值计算出的 9 日 EMA。为了不与 DIFF 线混淆，被称为 DEA 或 DEM。其计算公式为今日 DEA= 前一日 DEA × 8/10+ 今日 DIF × 2/10，由此得出的 DEA 数值可能为正值或负值。将这一数值连接起来，就构成 DEA 线。

DEA 线的数值计算方式在实战中对投资者来说意义不大，只要明白 DEA 线是一条与 DIFF 线相比运行较慢的曲线即可。DEA 线也被称为慢速线或慢线，这种慢是相对于 DIFF 线而言的，就像 60 日均线相对于 5 日均线运行较慢一样。

在同花顺炒股软件的 MACD 指标显示区域，DEA 线显示为紫色。其他软件上显示的颜色或会不同，但不影响具体使用。相对于 DIFF 线来说，DEA 线对趋势的反应相对迟缓，所以上涨行情中多位于 DIFF 线下方，下跌行情中多位于 DIFF 线上方。

★ 案例解读

图 1–9 是人福医药（600079）日线图，在 MACD 指标显示区域，进入

A 区域后，位于下方的线为 DEA 线，此时为上涨趋势；进入 B 区域后，趋势为下跌，此时的 DEA 线运行在 DIFF 线的上方。

图 1–9　人福医药日线图

★ 实战要点

1. 不同的炒股软件中，DEA 线的显示颜色或会不同，但并不影响具体使用。鼠标对准 MACD 指标显示区域中的任意一条线，即会显示出这条线是 DIFF 线还是 DEA 线，查看起来十分便捷。

2. DEA 线为慢线，但这种慢是相对 DIFF 线来说的。DEA 线与 DIFF 线是 MACD 指标中两条重要的指标线。在实战中，投资者可以将 DEA 线理解为较长周期的均线，如 60 日均线或 120 日均线。

1.2.3 MACD 柱

在 MACD 指标显示区域，MACD 柱就是那些红色或绿色的垂直柱线，柱线是 MACD 指标中一项重要的指标。MACD 柱的计算公式为 DIF−DEA×2，得出的结果就是 MACD 的数值，可以为正值，也可以为负值。将这一数值用柱线的方式表示出来，就形成了由一根根长短不一的柱线构成的柱线图。

当 MACD 的数值为负值时，MACD 柱为绿柱；当 MACD 的数值为正值时，MACD 柱为红柱。MACD 柱区分红色与绿色，代表的是 MACD 数值正负之间的变化。

有一点容易被很多投资者忽视，即 MACD 柱同时表示 DIFF 线与 DEA 线之间的距离。当 DIFF<DEA 时，MACD 柱为绿柱；当 DIFF>DEA 时，MACD 柱为红柱。利用 MACD 柱判断行情与趋势，首先应明白 MACD 到底代表的是什么，这样才能够做到正确地运用。

★ 案例解读

图 1–10 是兰花科创（600123）日线图，在 MACD 指标显示区域，A 区域 MACD 柱为红柱，表明 MACD 数值为正值。随着红柱不断变长，DIFF 线与 DEA 线之间的差离值增大。DIFF>DEA 的情况下，DIFF 线在 DEA 线之上运行，股价持续上涨。在 B 区域，MACD 值为负值，MACD 柱为绿柱。随着绿柱不断变长，DIFF 线与 DEA 线之间的差离值增大。DEA>DIFF 的情况下，DEA 线在 DIFF 线之上运行，股价持续下跌。

★ 实战解读

1. MACD 柱的长短代表了 DIFF 线与 DEA 线之间差离值的大小，即两线之间的距离大小，同时也是 MACD 数值直接表现在图中的效果。MACD 值为正值时，MACD 柱为红柱；为负值时，MACD 柱为绿柱。MACD 柱的长短表明 DIFF 线与 DEA 线之间差离值的大小情况。

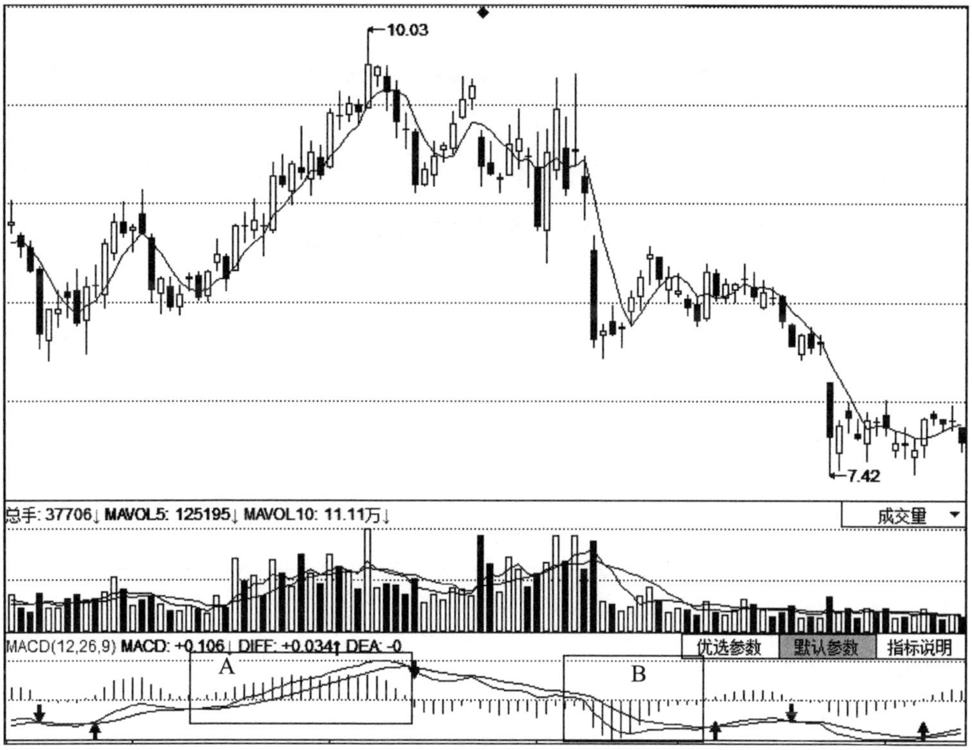

图 1–10　兰花科创日线图

2. 当 DIFF>DEA 且为正值时，MACD 柱为红柱。红柱持续变长时，表明 DIFF 与 DEA 之间的差离值加大，两线之间的距离增加，此时 DEA 线在 DIFF 线下方运行，股价趋势为持续上涨，如图 1–10 中 A 区域所示。

3. 当 DEA>DIFF 且为负值时，MACD 表现为绿柱。绿柱持续变长表明 DIFF 线与 DEA 线之间的差离值加大，两线之间的距离增加，此时 DEA 线在 DIFF 线上方运行，股价趋势为持续下跌，如图 1–10 中 B 区域所示。

1.2.4　0 轴

在 MACD 指标的构成中，人们通常认为只有 DIFF 线、DEA 线及 MACD 柱三个指标，即两线一柱。事实上，0 轴也是 MACD 指标判断趋势的重要标准，在判断趋势时起到了关键作用。客观上讲，0 轴并不属于一种指标构成，但其起到的作用极大，不容忽视，尤其对初学者而言，所以本节将 0 轴也作为 MACD 指标构成着重介绍。

0 轴是一条水平线，即 MACD 指标显示区域内红柱与绿柱中间的那条水平方向的直线。MACD 柱在 0 轴之上为红柱，在 0 轴之下为绿柱。

利用 MACD 判断趋势时，0 轴是多空趋势的分界线，即 DIFF 线与 DEA 线在 0 轴上方运行（MACD 柱为红柱）时，趋势为多方主导市场的上涨行情；DIFF 线与 DEA 线在 0 轴下方运行（MACD 柱为绿柱）时，趋势为空方主导市场的下跌行情或弱势震荡。由此可以看出，0 轴为多空趋势的分界线，是判断趋势强弱时不容忽视的一条线。

★ 案例解读

图 1–11 是小康股份（601127）日线图，在 MACD 指标显示区域，红

图 1–11　小康股份日线图

柱与绿柱之间的那条水平线即是 0 轴。A 区域中，当 DIFF 线与 DEA 线在 0 轴上方运行时，MACD 柱为红柱，为多头上涨行情；进入 B 区域后，DIFF 线与 DEA 线在 0 轴下方运行，为空头下跌趋势。

★ 实战要点

1. 在 MACD 指标显示区域，0 轴是红柱与绿柱之间的水平线。

2. 0 轴是多空趋势的分界线，双线在 0 轴之上运行、MACD 柱为红柱时，市场表现为上涨趋势，如图 1–11 中 A 区域所示；双线在 0 轴之下运行、MACD 柱为绿柱时，市场表现为下跌趋势，如图 1–11 中 B 区域所示。

3. 当双线在 0 轴上方运行时，若 MACD 柱为绿柱，往往是上涨趋势中的调整行情；当双线在 0 轴下方运行时，若 MACD 柱为红柱，往往是弱势中的反弹行情。

1.3 MACD 指标的运行规律

1.3.1 MACD 指标的运行区间

MACD 值可以是正值，也可以是负值，但有一定的运行区间。在 MACD 指标显示区域，双线一直都以 0 轴为中心反复向上或向下运动。因此，0 轴也是双线运行区间的标志线。

也就是说，双线突破 0 轴向上运行时，为股价趋势向上的强势表现；双线跌破 0 轴向下运行时，为股价趋势向下的弱势表现。

当 MACD 值为正值时，MACD 柱为红柱；当 MACD 值为负值时，MACD 柱为绿柱。红柱与绿柱之间的 0 轴是多空趋势的分水岭。

在 MACD 指标的运行区间，双线每次从底部区域向上运行，突破 0 轴后继续上行，运行到顶部区域后折返，就完成了一轮上涨；双线每次由顶部区域向下运行到底部区域后折返，就完成了一轮下跌；整理时，双线多会在 0 轴附近展开黏合状态下的水平小幅震荡，其后再演变为继续向上或转为向下，再次开启一轮涨跌。

双线的这种运行态势始终是不变的，从而带动股价趋势形成相应的上涨或下跌。一旦出现股价趋势与双线背离的情况，往往就意味着趋势即将反转。

MACD 指标的这种运行规律提升了对股价运行趋势判断的准确度，以及判断股价高低转折点的准确度，成为投资者进行波段操作的法宝。

★ 案例解读

图 1–12 是硅宝科技（300019）日线图，以红柱与绿柱之间的 0 轴为标准，在 MACD 指标显示区域，股价与双线在 A 区域形成底背离，随后趋势

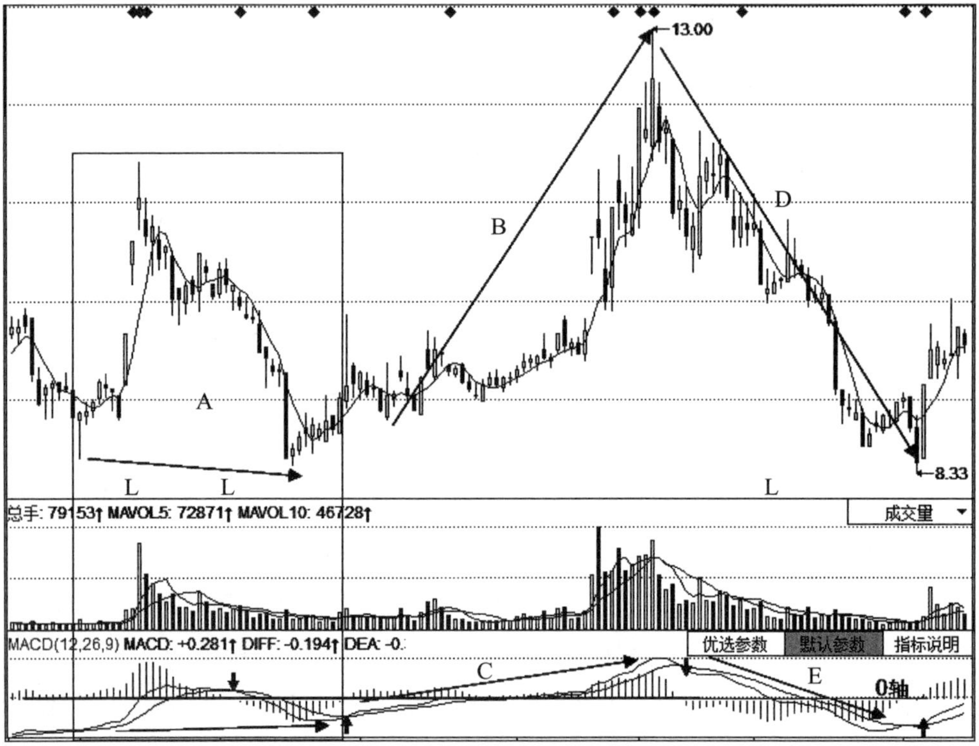

图 1–12　硅宝科技日线图

反转向上。在 C 阶段，双线向下运行到底部区域后回升，突破 0 轴后继续上行，到 C 阶段末端时上行到了区间顶部，完成了 B 阶段股价的上涨。双线由顶部高位区向下跌破 0 轴后继续下行，形成弱势。运行到 E 阶段末端时双线尚未到达底部，所以说明下跌并未结束。双线围绕 0 轴这种向上或向下的运行就是 MACD 指标日常的运行规律。

图 1–13 是阳普医疗（300030）日线图，进入 A 区域后，双线渐渐聚拢到 0 轴附近，并围绕 0 轴展开了小幅震荡，表明趋势处于盘整状态。

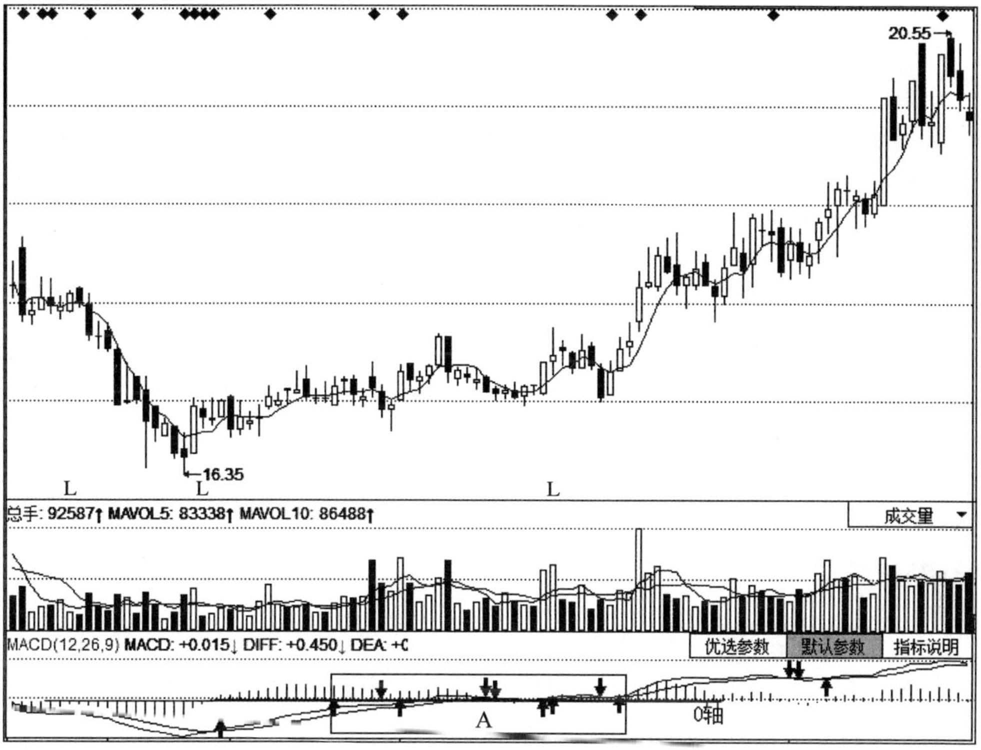

图 1–13 阳普医疗日线图

★ 实战要点

1. MACD 指标的运行区间以 0 轴为中心，向上或向下运行，始终在区间内波动，如图 1–12 中 C 阶段与 E 阶段所示。

2. MACD 指标的运行规律就是双线突破 0 轴后上行，为上涨趋势；双线跌破 0 轴后下行，为下跌趋势；双线相距较近的情况下，围绕 0 轴展开小幅震荡，为盘整趋势。所有 MACD 指标都是在这一规律下运行，这也与股价运行的三种趋势表现（上涨、下跌、盘整）一致，如图 1–12 和图 1–13 所示。

1.3.2 DIFF 线和 DEA 线正负值的转化

前面讲到，DIFF 与 DEA 都是分别具有数值大小的，并且可以表现为正值，也可以表现为负值。具体的数值查看方法有两种：（1）鼠标对准 MACD 指标显示区域内对应时间的 DIFF 线或 DEA 线，会显示对应的数值；（2）选择对应时间的 DIFF 线或 DEA 线，在 MACD 指标显示区域的左上角会显示具体的 DIFF 值、DEA 值以及 MACD 值。

这样就会出现一种情况，由于 0 轴是判断多空趋势的分水岭，那么当 DIFF 或 DEA 由负值变为正值时，是趋势反转的买入信号吗？当 DIFF 或 DEA 由正值变为负值时，是趋势反转的卖出信号吗？答案是否定的。DIFF 与 DEA 这种数值上的变动并不是交易信号，因为这两条线的反应落后于市场。

★ 案例解读

图 1–14 是同仁堂（600085）日线图，用鼠标对准 MACD 指标显示区域的 DIFF 线，即 A 处对应的 2017 年 9 月 7 日，就会出现具体的 DIFF 值（–0.190），B 区域也显示出在参数为 12、26、9 的默认值情况下，MACD 值为 0，DIFF 值为 –0.190，DEA 值同样为 –0.190。此时 DIFF 与 DEA 的数值虽然已经由正值转为负值，但并不能以此判断趋势发生了转折，不能作为卖出的依据。

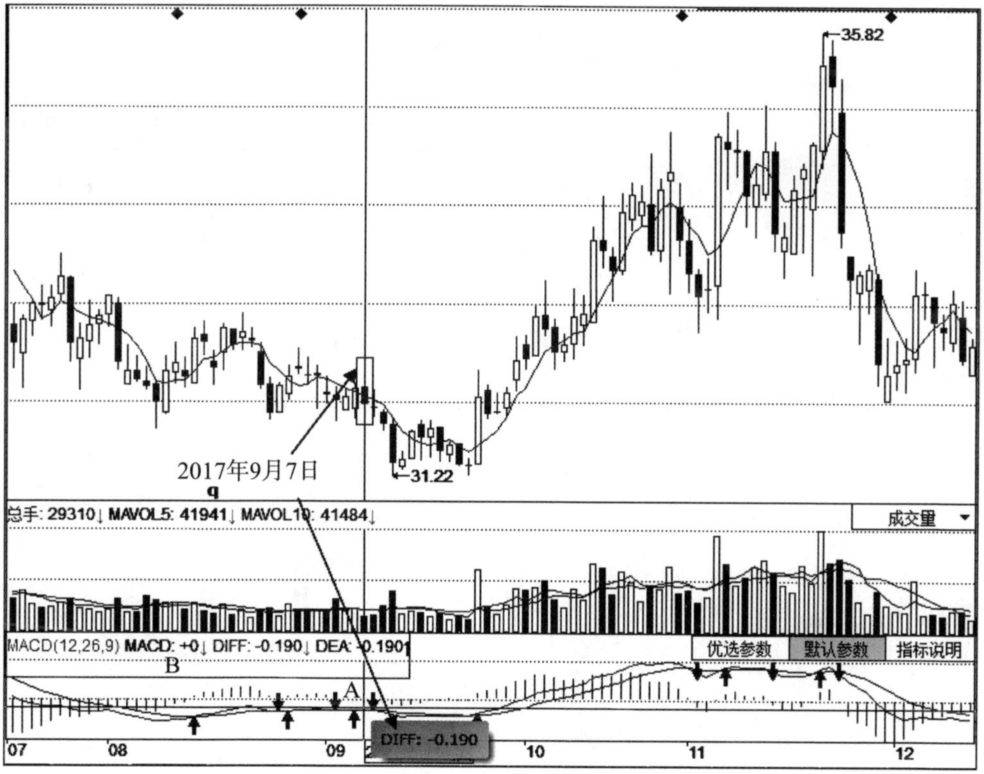

图 1–14　同仁堂日线图

★ 实战要点

1. DIFF 和 DEA 正负值之间的转换，因其落后于股价的表现而不具任何参考价值，如图 1–14 和图 1–15 所示。

2. 查看 DIFF 值、DEA 值或 MACD 值时，鼠标对准某一时点的 DIFF 线或 DEA 线，在 MACD 指标显示区域的左上角出现的数值中，最右侧的 DEA 值有时显示不全，如图 1–15 中 B 区域所示，此时应以跳出的小对话框里的数值为准。

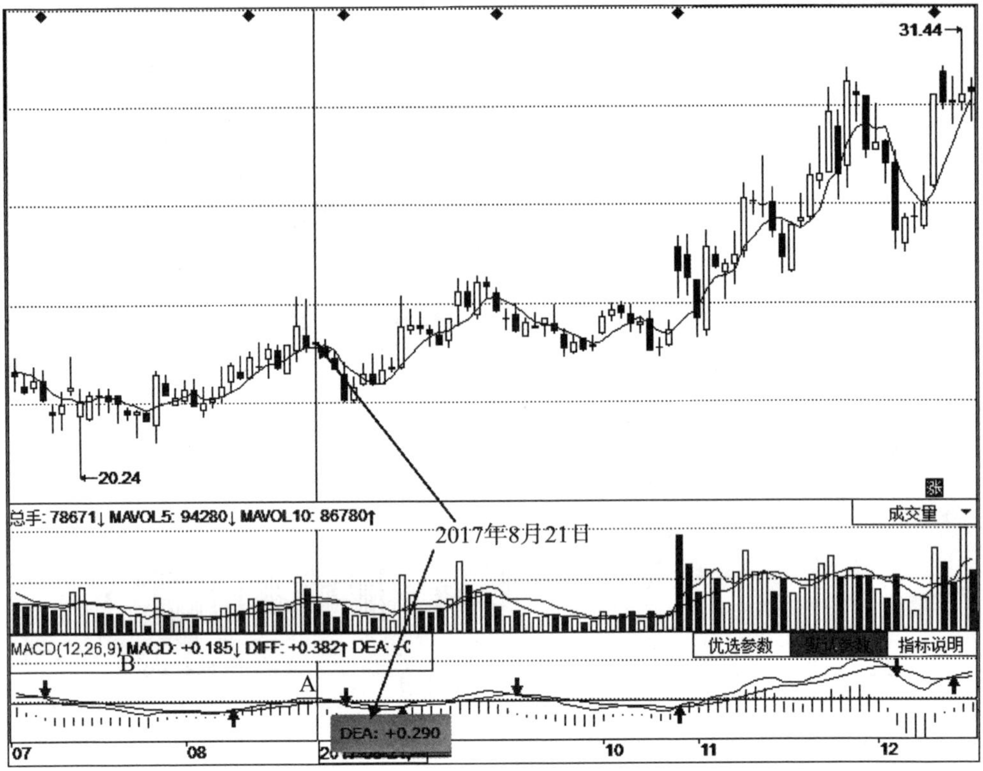

图 1–15 石基信息日线图

1.3.3 MACD 指标的钝化现象

MACD 指标钝化主要是受 MACD 指标显示区域的限制。当 DIFF 线向上运行或是向下运行到极限时，MACD 指标显示区域就无法再显示 DIFF 线的具体走势，DIFF 线表现为沿区域上沿或下沿水平运行的状态：DIFF 线沿区域上沿水平运行时为高位钝化，DIFF 线沿区域下沿水平运行时为低位钝化。

MACD 指标中的 DIFF 线钝化是股价短时间内严重超买或严重超卖的表现，通常在日线以下级别的 K 线图上经常出现。DIFF 线钝化不能单独作为买卖股票的信号，应结合趋势演变及其他指标综合判断。DIFF 线高位钝化或低位钝化时，一旦形成盘整，指标显示会失真。在周线及以上级别的 K 线图上出现 DIFF 线钝化，方可作为波段高低点研判：DIFF 线高位钝化时为波段高点，DIFF 线低位钝化时为波段低点。

★ 案例解读

图 1–25 是安琪酵母（600298）日线图，在上涨趋势中，进入 A 区域后，DIFF 线沿区域上沿水平运行，形成了高位钝化，说明出现了严重超买的情况，导致 DIFF 线高位钝化，其后股价进入高位震荡盘整。进入 B 区域后，DIFF 线沿区域下沿水平运行，形成了低位钝化，说明出现了严重超卖的情况，导致 DIFF 线低位钝化，其后股价进入低位震荡盘整。这两次 DIFF 线钝化均发

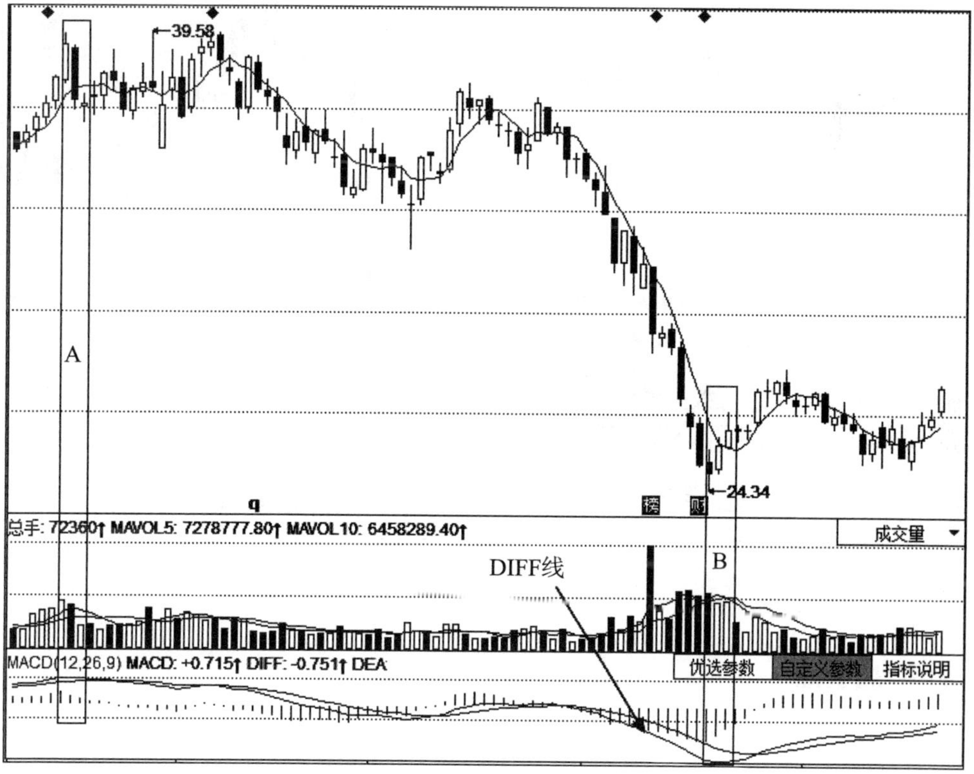

图 1–25　安琪酵母日线图

生在日线图上，所以不应以 MACD 指标钝化来判断买卖点，应结合其他方面的情况综合分析。

图 1–26 是科林环保（002499）周线图，在上涨趋势中，进入 A 区域后，DIFF 线沿区域上沿水平运行，形成了高位钝化。由于是周线图，所以应确认为波段高点，出现钝化后，应在钝化结束点果断卖出。

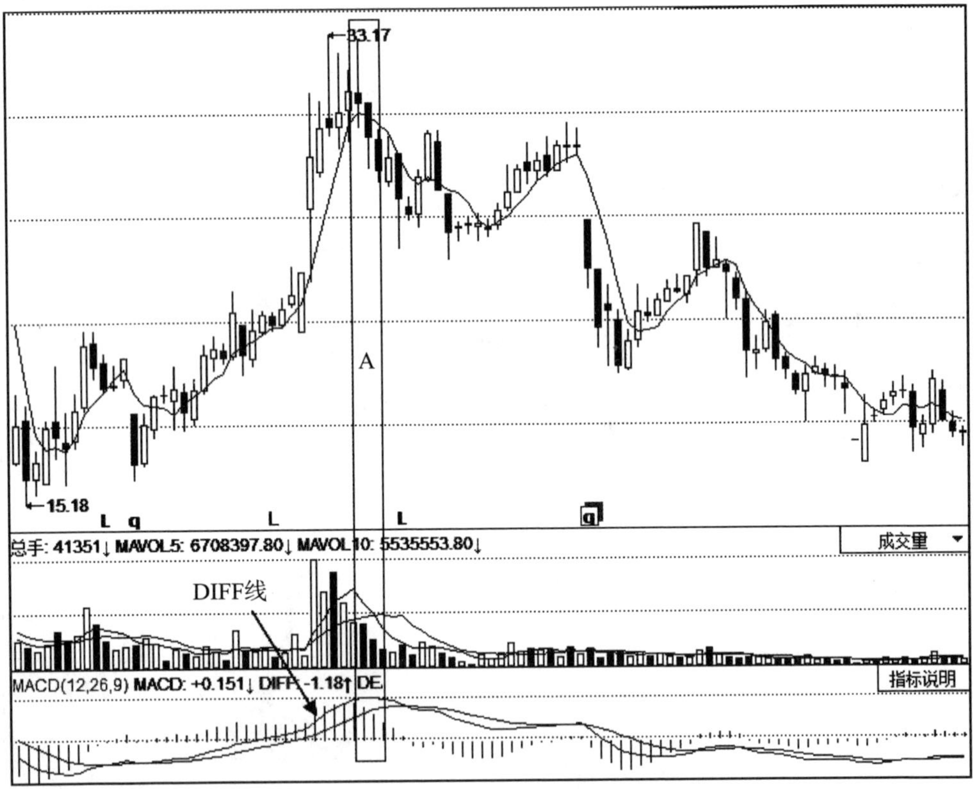

图 1–26　科林环保周线图

★ 实战要点

（1）MACD 指标钝化指 DIFF 线沿区域上沿或区域下沿水平运行的状态，如图 1–25 中 A 区域的高位钝化和 B 区域的低位钝化所示。

（2）MACD 指标钝化是盘中短时间内严重超买或严重超卖的表现，在日线以下级别的 K 线图上出现 MACD 指标钝化时，不能单独以指标钝化判断买卖点。只有在周线及以上级别的 K 线图上出现 MACD 指标钝化时，方可以钝化结束作为波段高低点指导操作。

1.4　MACD 指标的超买与超卖

1.4.1　超买

前文介绍过，虽然将 MACD 指标归为超买与超卖类指标有些牵强或不够严谨，但利用 MACD 指标确实可以判断超买与超卖情况。

利用 MACD 指标判断超买前，先要明白指标显示区域比例的问题。在 MACD 指标显示区域，当 DIFF 线和 DEA 线运行到接近指标顶部区域（即 10%~20% 的区域）时，MACD 红柱变长到无法再继续变长转而缩短时，表明盘中出现了严重的超买现象。

尽管用 MACD 指标判断超买情况时不够精确，但同样能够通过双线的位置和 MACD 红柱的变化准确捕捉到这一超买状态，抓住超买现象，准确判断趋势转变时的高位卖出时机以及出现阶段顶时的征兆。

★ 案例解读

图 1–16 是金河生物（002688）30 分钟图，在上涨趋势中，进入 A 区域后，在 MACD 指标显示区域，DIFF 线和 DEA 线双双向上运行到了接近区域顶部的位置，与顶部的距离在整个区域的 10%~20% 的范围，MACD 红柱也表现出无法变长后的缩短现象，表明盘中此时出现了严重超买现象，说明趋势即将反转向下，是高位卖出的良机。

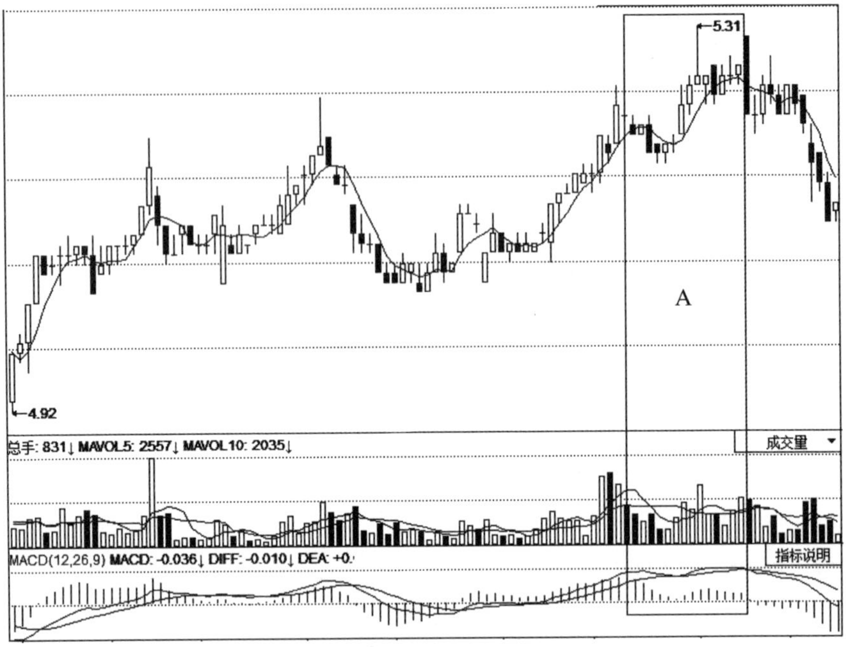

图 1-16 金河生物 30 分钟图

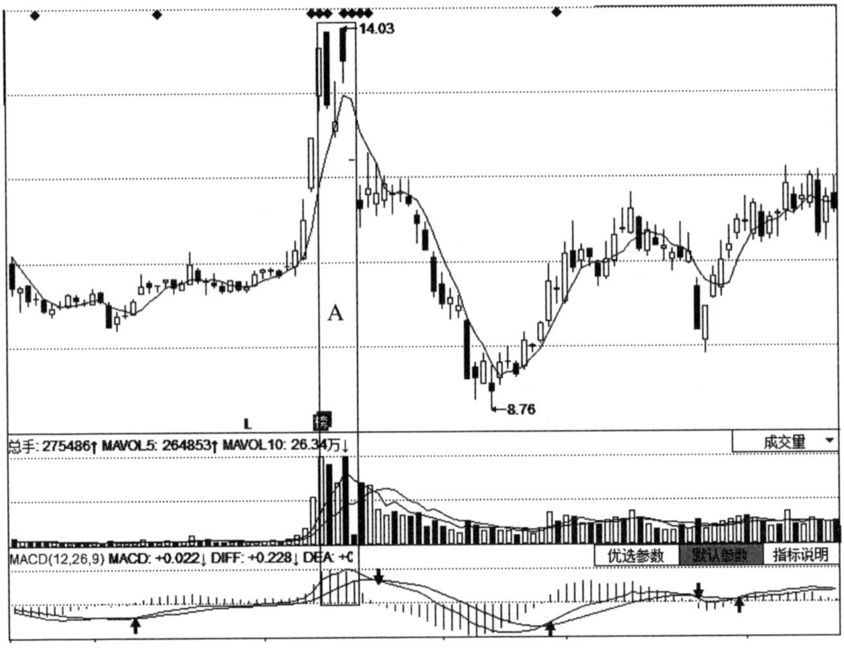

图 1-17 远光软件日线图

★ **实战要点**

1. 超买现象通常出现在上涨趋势或是震荡反弹趋势中，MACD 指标往往表现为 DIFF 线和 DEA 线已经运行到 MACD 指标显示区域的顶部，尤其是双线向上距离区域顶部达到了整个区域 10%~20% 的范围，同时 MACD 柱为较长的红柱，红柱表现为持续变长到无法继续变长转而缩短，如图 1–16 和图 1–17 中 A 区域所示。

2. MACD 出现超买现象时，往往意味着盘中买盘远远大于卖盘，然而物极必反，超买现象一旦结束，趋势往往会反转向下。在上涨跌势中，超买现象结束时的表现是较长的红柱突然转变为较长的绿柱，如图 1–16 中 A 区域及以后的情况所示；在震荡上涨趋势中，超买现象结束时的表现是红柱逐渐变短直至消失，如图 1–17 中 A 区域所示。

3. 出现超买现象后，如果上涨快速结束，往往表现为双线大角度向下，较长的红柱快速转变为较长的绿柱，如图 1–16 中 A 区域及以后的情况。

1.4.2　超卖

超卖是与超买相对的情况，是指盘中的卖盘远远大于买盘，否极泰来，这也是下跌趋势即将结束的迹象。

利用 MACD 判断超卖现象时，DIFF 线和 DEA 线向下运行到 MACD 指标显示区域底部附近，达到了向下距区域底部 10%~20% 的范围内时，MACD 柱为绿柱，较短的绿柱仍在逐渐缩短。如果超卖状态迅速结束，绿柱往往在较长的情况下快速消失，甚至转变为红柱。

同样，仅利用 MACD 柱判断盘中的超卖现象不够精准，因为在超卖状态下绿柱通常要缩短逐渐转变为红柱，并且并非超卖现象一结束，股价趋势就反转向上，其后还可能弱势震荡。根据超卖结束判断买点的失误率往往较高，应当结合 MACD 其他因素综合判断，方可确认趋势是否出现了根本性的反转买点。

★ 案例解读

图 1–18 是黔源电力（002039）日线图，在下跌趋势中，进入 A 区域后，股价持续震荡下跌。MACD 指标显示区域内，DIFF 线与 DEA 线均已向下运行到区域的底部位置，距极限区极近，保持在 10%~20% 的范围内，MACD 柱为绿柱并逐渐缩短，显示出超卖的情况。超卖表明趋势仍然很弱，处于阴跌状态。进入 B 区域后，双线依然处于较长时间的弱势震荡，所以出现超卖情况并不可作为买入股票的依据，只能作为股价即将见底时的参考。

利用 MACD 判断超卖情况时，有一种情况需要引起注意，就是当一只股票完成高送转后，如 10 送 10，即原来持有 10 股因上市公司送转变为持有 20 股，K 线图上会显现看似大幅下跌的走势，其实这是除权后股价变动所致。

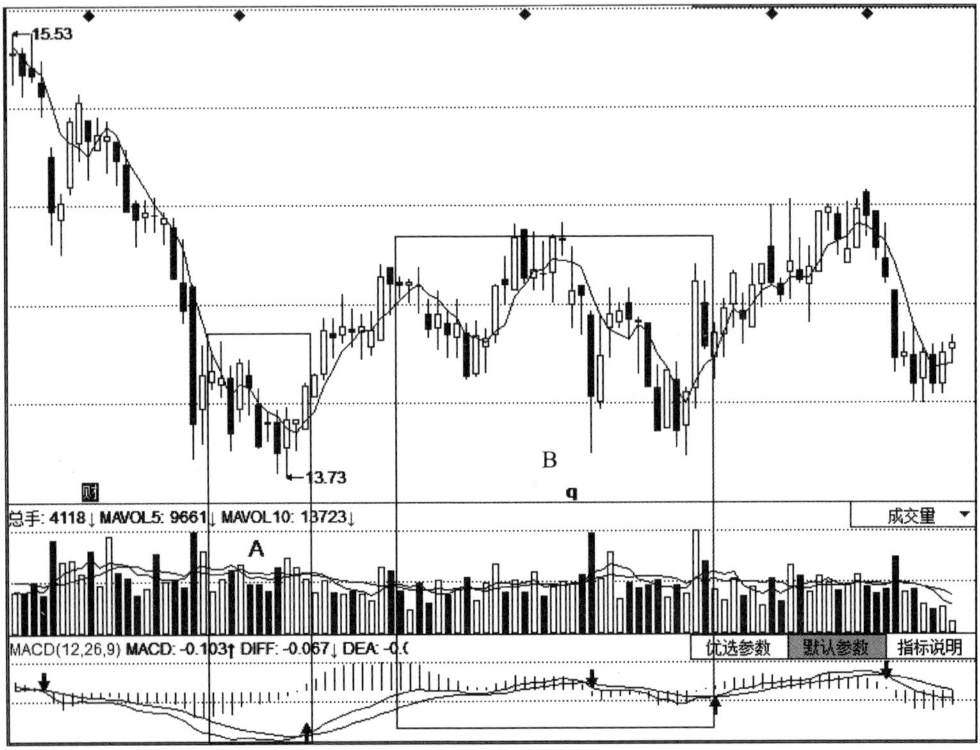

图 1–18　黔源电力日线图

比如持有每股 20 元的股票，公司按 10 送 10 的比例送转，导致股价变为每股 10 元，这种情况并非下跌。

图 1–19 为横店东磁（002056）日线图。该股在 2017 年 4 月 26 日实施了高送转，当日开盘价由前一日收盘价每股 14.53 元一下子变为每股 6.80 元，看似股价大幅下跌。其后数天，如图 1–19 中 A 区域所示，双线同样运行到了底部区域 10%~20% 的范围内，MACD 柱在放大状态下转为持续缩短，但这并不是超卖现象。

★ 实战要点

1. 出现超卖现象时，DIFF 线与 DEA 线必须运行到 MACD 指标显示区域中接近向下极限 10%~20% 范围内，同时 MACD 柱为绿柱且持续变长或

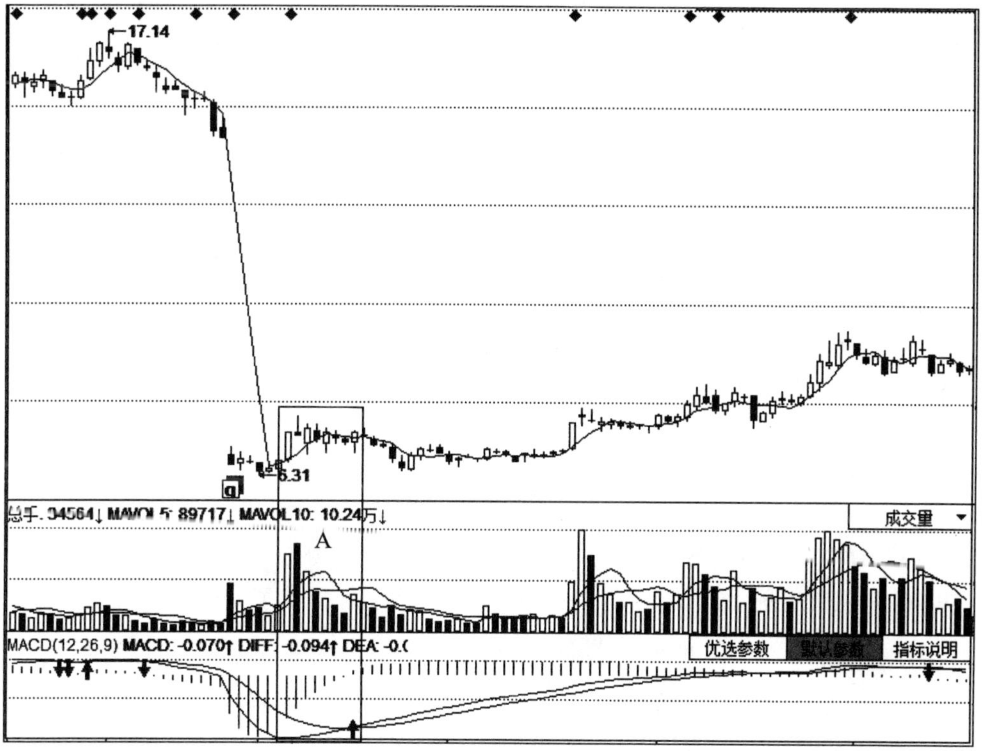

图 1–19　横店东磁日线图

缩短。但超卖现象不能作为买入股票的直接依据，因下跌趋势与上涨趋势不同，股价持续下跌后，多会出现充分的弱势震荡整理，如图 1–18 所示。

2. 判断超卖现象时，如果是在股价高送转后双线运行到区域底部 10%~20% 的范围内，不属于超卖现象，如图 1–19 所示，此时应将 K 线图向前复权或向后复权后再观察。

1.5 MACD 指标的钝化

1.5.1 DIFF 线高位钝化

DIFF 线高位钝化是 MACD 指标运行到极强区域时的一种表现，表明向上运行受到 MACD 指标显示区域的限制。当 DIFF 线向上运行到顶部区域达到极强状态后，因为显示区域无法再显示 DIFF 线向上运行的情况，所以出现了 DIFF 线在向上到达极限区域后以水平状态持续运行的现象。

DIFF 线高位钝化也是一种短期超买现象。和超买情况一样，并不是一只股票短期超买后就会出现趋势反转，所以 DIFF 线高位钝化后，并不能单独据此判断趋势反转，也不能据此认为这里就是卖点。出现 DIFF 线高位钝化现象后，可以结合 MACD 指标的其他因素综合判断趋势演变，这一点下文会详细讲到，但首先要看懂 DIFF 线高位钝化形态。

★ 案例解读

图 1–20 是中钢天源（002057）日线图，在上涨趋势中，进入 A 区域后，DIFF 线在向上触及到区域上限后持续水平运行，形成了 DIFF 线高位钝化，表明短线出现了超买现象。其后双线高位震荡进入 B 区域，DIFF 线再次呈现沿区域上限水平运行的状态，同样形成了 DIFF 线高位钝化，但不能单独依据这种情况判断出现了趋势转折的卖点。

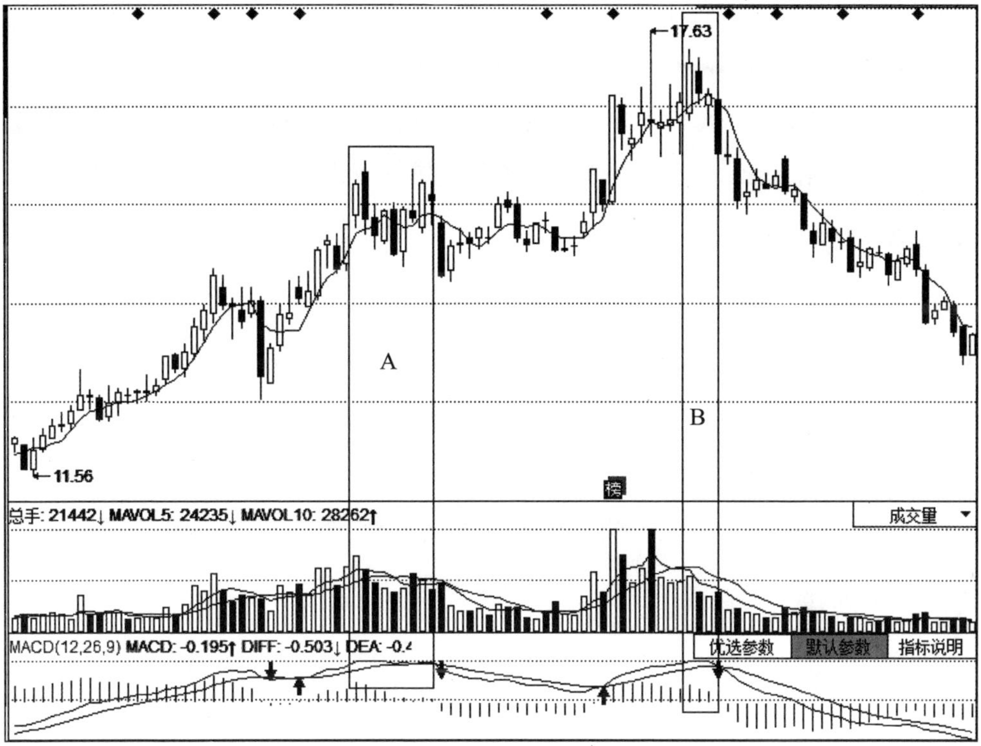

图 1–20 中钢天源日线图

★ 实战要点

1. DIFF 线高位钝化通常出现在一波较快的上涨趋势中，是短线盘中超买现象的一种反映，但不能单独以这种现象判断趋势出现转折和卖点信号，如图 1–20 所示。

2. DIFF 线高位钝化时，DIFF 线会在向上运行到区域上沿极限后呈现水平运行状态。

1.5.2 DIFF 线低位钝化

DIFF 线低位钝化是与高位钝化对应的一种形态，指双线向下运行过程中，当向下达到区域下沿极限区域后，DIFF 线因显示的原因无法再继续向下运行，于是沿区域下沿极限水平运行。

DIFF 线低位钝化是一种短线超卖的表现，但并不一定意味着股价会由此止跌回升，必须结合其他 MACD 指标综合判断。不过这是判断趋势反转与买点的重要依据，因此应当看懂 DIFF 线低位钝化形态。

★ 案例解读

图 1–21 是 *ST 众和（002070）日线图，在下跌趋势中，进入 A 区域后，双线运行到底部区域时，DIFF 线呈现沿区域下沿水平运行的状态，形成了 DIFF 线低位钝化。但此后股价一直保持持续下跌的状态，因此不能单独以 DIFF 线低位钝化形态判断趋势反转与买点。

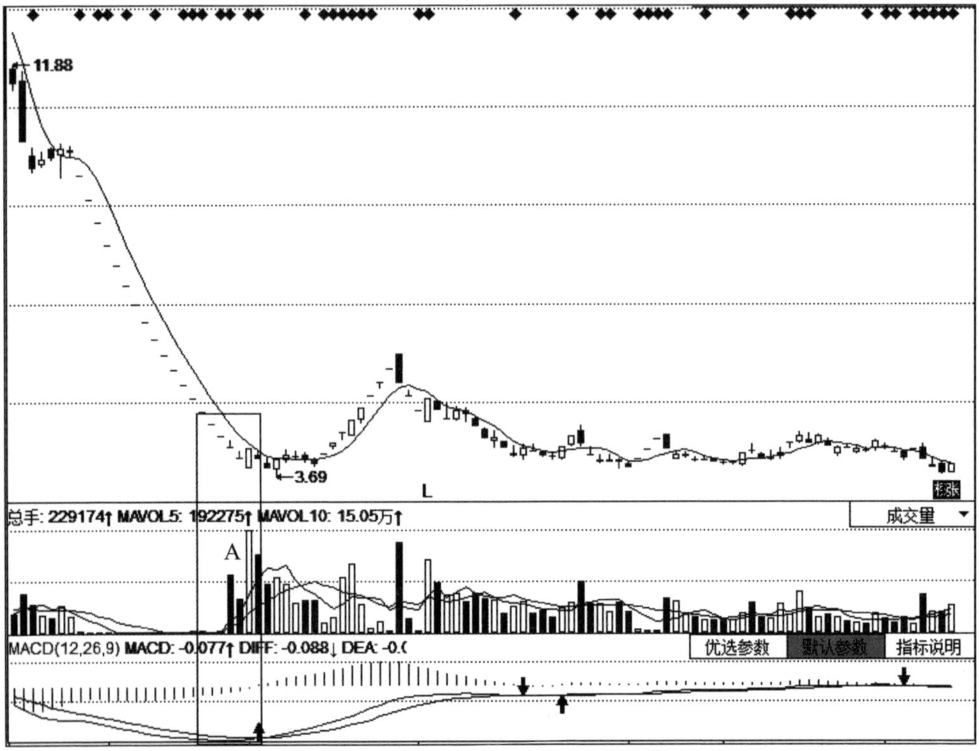

图 1–21　*ST 众和日线图

★ 实战要点

1. DIFF 线低位钝化时，趋势往往处于明显的下跌状态，如图 1–21 所示。

2. DIFF 线低位钝化属于盘中短线超卖现象，DIFF 线此时表现为沿区域下沿水平运行，但不能据此判断趋势反转或买点信号，如图 1–21 中 A 区域所示。

1.5.3 DEA 线钝化

DEA 线钝化是慢线出现迟钝的表现，意味着较长周期的差离值无法如期反映趋势的演变。这种情况经常出现在牛皮市中，也就是震荡趋势中。

前文介绍过，DIFF 线为快线，该线会引领趋势的变化；DEA 线为慢线，对趋势的反应相对较慢。当股价处于震荡状态，因价差变动较小，这时 DEA 线变动极小，滞后现象就会变得更加明显，甚至 DIFF 线的变化也会不够明显。同时，在牛皮市道中，DIFF 线与 DEA 线之间的距离往往较小。

无论是 DIFF 线出现钝化，还是 DEA 线出现钝化，原则上投资者都应放弃使用 MACD 指标观察趋势的演变。如果仍要使用 MACD 指标，应放弃 DEA 线出现钝化的 K 线图，通过更高级别的 K 线图来观察和判断，同时再结合更低级别的 K 线图的 MACD 指标判断趋势的变化。

★ 案例解读

图 1–22 是中工国际（002051）日线图，2017 年 8 月初至 10 月底，B 区域股价小幅震荡，变化不太明显，表明股价进入震荡的牛皮市。这一期间对应的 MACD 指标显示区域即 A 区域，DIFF 线与 DEA 线也出现了两条线相距较近的小幅震荡，即便是 DIFF 线变化也很小，说明此时日线图上的 DEA 线出现了钝化现象。如果仍然用 MACD 指标观察趋势演化，应观察周线图与 30 分钟图或 60 分钟图。

图 1–22　中工国际日线图

图 1–23 是中工国际周线图。首先观察周线图，2017 年 8 月初至 10 月底，如图 1–23 中 A 区域所示，股价与双线的表现与日线图相同，同样有 DEA 线钝化现象，因此应放弃中线波段操作，继续观望。

图 1–24 是中工国际 60 分钟图。接着再观察低级别的 30 分钟图或 60 分钟图，看是否有小波段操作的机会，比如选择小于日线周期的 60 分钟图。2017 年 8 月初至 9 月底，均线走势表明股价处于下跌趋势，如图 1–24 中 A 区域所示。观察 MACD 指标显示区域，同样出现了 DEA 钝化现象。

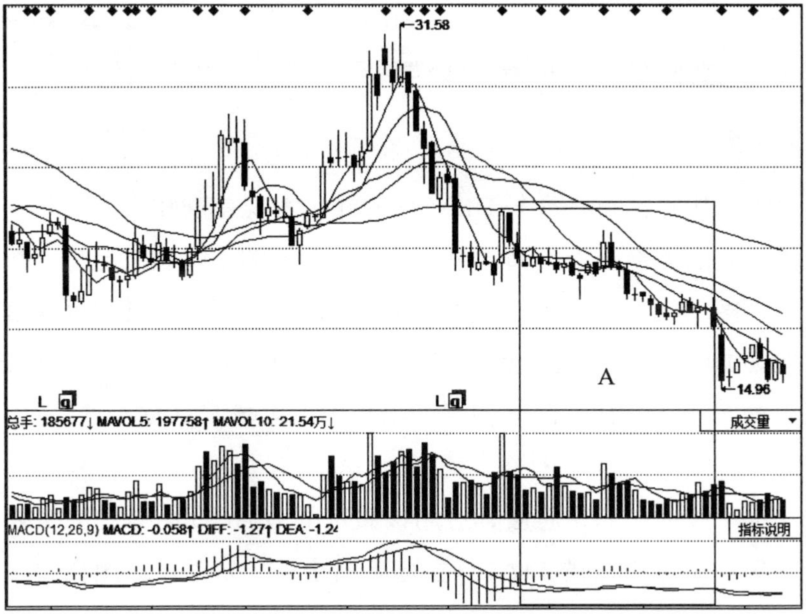

图 1-23　中工国际周线图

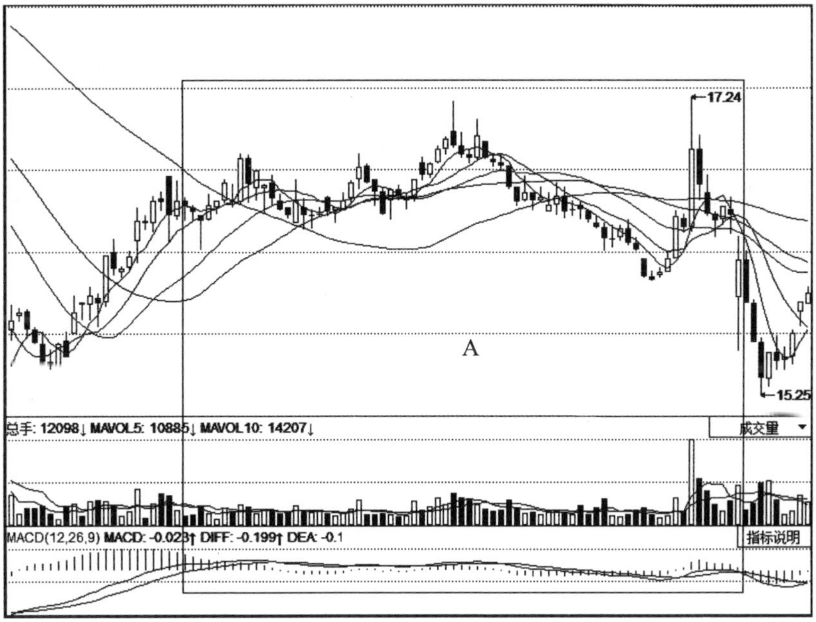

图 1-24　中工国际 60 分钟图

综合中工国际日线图、周线图、60 分钟图上的 MACD 指标得出结论：这只股票的趋势偏弱，应在短线波段与中线波段操作中完全放弃。

★ 实战要点

1. DEA 线的钝化表现与 DIFF 线的钝化表现差别较大，因此判断难度相对较大。此时关键因素是通过股价在某一时期的小幅震荡趋势判断大的趋势演化，如图 1–22 中 B 区域和图 1–23 中 A 区域所示。其次再观察双线的情况，发现 DEA 线与 DIFF 线出现相距较近的小幅震荡时，即可断定 DEA 线钝化，如图 1–22 中 A 区域和图 1–23 中 A 区域下方 MACD 指标显示区域所示。

2. DEA 线钝化后，应放弃应用该级别的 MACD 指标，选择以更高级别或更低级别 K 线图上的 MACD 指标判断走势。如果日线图和周线图上同样出现了 DEA 线钝化，应放弃中线波段操作，如图 1–22 和图 1–23 所示。如果 30 分钟图或 60 分钟图上趋势明显表现为下跌的弱势，也应放弃小波段的短线操作，如图 1–24 所示。

第 2 章　MACD 指标的实战意义

在了解了MACD的一些基础知识后，还要明白MACD指标的具体实战意义是什么？比如双线的作用、MACD柱与股价的关系、MACD指标与股价的关系。只有明白MACD指标的这些变化对趋势和股价的影响，才能在实战中根据MACD指标的细微变化捕捉趋势的微妙变化。

2.1　MACD 双线的作用

2.1.1　DIFF 线的实战作用

在 MACD 指标的两条线中，DIFF 线因其计算周期较短，表现通常相对敏感、迅速，这一点类似于均线系统中的 5 日或 10 日均线，能引领 DEA 线发生趋势方面的变化。实战中，通过观察 DIFF 线的明显变化，即其运行方向的变化，可以快速捕捉趋势变化初期的征兆，对判断买卖点起到重要的辅助作用，能够让投资者根据 DIFF 线的变化做出及时的反应，提前买入或卖出股票。

★ 案例解读

图 2–1 是中钢天源（002057）日线图，在下跌趋势中，进入 A 区域后，DIFF 线率先转为向上运行，并引发 DEA 线震荡平行状态的改变。股价在震荡中创出每股 9.73 元的新低，随后 DEA 线转为向上运行，双线金叉后向上发散，趋势因此反转向上。

★ 实战要点

1. DIFF 线的作用是通过改变自身的运行方向带动改变 DEA 线的运行方向，从而达到转变趋势的作用，因此 DIFF 线的明显变化往往可以作为投资者买入或卖出的重要参考依据。

2. 在实战中，如果 DIFF 线运行方向的改变无法影响 DEA 线的运行方向，最终双线同步运行时，表明趋势并没有发生根本变化。由此也可以看出，不应只根据 DIFF 线的方向变化判断买卖点。

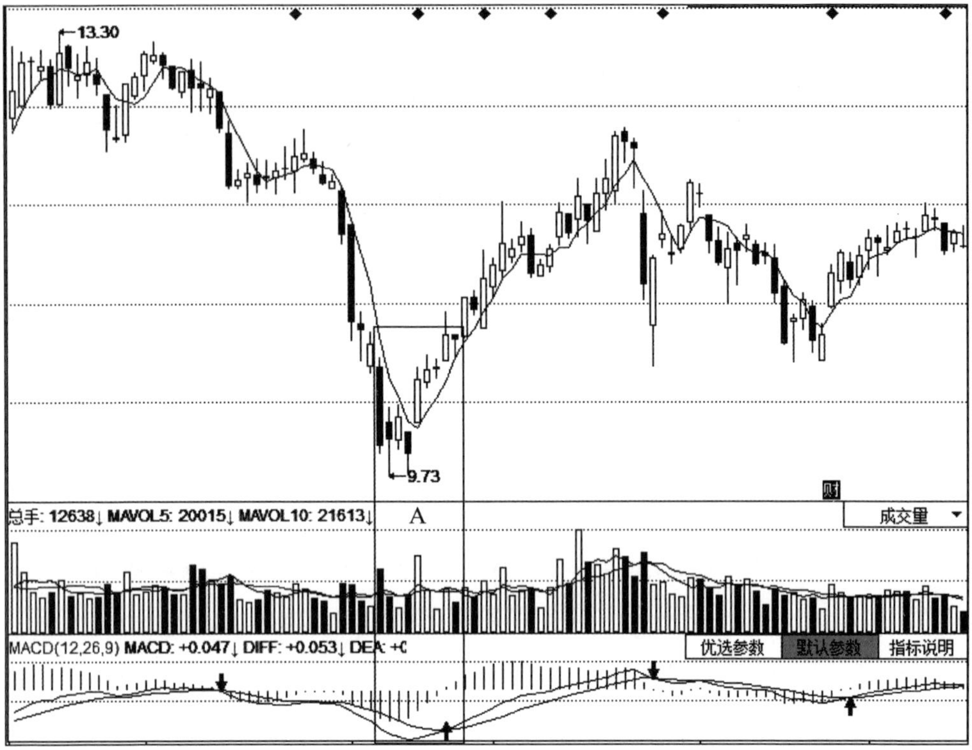

图 2-1　中钢天源日线图

2.1.2　DEA 线的实战作用

由于 DEA 线的计算周期相对 DIFF 线较长，所以会表现得相对迟缓，但是和那些中长期均线一样，在实战中会对股价起到支撑作用，尤其是在高位首次出现死叉时，大多数情况下此时趋势并未完全走弱，因为此时 DEA 线还未向下运行，表明其对股价的支撑作用依然存在，仍然有可能支撑股价反弹。同样，当 DIFF 线趋势转为上行时，只有 DEA 线也明显转为向上运行，趋势才会发生根本性转变。

当双线逆势运行时，DEA 线起到了与 DIFF 线反向的作用；当双线顺势运行时，DEA 线起到了助涨或助跌的作用。根据这一原理，投资者利用

MACD 指标判断趋势变化时，可以通过观察 DEA 线运行方向的微妙变化做出辅助性判断。

★ 案例解读

图 2–2 是金证股份（600446）日线图，进入 A 区域后，当双线同步向上运行时，DEA 线起到了助涨作用，股价持续上涨。进入 B 区域后，DIFF 线转为高位下行，DEA 线未改变上行趋势，起到了支撑与抵抗的作用，其后股价继续震荡上行。进入 C 区域后，双线同步向下运行，DEA 线此时的作用是助跌，股价因此持续下跌。进入 D 区域后，DIFF 线转为上行，但 DEA 线此时是下行的，所以 DEA 线起到了向下抵抗的作用，股价随后持续下行。

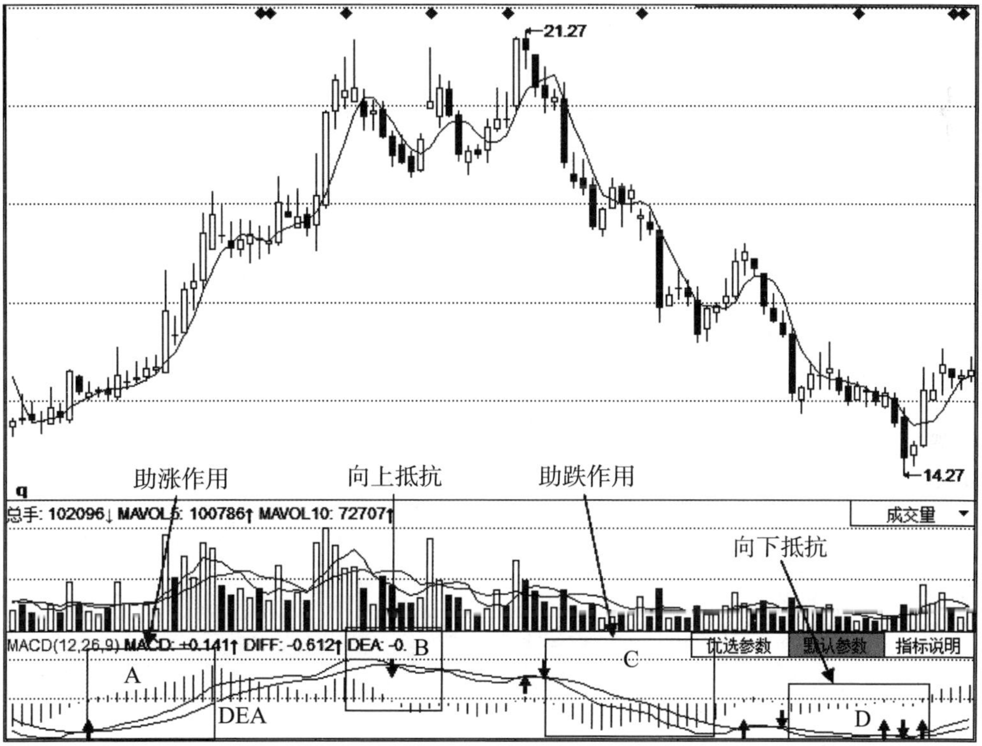

图 2–2　金证股份日线图

★ **实战要点**

1. 在趋势演变过程中，如果双线同步向上或同步向下，DEA 线会起到助涨或助跌的作用，如图 2–2 中 A 区域和 C 区域所示。

2. 如果 DIFF 线运行方向与 DEA 线运行方向相反，DEA 线的作用是对 DIFF 线进行抵抗，如图 2–2 中 B 区域和 D 区域所示。

2.2 MACD 柱与股价波动的关系

2.2.1 红柱变化与股价的关系

在前文的介绍中，大家知道 MACD 红柱是 MACD 值为正值时的表现，由于红柱表示多方量能大，所以当出现红柱后：红柱持续变长时，表明盘中多方力量在变强，股价自然会表现为持续上涨；红柱持续变短时，说明多方力量在减弱，股价表现为震荡，因为此时多方仍然占据主导地位，所以股价并不会大幅下跌，只是小幅震荡，属于上涨趋势中的震荡整理行情；当红柱长短没有明显变化时，仍为强势震荡整理行情。

根据红柱判断股价变化时，还要分清是上涨趋势中出现的红柱，还是下跌趋势中出现的红柱。因为下跌趋势直接代表的是弱势，所以出现红柱只能表明股价反弹的强弱变化：红柱持续变长，表明反弹继续；红柱持续缩短，表明反弹即将结束，呈反弹后的高位震荡状态；红柱变化极小时，为弱势震荡整理行情。

了解了红柱变化对应股价表现后，交易时就能够通过红柱变化掌握股价运行趋势的变化，从而把握操作时机。

★ **案例解读**

图 2–3 是同仁堂（600085）日线图，进入 A 区域后，红柱出现并且持续变长，此时股价仍旧上涨。在 B 区域，红柱持续缩短，此时股价在盘中表

现为震荡整理；其后，当红柱再次变长时，股价持续上涨。进入 C 区域后，红柱长短变化不明显，此时表现为震荡整理态势。

图 2–4 是湖南天雁（600698）日线图，在下跌趋势中，A 区域红柱持续变长，为下跌趋势中的短线反弹行情。进入 B 区域后，红柱持续缩短，表明股价在反弹高点形成震荡走势，反弹即将结束。进入 C 区域后，红柱长短变化不明显，表明股价处于弱势震荡状态。

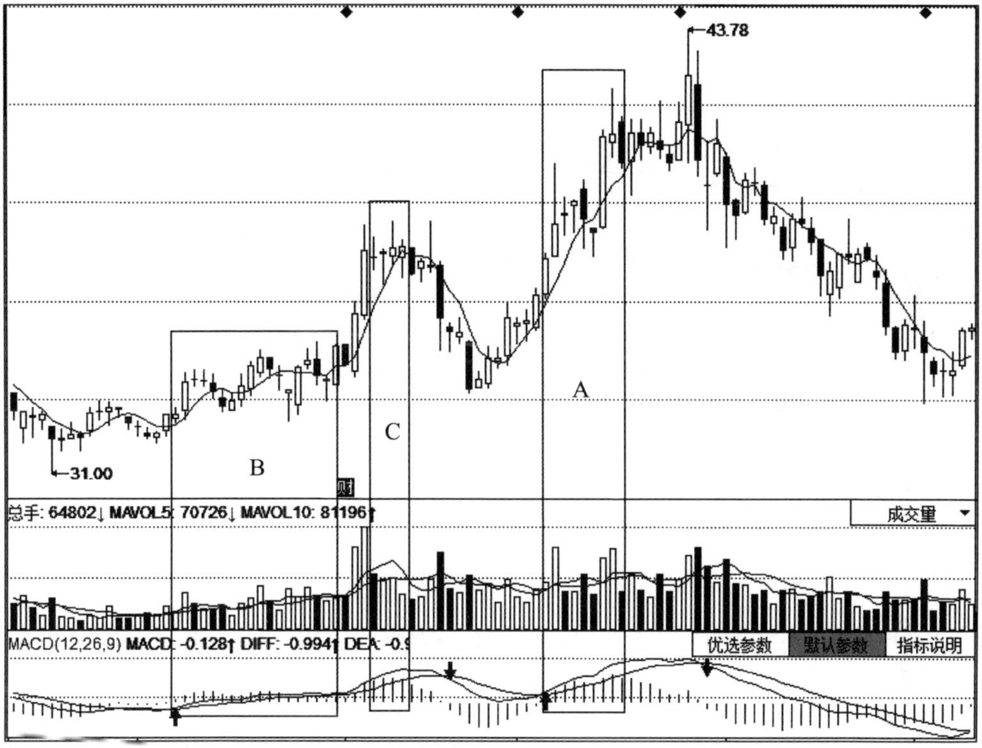

图 2–3　同仁堂日线图

★ 实战要点

1. 红柱出现后，代表的是多方力量占主导地位，所以此时的股价趋势是偏强的。具体的强弱程度应根据红柱的长短情况以及其他 MACD 指标的表现来判定。

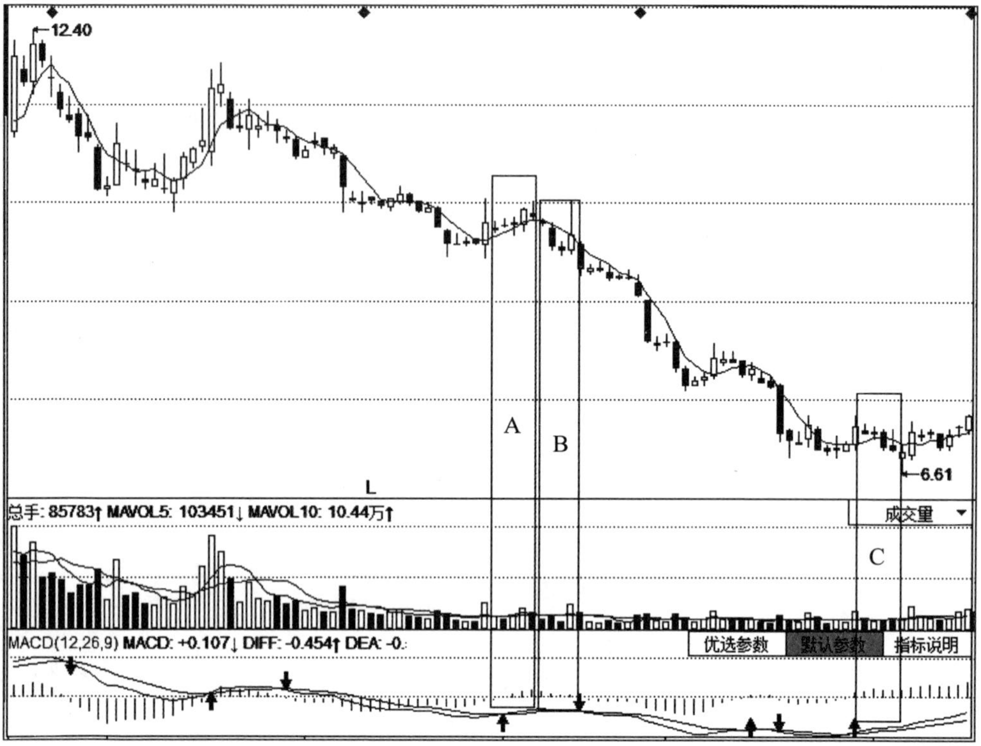

图 2-4 湖南天雁日线图

2. 利用红柱判断股价变化时，红柱持续变长表明股价为持续上行的状态，如图 2-3 中 A 区域所示；红柱持续缩短表明属于上涨趋势中的震荡整理行情，如图 2-3 中 B 区域所示；红柱长短变化不明显表明仍为上涨趋势中的震荡整理行情，如图 2-3 中 C 区域所示。

3. 利用 MACD 红柱判断股价趋势时，应先分清是上涨趋势中出现的红柱变化还是下跌趋势中出现的红柱变化，如图 2-3 和图 2-4 所示。红柱的变化对股价和短期趋势的影响一样，只不过弱势中红柱发生变化时，应多从反弹角度出发分析反弹的强弱。

2.2.2 绿柱变化与股价的关系

MACD 绿柱是 MACD 值为负值时的表现，出现绿柱表明此时盘中由空方主宰，尤其是在绿柱较长的情况下：绿柱持续变长时，说明空方力量不断加强，股价快速下跌；绿柱持续缩短时，说明空方力量逐步减弱，股价下跌的幅度缓慢缩小，盘中表现为震荡或小幅反弹；绿柱长短没有明显变化时，说明空方力量没有减弱也没有增强，股价处于弱势震荡整理状态，震荡幅度相对较小。

明白了绿柱的不同变化是股价不同走势的具体表现，对趋势判断起到重要的辅助作用，进而影响买卖点的判断。

根据绿柱判断短期趋势时还要注意一个问题，就是要分清行情是处于上涨趋势还是下跌趋势。无论是哪种趋势，唯一不同的只是上涨趋势中的绿柱较短，下跌趋势中的绿柱较长。在下跌趋势中，绿柱持续变长，表明股价会进一步调整；绿柱持续缩短，表明调整即将结束；绿柱长短变化不明显，表明行情处于小幅震荡整理状态。

★ 案例解读

图 2–5 是黄山胶囊（002817）日线图，进入 A 区域后，绿柱持续变长，表明此时空方力量渐强，股价呈下跌趋势。进入 B 区域后，绿柱持续缩短，说明空方力量在减弱，股价随后小幅震荡反弹。进入 C 区域后，绿柱长短变化并不明显，表明空方力量处于维持当前水平的状态，股价表现为小幅弱势震荡。

★ 实战要点

1. 出现绿柱时，说明此时空方主导市场，股价趋势偏弱。此时应结合其他 MACD 指标的变化确定买卖点，绿柱只是参考指标。

2. 在下跌趋势中，当绿柱持续变长时，股价表现为持续下跌状态，如图 2–5 中 A 区域所示；当绿柱持续缩短时，股价表现出下跌趋势中的震荡整理和小幅反弹行情，如图 2–5 中 B 区域所示；当绿柱长短变化不明显时，表现为下跌趋势中的弱势震荡整理行情，如图 2–5 中 C 区域所示。

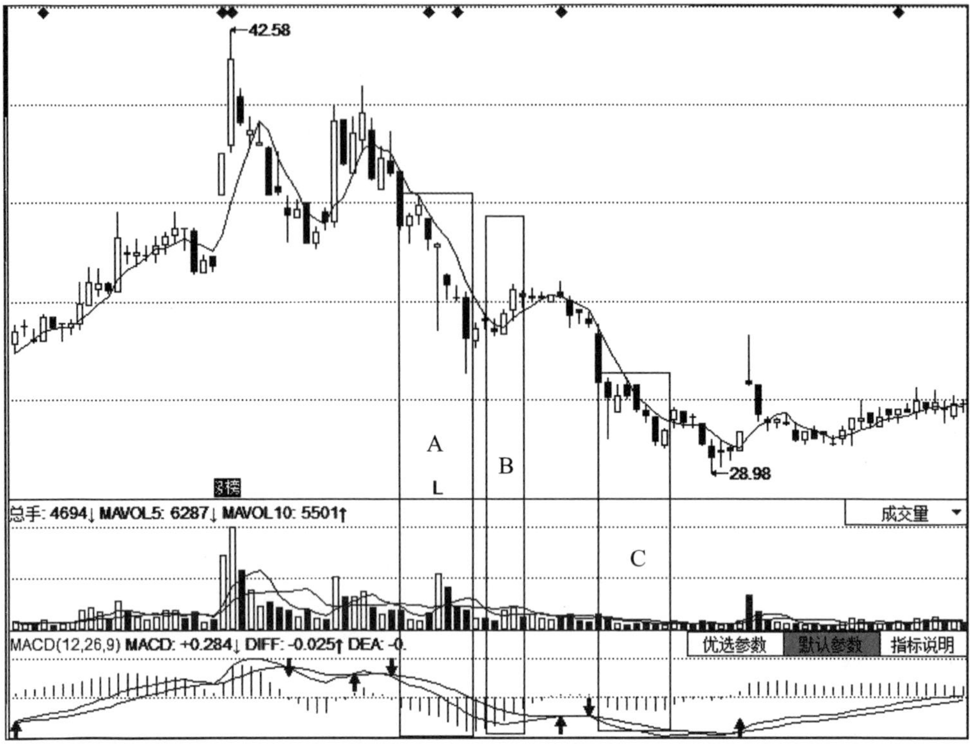

图 2-5　黄山胶囊日线图

3. 在上涨趋势中，如果绿柱出现变化，往往绿柱也较短。绿柱的长短变化道理相同，即绿柱持续变长时，表明股价调整将继续；绿柱持续缩短时，表明股价调整即将结束；绿柱长短变化不明显时，表明行情为震荡整理，如图 2-6 所示。

2.2.3　红柱转绿柱与股价的关系

明白了红柱与绿柱的市场含义后，就很容易理解红柱转绿柱的意义了。红柱转绿柱代表市场上的量能从多方占主导地位转变为空方占主导地位，因此股价将呈下跌趋势。

红柱转绿柱后股价将下行，但仍能够捕捉空方力量的强弱。当红柱转绿柱后，如果绿柱较长，表明股价下跌的幅度会很大；如果绿柱较短，表明股

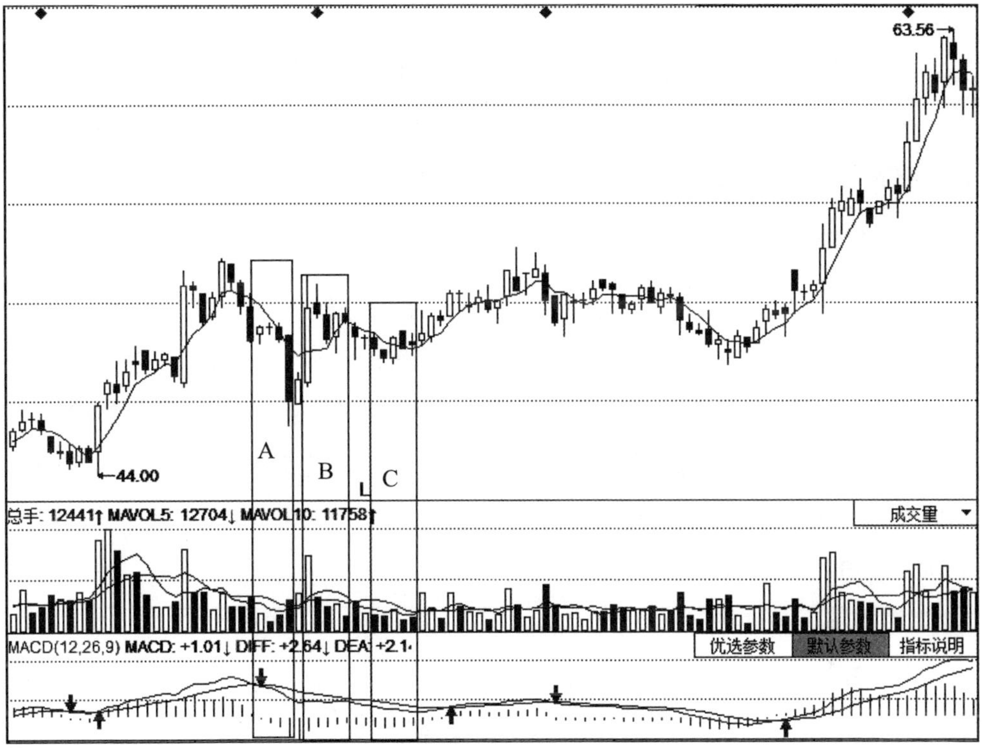

图 2-6　康弘药业日线图

价只是震荡式的小幅下跌；如果绿柱持续变长，意味着股价下跌幅度会持续加大；若绿柱较长且逐渐缩短，意味着股价的下跌幅度开始收窄并缓慢回升。

了解了红柱转绿柱后的几种情况，再结合红柱转绿柱时的大趋势，就很容易判断此时股价处于哪一阶段。

比如，上涨趋势中红柱转绿柱，说明上涨行情出现了短线调整；红柱转绿柱后，绿柱持续变长，表明股价的调整幅度会进一步扩大，短线下跌较快；红柱转绿柱后，绿柱持续缩短，表明上涨趋势中的短线调整行情将很快结束。

再比如，下跌趋势中红柱转绿柱，表明下跌中的反弹行情已经结束，股价会继续下跌，尤其是在红柱转绿柱后，绿柱持续变长时；如果红柱转绿柱后，绿柱持续缩短，表明反弹行情仍将继续，此时只是反弹中的小幅震荡。

由此可见，红柱转绿柱是股价出现调整行情或反弹结束的开始，至于是否会影响大趋势的转变，则应观察红柱转绿柱后绿柱的变化，据此做出判断。另外，红柱转绿柱后，绿柱的长短也影响调整的快慢和幅度的大小。通常红柱转绿柱后，绿柱越长，意味着其后下跌幅度越大；绿柱较小并未持续变长，意味着股价调整将很快结束。

★ 案例解读

图 2-7 是英搏尔（300681）日线图，在上涨趋势中，进入 A 区域后，出现红柱转绿柱的情况，绿柱较短，意味着调整将很快结束，所以此时股价只表现出轻微的小幅震荡调整。进入 B 区域后，红柱转绿柱，绿柱持续变长，股价也由涨转跌，并且跌幅较大。进入 C 区域后，趋势转为下跌，再次出现红柱转绿柱的情况，此时表明弱势反弹已经结束，随着绿柱持续变长，股价下跌幅度进一步加大。

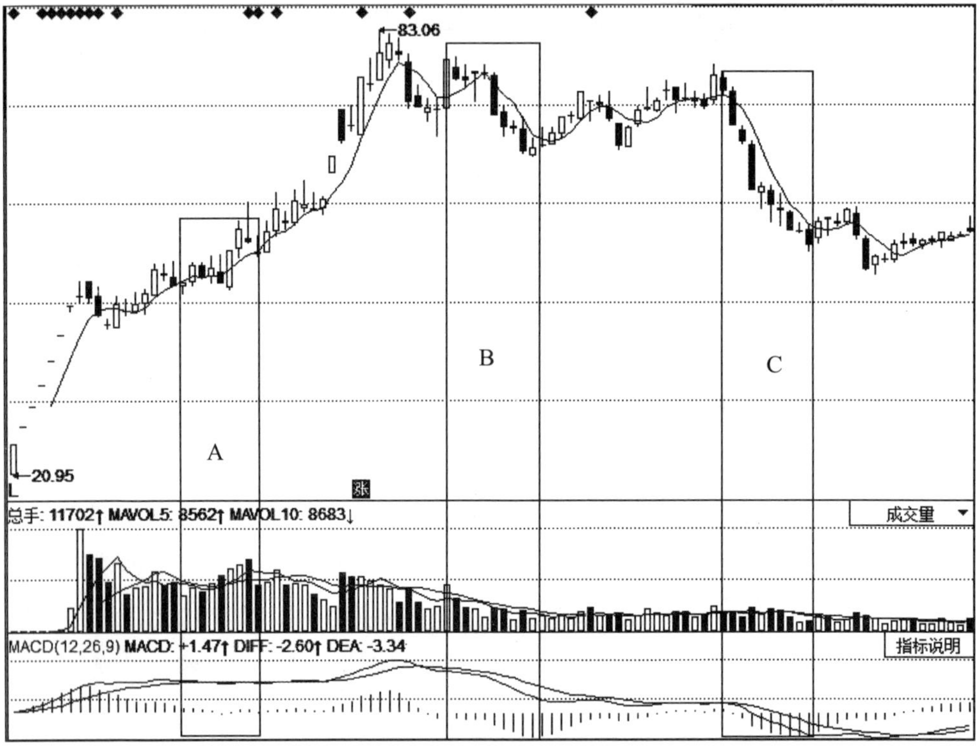

图 2-7　英搏尔日线图

★ 实战要点

1. 红柱转绿柱后，首先应看清此时的大趋势是上涨还是下跌，从而进一步判断是上涨趋势中的调整行情，还是下跌趋势中的反弹结束，如图 2-7 中 A 区域和 B 区域所示。

2. 红柱转绿柱后的下跌，不论是出现在上涨趋势还是下跌趋势中，应比较其后绿柱的进一步变化来判断下跌的幅度。若在上涨趋势中出现绿柱持续变长的情况，说明调整幅度相对较大，如图 2-8 中 A 区域所示；绿柱较短，表明调整幅度相对较小，如图 2-7 中 B 区域所示。若在下跌趋势中出现绿柱持续变长的情况，那么反弹结束后，股价的下跌幅度会比较大，下跌速度较快，如图 2-7 中 C 区域所示。

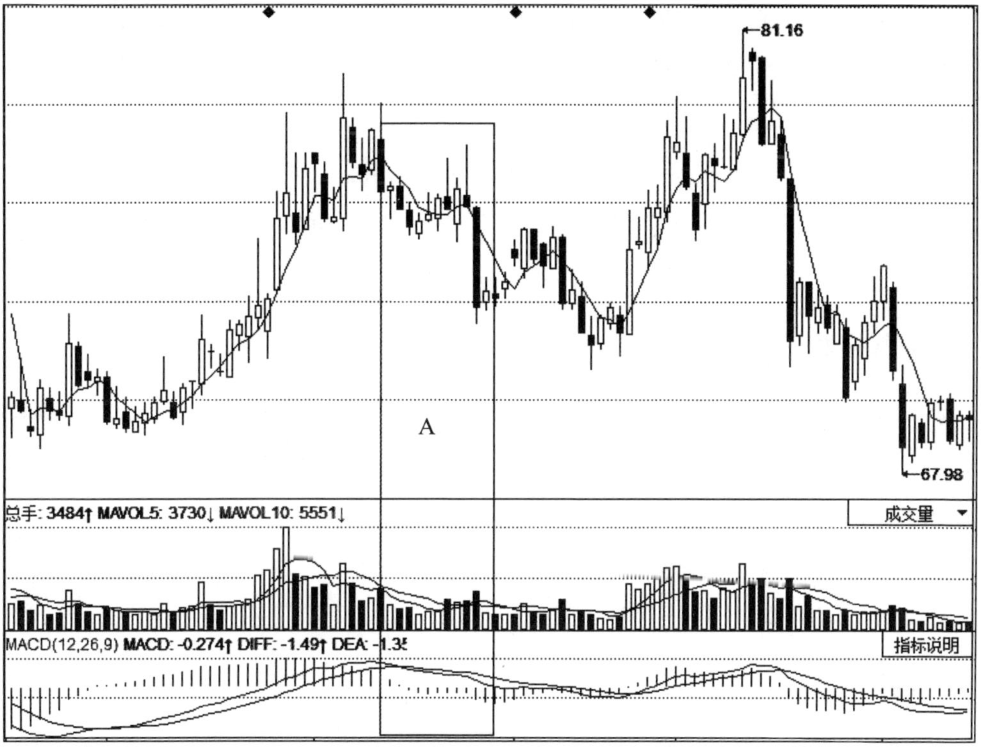

图 2-8　江苏雷利日线图

3. 红柱转绿柱代表股价趋势由强转弱，但其只能作为一种辅助判断工具，实战中应结合其他 MACD 指标的表现判断具体的买卖点。如果在高送转后出现红柱突然转绿柱的情况，并且绿柱相对较长，应将所观察的 K 线图调整到向前复权或向后复权的状态后再观察。

2.2.4 绿柱转红柱与股价的关系

绿柱转红柱，说明盘中多方力量战胜了空方力量，多方占据了主导地位，因此是股价转强的表现。但这并不能作为单独判断买点的依据，尤其是在发生背离的情况下，这种情况经常出现。关于背离，下文将详细介绍，在此只介绍正常状态下绿柱转红柱的情况。

通常，绿柱转红柱，在判断股价趋势时，同样要先辨明此时的趋势。上涨趋势中出现绿柱转红柱的情况，表明调整行情结束，股价将继续上涨，尤其是绿柱转红柱后红柱持续变长时；如果下跌趋势中出现绿柱转红柱的情况，表明反弹行情开始，尤其是绿柱转红柱后红柱持续变长时。

同样，绿柱转红柱后，股价上涨或反弹的力度也可根据红柱的长短判断：红柱较长，意味着上涨或反弹的力度较大；红柱较短，意味着股价上行的力度较小。

★ 案例解读

图 2–9 是南极电商（002127）日线图，在上涨趋势中，进入 A 区域和 B 区域后，分别出现绿柱转红柱的情况，并且绿柱转红柱后红柱持续变长，股价止跌后恢复上涨趋势。

图 2–10 是中环股份（002129）日线图，在下跌趋势中，进入 A 区域和 B 区域后，绿柱转红柱，且红柱较长并持续变长，随后股价持续上涨。

★ 实战要点

1. 实战中，绿柱变红柱往往代表股价将止跌回升，所以是股价转强的信号，因此可作为判断买点的辅助工具，如图 2–9 中 A 区域和 B 区域所示。

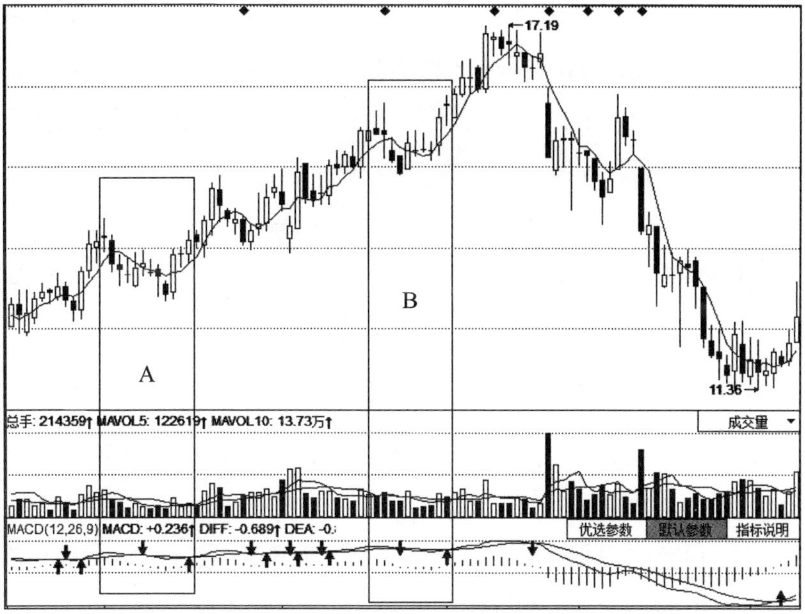

图 2-9　南极电商日线图

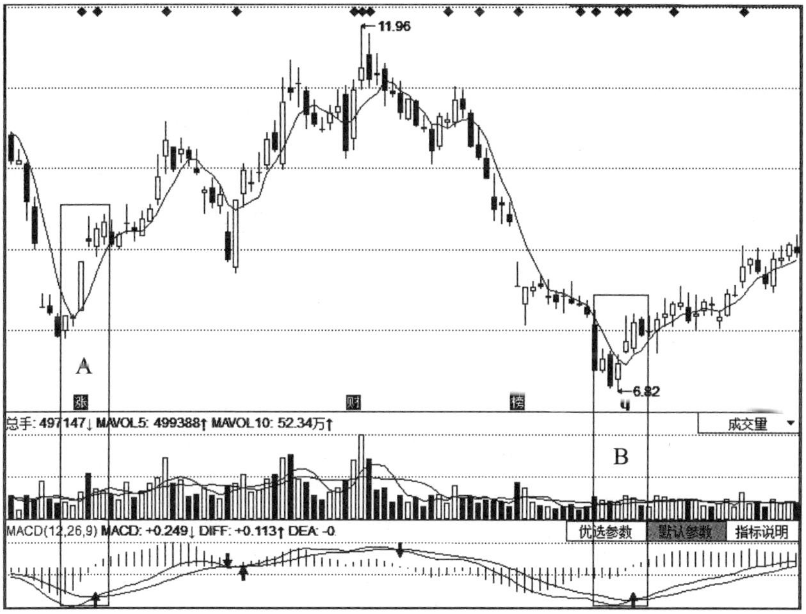

图 2-10　中环股份日线图

2. 绿柱转红柱虽然表明股价趋势已经转强，但后续能否持续走强，还需要根据红柱的长短变化情况判断。若绿柱转红柱后红柱持续变长，意味着强势会持续，如图 2–10 中 B 区域所示；若绿柱转红柱后红柱持续缩短，意味着其后仍会再次转弱，如图 2–10 中 A 区域所示。

3. 根据绿柱转红柱判断具体的买点时，应结合其他 MACD 指标来判断。同时，之前的市场趋势也决定操作的策略，因为多头趋势与空头趋势下的操作策略是不同的。

2.2.5 小红柱与小绿柱间的互相转换

小红柱与小绿柱间互相转换，代表盘中多方与空方的力量差别不大，即盘中的买盘与卖盘数量并不大。出现小红柱意味着多方暂时占据主动，出现小绿柱说明空方暂时占据了主动。当一只股票出现小红柱与小绿柱互相转换时，表明此时股价趋势为震荡行情，未来的行情方向往往不明确。一般来说，在股价盘整的状态下不适宜操作，应等到趋势明朗后再进行具体的操作。

★ 案例解读

图 2–11 是中航三鑫（002163）日线图，下跌反弹，进入 A 区域后，绿柱变得极短，表现为小绿柱，其后反复变为同样极短的小红柱，形成了小红柱与小绿柱间的相互变换，这表明股价趋势进入了多空双方势均力敌的状态。出现小红柱表明多方暂时占据主动，出现小绿柱表明空方暂时占据主动。小红柱与小绿柱相互交替出现，表明市场形成多空双方拉锯战，股价趋势也变为振幅较小的震荡行情，未来方向不明，应以观望为主。

★ 实战要点

1. 小红柱与小绿柱交替出现时，应确保红柱与绿柱的长度不要太长，否则不能确定为震荡趋势。

2. 小红柱与小绿柱不断切换，实质上是 MACD 值较小的表现。此时还有一个特征，就是 DIFF 线与 DEA 线之间的距离较小，基本上处于双线黏合的状态，表明此时市场处于小幅震荡状态，如图 2–11 中 A 区域所示。

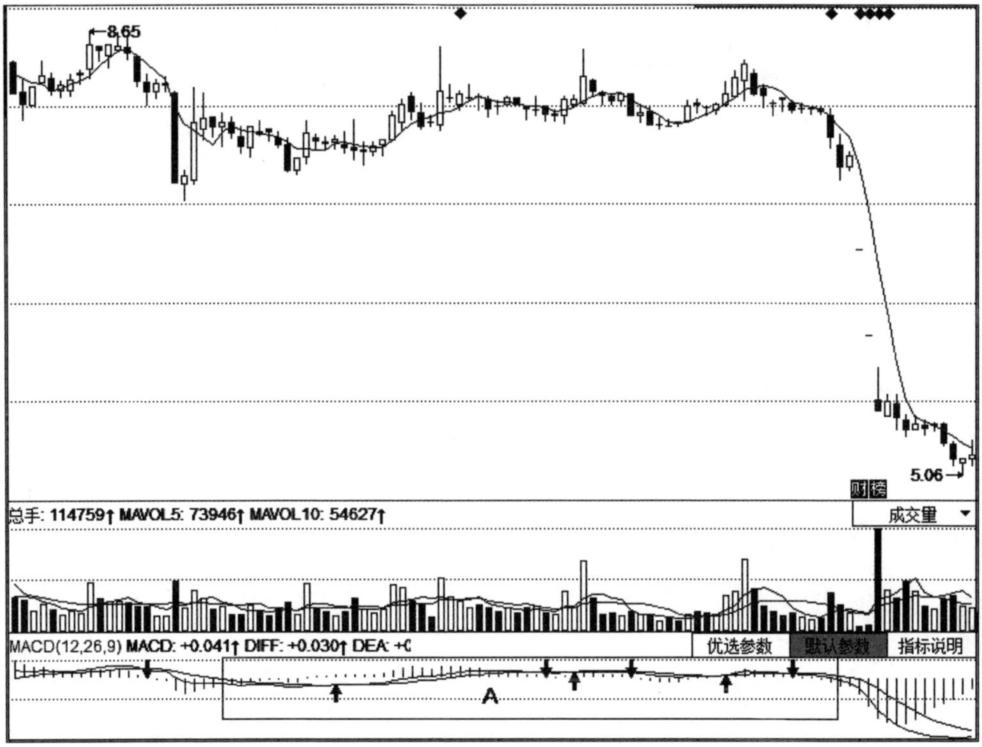

图 2-11　中航三鑫日线图

3. 本质上讲，小红柱与小绿柱相互转换是 DEA 线钝化的表现。这种形态可能出现在下跌末端的弱势震荡行情中，也可能出现在股价实现一定涨幅后的震荡行情中，是股价处于震荡整理行情中的表现，未来趋势方向不明，在此不宜操作。

2.3 MACD 指标与股价运行的方向

2.3.1 MACD 双线方向与股价运行方向

利用双线判断股价运行方向时，通常股价运行方向与双线运行方向一致，即双线均向上运行时，股价向上运行；双线均向下运行时，股价向下运行。

特殊时期也会出现特殊的情况，比如股价趋势反转向下之初最先做出反应的是 DIFF 线，它会率先向上运行，但 DEA 线此时仍然表现为向下运行或平行震荡。这种情况下股价依然会向上运行，但能否持续上涨，还要多加观察后方可确定。

相反，股价趋势反转向下之初，也会出现 DIFF 线向下运行，DEA 线依然上行或平行震荡的情况。此时股价运行的方向应观察其后 DIFF 线能否恢复向上运行，才能确定未来股价是否延续上行趋势。

这里需要注意的是一种中间形态，即双线相距较近的平行状态下小幅震荡，此时股价也会显现为平行小幅震荡。这种情况下股价趋势表现为震荡行情，意味着市场正在盘整，未来趋势方向不明朗。

再有一种情况就是 MACD 发生背离时，会出现双线上行、股价下行，或双线下行、股价上行的情况。这一情况会在其后背离一章中详细介绍，这里只介绍一下前面五种情况。

★ 案例解读

图 2–12 是宁波东力（002164）日线图，在上涨趋势中，进入 A 区域后，DIFF 线向下运行，DEA 线呈平行状态，短期趋势向下，此后双线死叉，趋势也同时反转向下。进入 B 区域后，双线向下运行，此时股价趋势是同步向下运行的。进入 C 区域后，双线距离较近，平行小幅震荡，股价也形成了小幅震荡趋势，表明未来趋势方向不明，此时不宜操作。

图 2–13 是中航光电（002179）日线图，将 K 线图调整到向前复权状态后发现，在下跌趋势中，进入 A 区域后，DIFF 线转为向上运行，DEA 线平行小幅震荡，其间形成了底背离，其后股价反转向上。进入 B 区域后，双线向上运行，股价也随之持续向上，为正常的上涨状态。

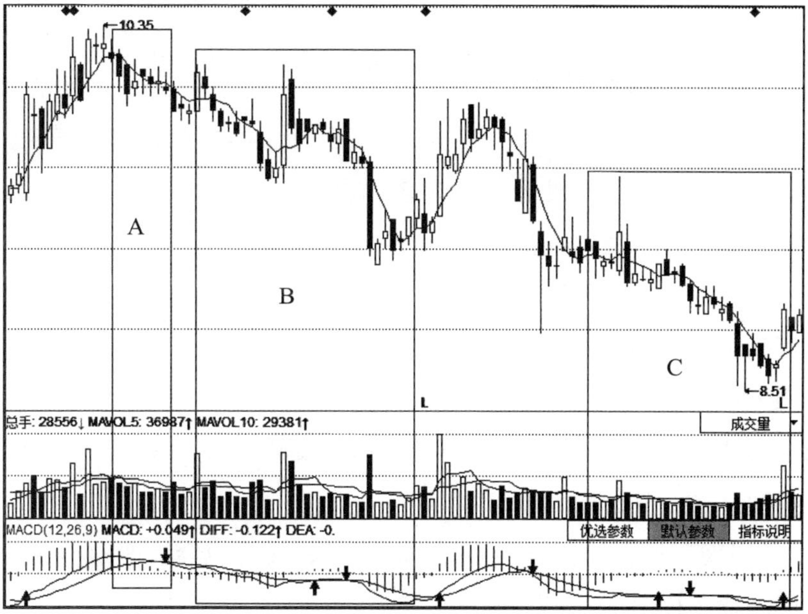

图 2-12　宁波东力日线图

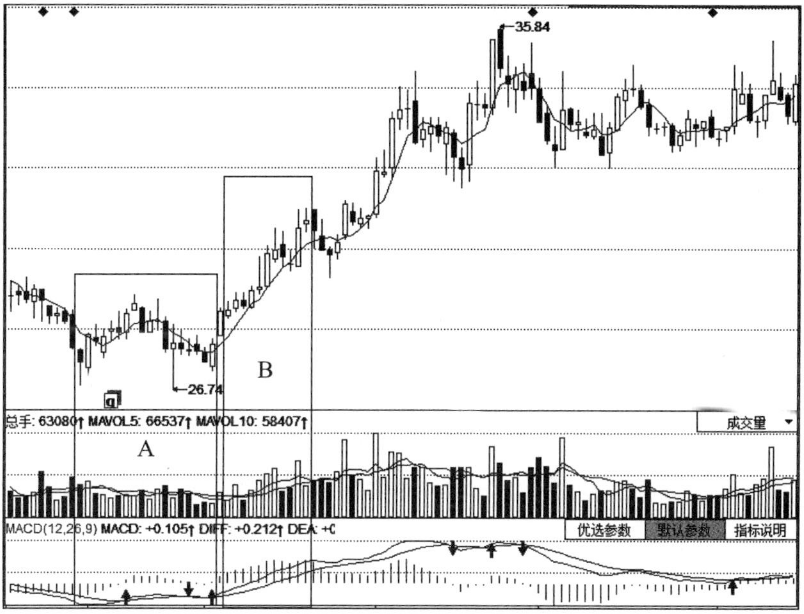

图 2-13　中航光电日线图

★ 实战要点

1. MACD 双线在常态下是双线上行，股价同步上行，如图 2–13 中 B 区域所示；或是双线下行，股价同步下行，如图 2–12 中 B 区域所示。

2. 趋势反转之初，如果是下跌趋势反转向上，DIFF 线上行，DEA 线平行，股价小幅震荡，直到发生底背离或 DEA 线也改为上行，方可形成股价趋势反转向下，如图 2–13 中 A 区域所示。如果 DEA 线依然下行，则应继续观察，之后方可确认股价趋势是否会反转向上。

3. 趋势反转向下之初，DIFF 线下行，DEA 线平行，股价短线下行，此时应结合其他 MACD 指标确认市场趋势是否反转向下，或是双线与股价同步下行，如图 2–12 中 A 区域所示。

4. 若呈现双线相距较近的平行小幅震荡，股价也会表现为小幅震荡，此时市场属于震荡趋势，未来发展方向不明，应以观望为主。

2.3.2 MACD 柱变化与股价运行方向

不仅双线的运行方向会影响股价的运行方向，MACD 柱线的变化也能够体现这一点。利用 MACD 柱判断股价运行方向相对复杂，但 MACD 柱的长短状态对趋势方向影响较大。然而，由于 MACD 柱为小红柱或小绿柱时为震荡行情，表示未来方向不明，所以在此忽略这种状态，其他的情况如下。

（1）常态下，当红柱持续变长时，股价趋势为持续向上运行。上行的力度可以根据红柱的情况而定。如果红柱较长且持续变长，代表多方力量强大，股价会快速大幅上涨；红柱较短，代表股价上行力量弱，上行速度缓慢。

（2）正常情况下，当绿柱持续变长时，股价趋势为持续向下运行。下行的力度可以根据绿柱的长短情况而定。如果绿柱较长且持续变长，代表空方力量强大，股价会快速大幅下跌；绿柱较短，代表股价下行力量弱，下行速度缓慢。

（3）股价转跌时的 MACD 柱形态：红柱渐渐缩短后变为绿柱，其后持续变长。

（4）股价转涨时的 MACD 柱形态：绿柱渐渐缩短后变为红柱，其后持续变长。

（5）上涨调整行情出现时的 MACD 柱形态：红柱渐渐缩短再变长为调整结束信号，转绿柱后变长代表调整继续，转绿柱后缩短表明调整结束。

（6）下跌趋势反弹行情出现时的 MACD 柱形态：绿柱逐渐缩短后转红柱持续变长，如果反弹结束，红柱渐渐缩短，直到绿柱出现并开始变长。

★ 案例解读

图 2–14 是纳思达（002180）日线图，进入 A 区域后，红柱持续变长，股价为接连上涨趋势。进入 B 区域后，红柱渐渐缩短，股价表现为震荡调整；转为绿柱后，股价进一步调整下跌，直到出 B 区域后转为红柱，股价再次上

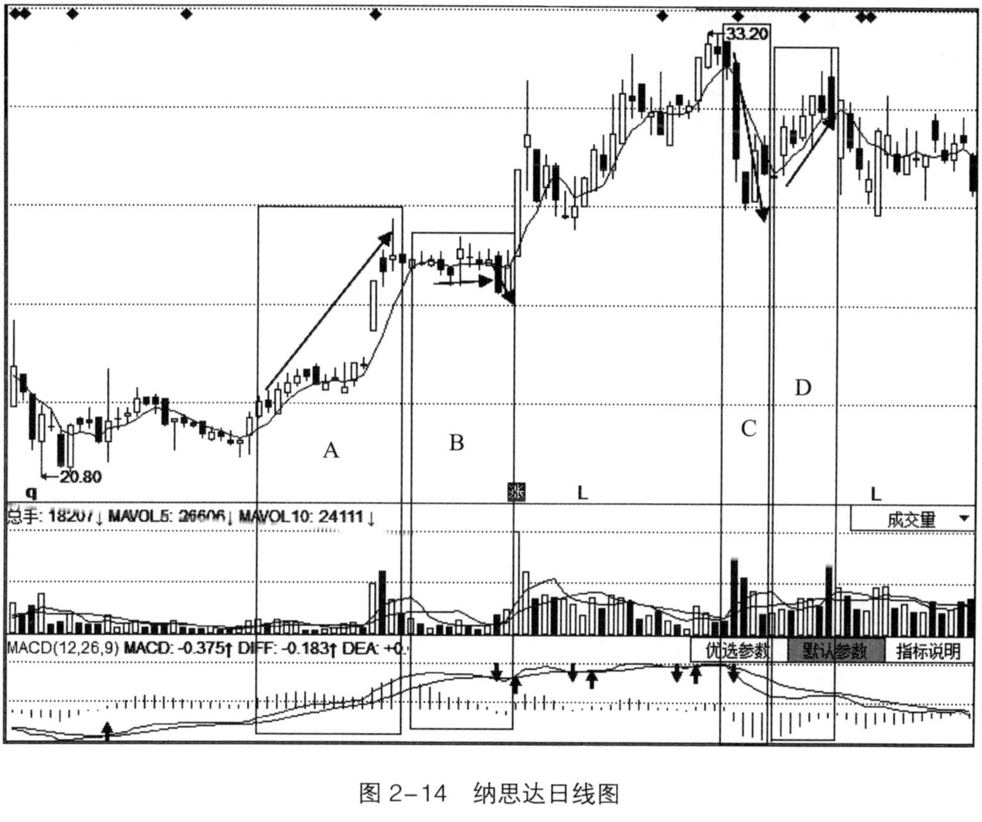

图 2–14　纳思达日线图

涨。进入 C 区域后，红柱转绿柱，绿柱持续变长且绿柱较长，表明调整的力度正在加大。进入 D 区域后，绿柱逐渐缩短，表明调整结束，随后股价回升。

图 2–15 是云海金属(002182)日线图，进入 A 区域后，红柱逐渐大幅缩短，转为绿柱后持续变长，同时股价持续下跌。进入 B 区域后，绿柱渐渐缩短，转为红柱后渐渐变长。在红绿柱渐变过程中，红绿柱较短，所以股价呈缓慢反弹状态。进入 C 区域后，红柱转为绿柱并逐渐变长，表明反弹结束后股价将继续下跌。

★ 实战要点

1. 在实战中，MACD 柱的变化往往体现了股价运行方向的变化，但只能作为操作的辅助参考，不能仅仅以绿柱的变化确定买卖点。

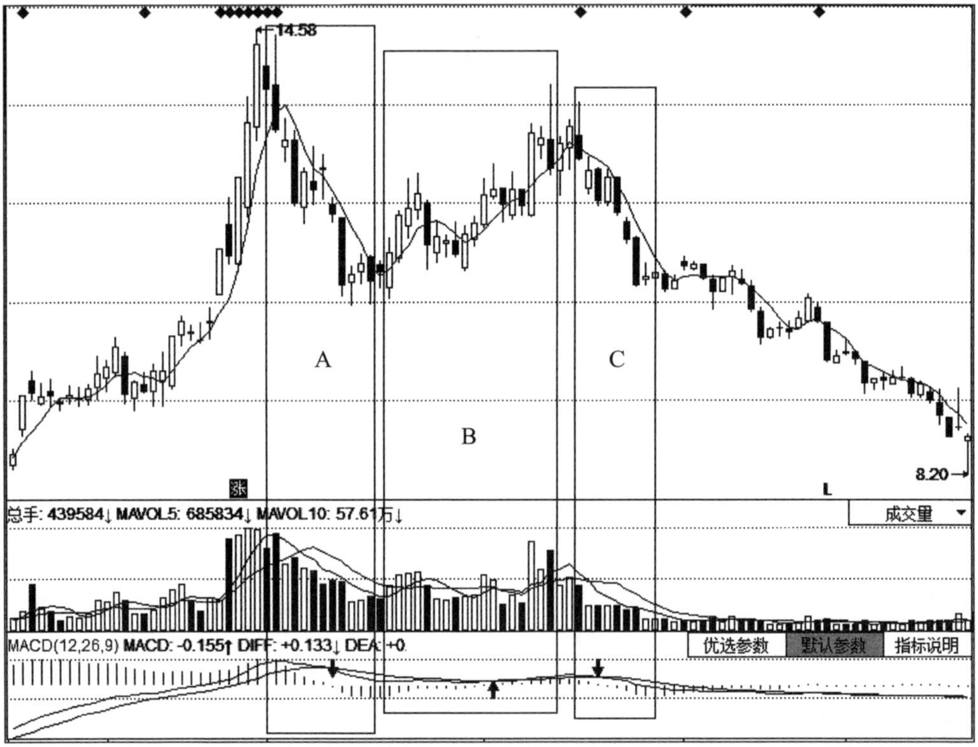

图 2–15　云海金属日线图

2. 利用 MACD 指标判断股价方向变化时，应首先判断当前股价大的运行方向与趋势，以便做出相应的判断，如图 2–14 和图 2–15 所示。

3. MACD 柱的颜色不同代表股价运行方向不同，柱线的长短情况关系到股价涨跌的力度。

2.3.3　MACD 双线一柱结合判断股价运行方向

利用 MACD 双线一柱判断股价运行方向准确率较高，除了某些具体的买入与卖出形态外，有些双线一柱的变化也能够准确判断未来股价的运行方向。

（1）上涨趋势和调整行情的判断：双线同时向上运行，红柱持续变长，为正常的上涨形态。其间若红柱缩短，双线在距离较近的状态下下行，意味着上涨趋势进入震荡调整，出现绿柱时表明调整幅度将加大，直到绿柱转为红柱，方表明调整已经彻底结束。若未转为绿柱即出现红柱持续变长，同时只是 DIFF 线短时下行随即恢复上行，同样表明调整行情结束。

（2）下跌趋势和反弹行情的判断：双线同时向下运行，绿柱持续变长，为正常的下跌形态。其间若绿柱缩短，双线下行变缓或转为平行，意味着下跌趋势中出现反弹行情。出现红柱后双线由上行转为下行时，表明反弹继续。直到红柱逐渐缩短、消失并转为绿柱，双线转为下行时，方表明反弹结束。若未转为红柱即再次出现绿柱持续变长、双线向下运行时，同样表明反弹已经结束。

除了以上双线一柱正常状态下对股价运行方向的判断方法外，还有运行方向出现反转时的形态与方法，这就要结合背离技术和成交量来判断了，将在后面讲解趋势和背离时详细说明。

★ 案例解读

图 2–16 是紫光国微（002049）日线图，进入 A 区域后，双线同时向上运行，红柱持续变长，为标准的股价向上运行形态。进入 B 区域前，红柱缩短，意味着调整开始。进入 B 区域后，绿柱持续变长，表明调整幅度加大。

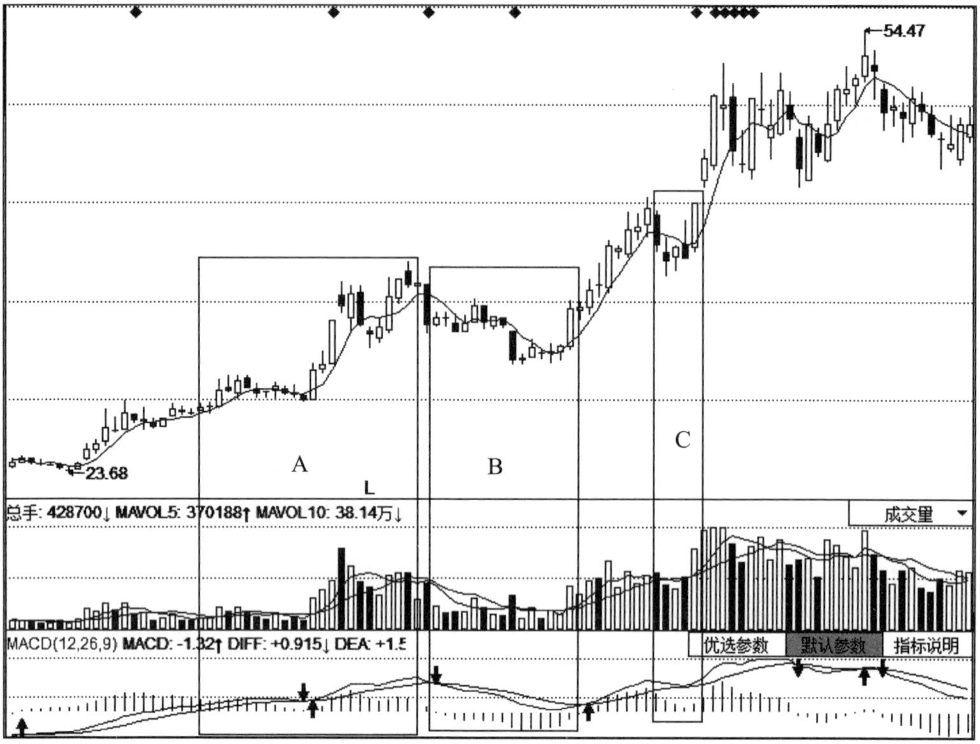

图 2-16　紫光国微日线图

直到绿柱缩短转为红柱，红柱持续变长，才恢复了继续上涨的趋势。进入 C 区域后，红柱逐渐缩短，再次出现调整。但红柱未及消失并转为绿柱，即再次持续变长，同样表明调整已经结束，股价恢复了继续向上运行的趋势。

图 2-17 是 *ST 南风（000737）日线图，进入 A 区域后，双线同时向下运行，绿柱持续变长，说明股价进入了向下运行区间。进入 B 区域后，双线先是走平，绿柱持续缩短，股价随之震荡止跌。绿柱转红柱后，红柱持续变长，双线上行，表明反弹行情开始。进入 C 区域后，红柱持续缩短，表明反弹已经结束。当双线由平行转为下行，出现绿柱并持续变长时，意味着股价恢复了之前的向下运行趋势。

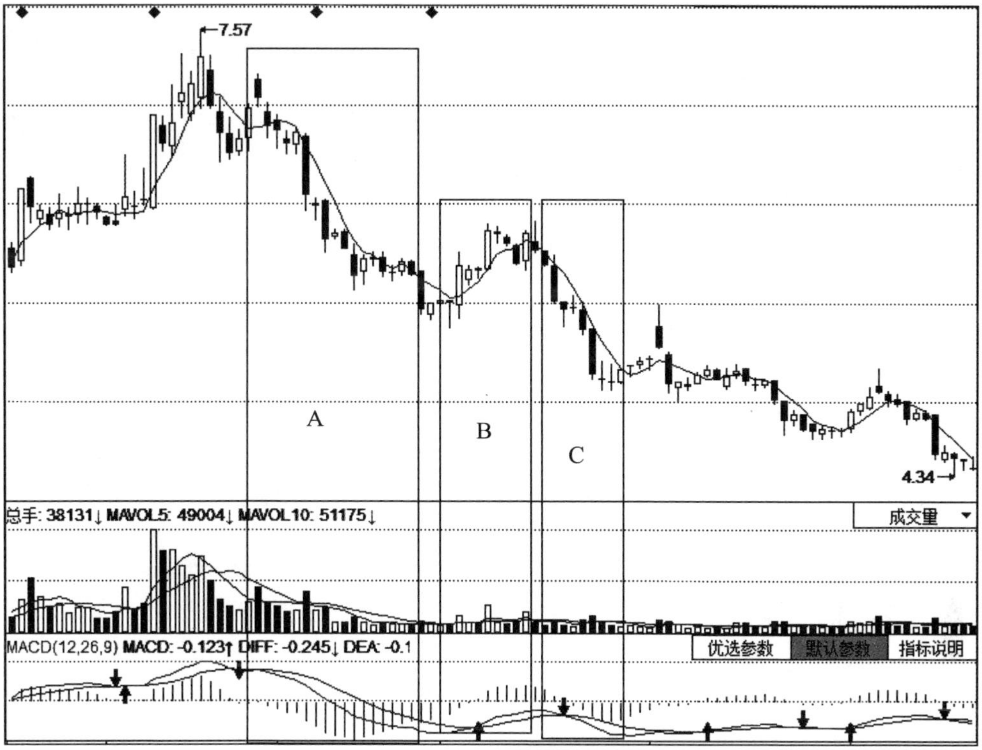

图 2-17 *ST 南风日线图

★ 实战要点

1. 如果仅观察双线的运行方向和 MACD 柱的变化，只能观察到股价运行方向的变化，也就是趋势的把握，不能作为判断买卖点的依据，但可以根据股价运行方向顺势操作。

2. 任何使用单一 MACD 指标判断股价运行方向的行为都不够精准，应相互结合，才能准确地判断股价的运行方向，以做到短中有长、长中有短、长短结合操作。

3. 综合双线一柱对股价方向进行判断，关键在于对股价运行大趋势的判断，这是针对大方向的判断，如图 2-15、图 2-16 和图 2-17 中 A 区域所示。大方向确定后，针对调整与反弹的判断，如图 2-16 中 B 区域和图 2-17 中 B 区域与 C 区域所示，为股价短期方向的判断，即局部操作的参考。

第3章 MACD指标与趋势的关系

尽管MACD指标能够反映超买与超卖的情况，但它最大的功能还是判断趋势，因此它更是一种趋向性指标。在上涨趋势与下跌趋势、大盘趋势与个股趋势、趋势转化中，MACD指标会显现哪些征兆，MACD指标钝化趋势处于何种状态，明白这些，才能更好地利用MACD指标判断趋势，并及时根据趋势演变特征进行正确的操作。

3.1　如何根据 MACD 指标判断趋势

3.1.1　上涨趋势的判断

虽然 MACD 指标属于一种超买超卖类指标，但其更独到的功能是判断股价趋势，并且判断方法也很简单，比如上涨趋势，只要准确地区分出 0 轴，即红柱与绿柱中间的那条水平线，一旦 DIFF 线与 DEA 线双双向上突破了 0 轴，即意味着这只股票进入了多头力量主导市场的牛市。在此期间，只要捕捉到调整结束时的止跌回升信号，即可顺势操作，积极做多。

★ 案例解读

图 3–1 是海螺水泥（600585）周线图，双线在低位震荡后上行，进入 A 区域后，DIFF 线向上突破 0 轴，DEA 线也紧随其后向上突破 0 轴，并持续震荡上行。此时极少出现绿柱，即使出现也很短，表明市场已经形成多头力量占据主导地位的上涨趋势，即牛市行情出现了，此时可以在每次 DIFF 线停止向下震荡、恢复上行时积极买入。

★ 实战要点

1. 判断上涨趋势时，明显的特征就是双线向上突破 0 轴后持续在 0 轴之上运行，如图 3–1 中 A 区域所示。如果只是 DIFF 线向上突破了 0 轴，DEA 线未突破 0 轴，不能确认已经形成上涨趋势。只有双线先后向上突破了 0 轴，方可确认为上涨趋势。

2. 判断上涨趋势时，关键是要确认 0 轴的位置，即红柱与绿柱之间的那条水平线，0 轴并不是 MACD 指标显示区域的那条中分虚线。

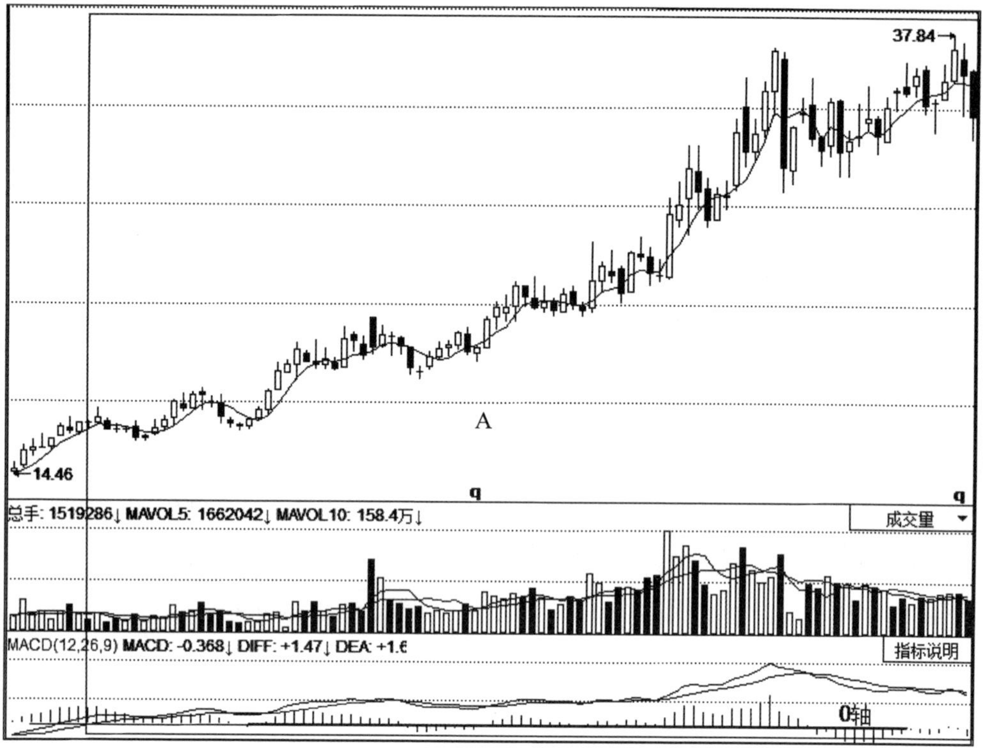

图 3-1　海螺水泥周线图

3. 当一只股票形成了上涨趋势后，盘中应积极做多，即以 DIFF 线终止震荡下行、掉头转为上行时为介入点，此时红柱会持续变长。在判断趋势时，应以周线或日线为主，因为周期图越短，其后的上涨趋势越短暂。

3.1.2　下跌趋势的判断

判断下跌趋势与判断上涨趋势相似，同样以 0 轴为标准，双线相继向下跌破 0 轴后，股价或指数就会步入弱势下跌趋势。如果观察的是大盘指数，代表大盘步入了下跌趋势；如果观察的是个股，表明个股进入了弱势下跌趋势。

市场进入空头主导的下跌趋势后，轻易不会出现快速反转，所以弱势下跌中，投资者只能捕捉机会抢反弹，不能过于乐观。除非市场出现了较为强势的 V 形反转，否则不能轻易抄底。

★ 案例解读

图 3-2 是上证指数周线图，在下跌过程中，进入 A 区域后，DIFF 线与 DEA 线相继跌破 0 轴，表明市场已经形成弱势下跌格局。进入 B 区域后出现的上涨，只能以反弹行情来对待。

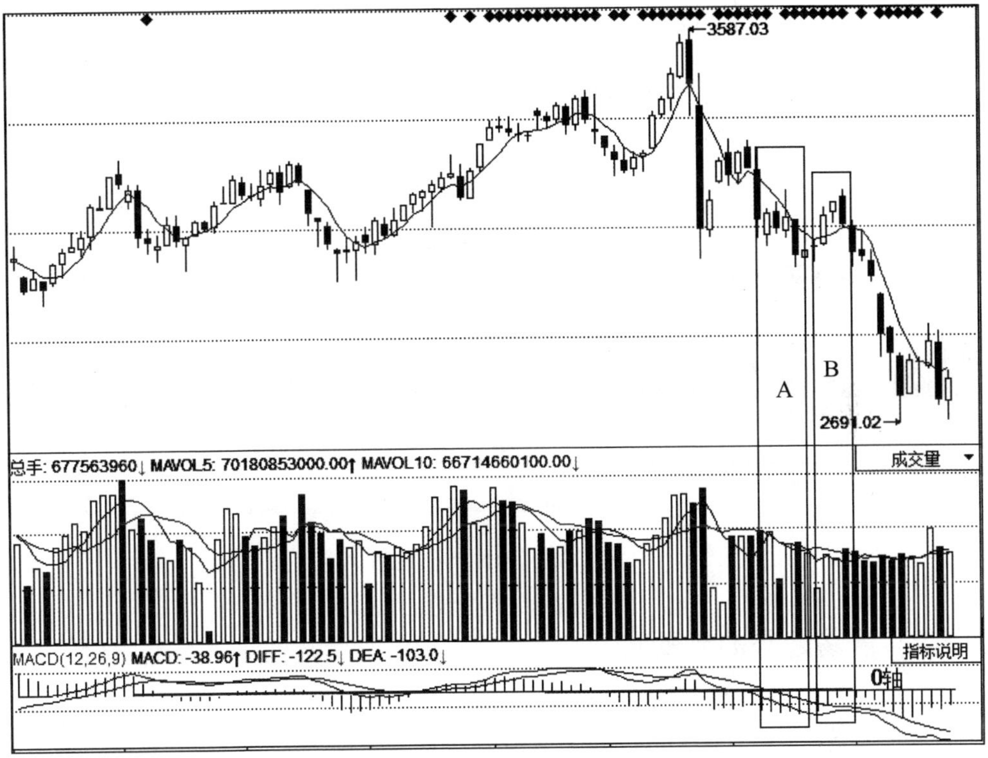

图 3-2 上证指数周线图

★ 实战要点

1. 在判断趋势时，如果是大盘进入了下跌趋势，个股并不必然进入下跌趋势，只是表明整个市场趋势处于弱势，如图 3-2 所示。

2. 当一只股票进入下跌趋势后，双线震荡后向上突破 0 轴的情况只能以反弹行情对待，不能轻易确定大趋势已经反转向上，如图 3-3 所示。此时应把握住反弹开始点与结束点，进行小波段操作。

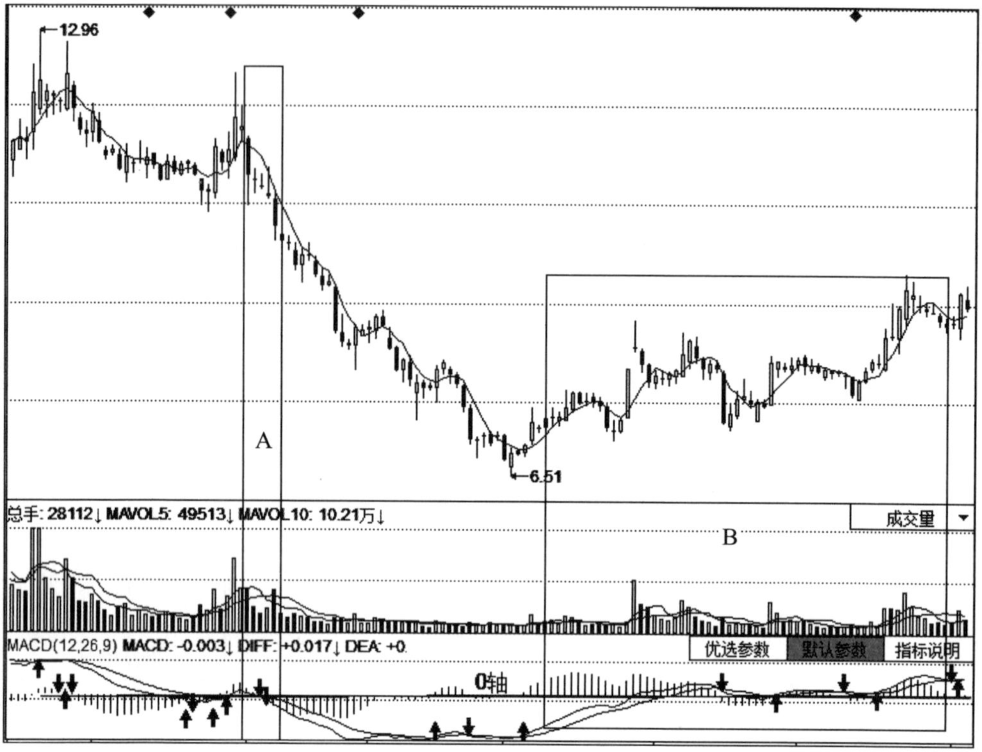

图 3-3 两面针日线图

3.1.3 震荡趋势的判断

判断震荡趋势仍然以 0 轴为准，因为 0 轴是多空趋势的分水岭。当 DIFF 线与 DEA 线相距较近，几近黏合状态时，在 0 轴附近展开小幅震荡，此时的 MACD 柱通常较短，小红柱和小绿柱反复转换。这说明盘中买卖双方的力量都不大，且处于势均力敌的状态，此时股价会表现为在一定幅度内反复震荡，形成震荡趋势。

一只股票形成震荡趋势后，其未来走势并不明朗。一旦发现某只股票进入震荡趋势，应采取持币观望的态度，不要因股价的短期小幅波动而轻易买入或卖出。

值得注意的是，观察股价趋势时，应观察并依据较长的周期图来判断。

如果周期过短，这种震荡趋势就会经常出现。只要盘整结束，即可根据变盘时 MACD 指标发出的信号买入或卖出。

★ 案例解读

图 3–4 是东音股份（002793）日线图，在整个 MACD 指标显示区域中，DIFF 线与 DEA 线相距较近、几近黏合，MACD 柱也极度萎缩，并不时出现小红柱转换为小绿柱的情况，双线在 0 轴附近小幅震荡，股价因此进入震荡趋势，跌幅和涨幅明显缩小。在此期间，不适合买入或卖出，应持币观望。

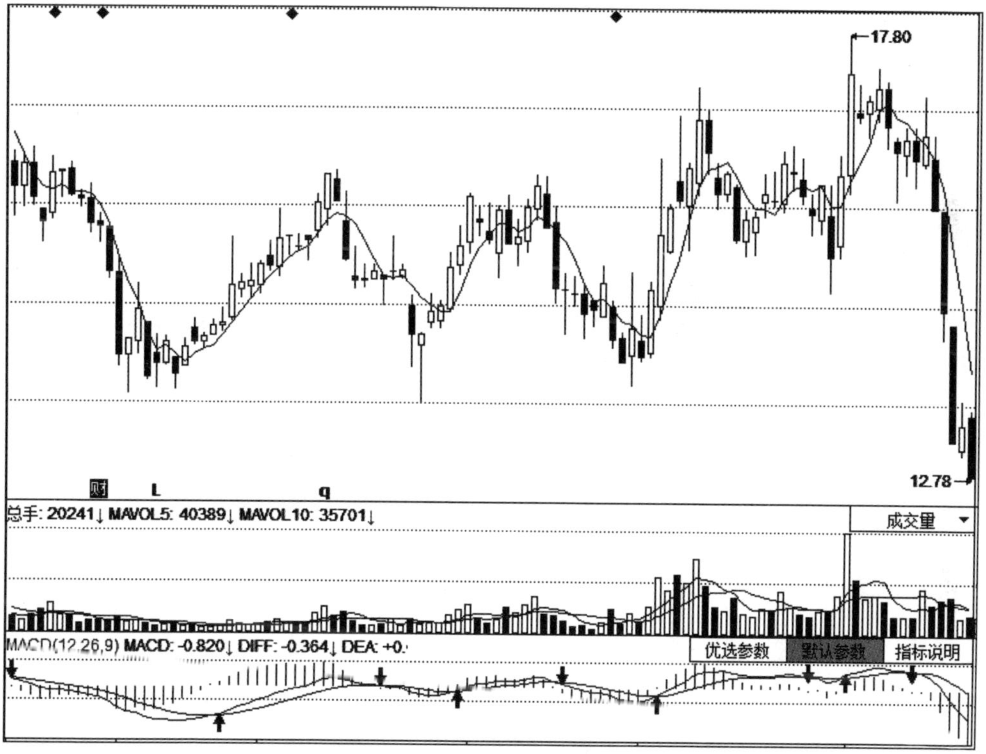

图 3–4　东音股份日线图

图 3–5 是双成药业（002693）2018 年 8 月 10 日的 1 分钟图，进入 A 区域后，DIFF 线和 DEA 线即聚到一起，双线处于几近黏合的状态，并在 0 轴附近小幅震荡，MACD 柱也变为极短的小红柱与小绿柱，红绿柱频繁转换，

股价涨跌幅度不大。但由于是 1 分钟图，所以应确认为一种短期盘整，可根据其后盘整结束时的 MACD 指标判断具体的买点或破位卖点。

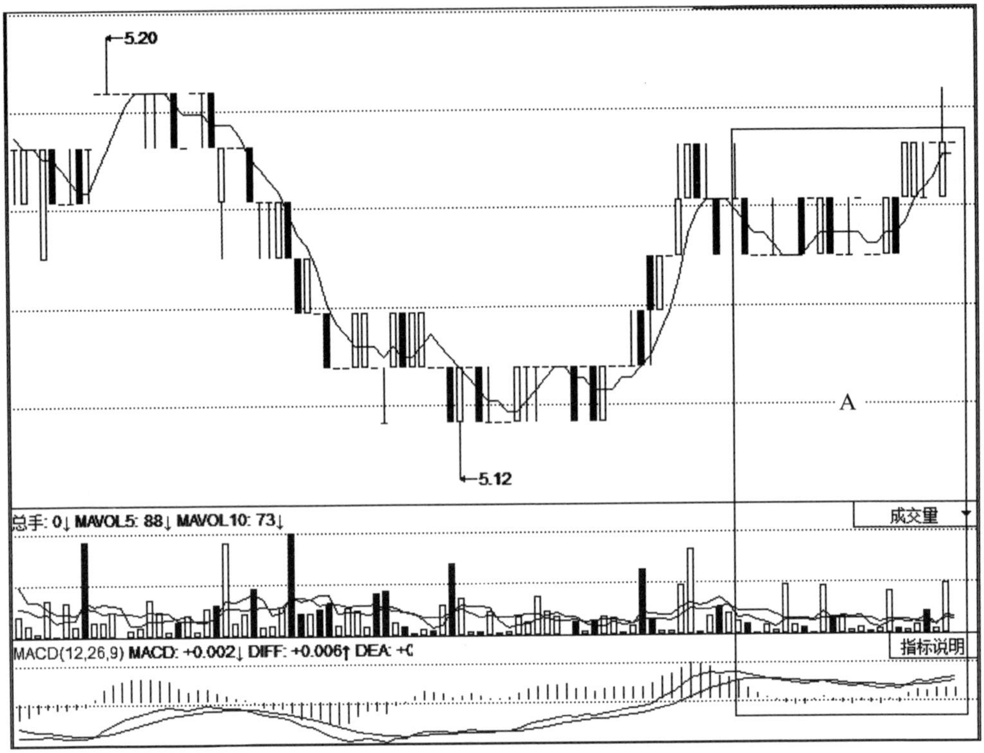

图 3-5　双成药业 2018 年 8 月 10 日 1 分钟图

★ 实战要点

1. 形成震荡趋势时，双线会在 0 轴附近几近黏合并小幅震荡，此时 MACD 柱也会变成较短的红柱或绿柱并相互转换，股价涨跌幅度不大，因此不适宜操作，应保持观望，如图 3-4 所示。

2. 如果震荡趋势出现在较短周期的 K 线图上，如 1 分钟图或 5 分钟图，往往是一种盘整状态，盘整的时间通常不长，此时应注意捕捉盘整结束向上变盘时的介入点，及时买入，如图 3-5 所示。

3.2　MACD 指标与趋势演变

3.2.1　行情启动时的 MACD 指标征兆

个股无论是在下跌状态还是在弱势整理状态，一旦出现启动上涨行情，即股价开始上行，MACD 指标必然会发出明显的买入信号。

（1）行情启动时的 MACD 双线特征：双线向上发散，金叉后 DIFF 线突然向上翘起，大角度上行，接连出现金叉或死叉不死等形态。后面的章节会专门介绍这些形态。

（2）行情启动时的 MACD 柱特征：红柱持续稳定地变长，红柱突然明显变长，MACD 柱二次翻红，死叉不死，等等。

当 MACD 双线出现以上特征中的一种时，MACD 柱同时表现出其中一种特征，意味着股价即将上涨。需要提醒一点，由于分析 MACD 指标特征靠的是观察，某些数据可能在观察时无法量化，比如 DIFF 线大角度向上时的角度测量，或者红柱突然变长时的长度标准，那么此时可以结合成交量情况予以佐证，从而提高成功率。

成交量辅助判断同样没有具体标准，比如成交量放大的标准是增加多少手或多少资金，但可以通过成交量更直观、更明显地观察到市场变化。关于成交量的判断，即当 MACD 柱与双线各出现以上两种情况中的一种时，成交量在持续小阳量后突然出现明显放大的阳量，即可确认股价已经启动上涨，应果断买入。

★ 案例解读

图 3–6 是东南网架（002135）日线图，在弱势震荡中，进入 A 区域后，先是出现了低位金叉，其后双线持续上行，变为双线向上发散的形态，即双

线向上运行并逐渐拉开距离。此时再观察成交量，出现了连续小阳量后的突然放量，因此可以确认股价已经启动上涨，应果断在 A 区域形成启动形态时买入股票。

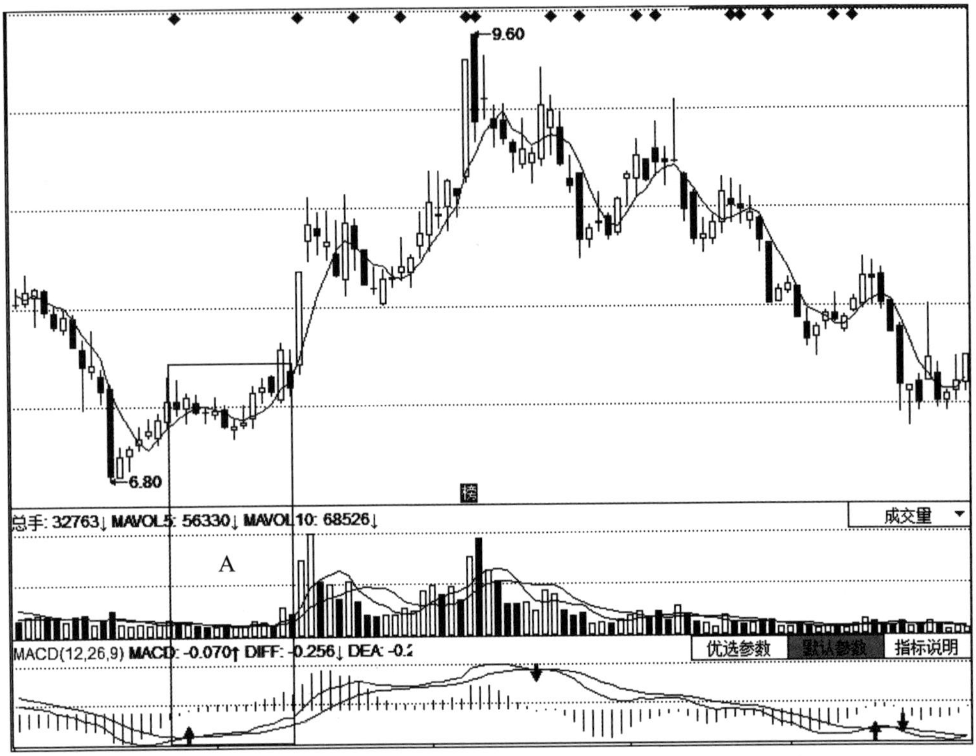

图 3-6　东南网架日线图

★ 实战要点

1. 股价启动上涨时，对 MACD 指标的要求是，在双线形成启动形态的同时，MACD 柱必须也形成启动形态，此时方可确认股价已经启动上涨，如图 3-6 中 A 区域的情况所示。

2. 当 MACD 指标发出股价启动的信号时，应再结合成交量的变化予以确认，目的是提高研判成功率。如果行情启动时成交量过大，其后往往会出现一定时间或幅度的短线调整。

3.2.2　行情转弱时的 MACD 指标征兆

股价趋势转弱时，MACD 指标同样会发出一些信号，提前显露出弱势的征兆，具体的征兆有下面几个。

（1）MACD 双线转弱信号：高位死叉，接连死叉，双线向下发散，DIFF 线大角度向下，金叉不叉，等等。后面会详细介绍这些形态的具体要求，这里只需要明白趋势转弱时，MACD 双线必然会出现其中一种形态。

（2）MACD 柱转弱信号：如果是顶部反转，红柱将急剧缩短后转为绿柱，并且绿柱快速变长；如果是下跌趋势中的反弹行情，绿柱将逐渐缩短后再次变长，即 MACD 二次翻绿。

只要 MACD 双线出现第（1）条中的任意一种形态，MACD 柱也出现第（2）条中任意一种情况，就意味着趋势将变弱。

股价转弱与启动时一样，可以依据成交量辅助判断：高位反转时，成交量为放大状态的阴量；当弱势反弹结束时，阴量放量或不明显，但同样必须是接连出现阴量。

★ 案例解读

图 3–7 是拓邦股份（002139）日线图，在上涨趋势中，当股价在高位转跌时，即进入 A 区域后，双线形成了高位死叉后向下发散，红柱变短后转为绿柱并快速变长，成交量出现放大状态下的接连阴量，说明趋势转弱，应果断卖出。

图 3–8 是远望谷（002161）日线图，在下跌趋势中，当股价反弹时，即进入 A 区域后，在 C 区域出现了 DIFF 线向上与 DEA 线似交叉但未交叉即转头向下运行的金叉不叉形态，绿柱逐渐缩短后再次放大。同时，B 区域成交量在保持原有水平的情况下表现为接连的阴量，表明反弹已经结束，股价将继续下跌，应卖出回避，持币观望。

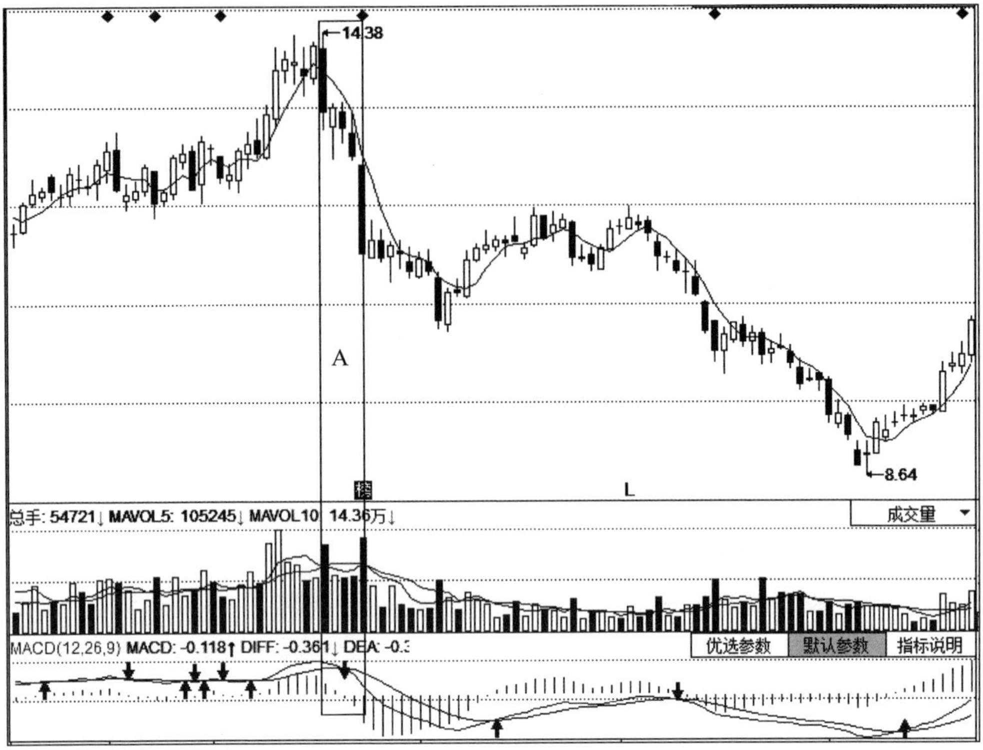

图 3-7　拓邦股份日线图

★ 实战要点

1. 当趋势出现转弱的情况，首先应确定是上涨趋势转弱，如图 3-7 所示，还是下跌反弹行情转弱，如图 3-8 所示，这样才能根据双线一柱和成交量特征来判断。

2. 根据双线一柱判断趋势演变时，成交量只是辅助判断指标，但同样必须清楚是趋势反转向下，还是下跌中继出现的反弹。因为趋势反转向下属于转势之初，成交量往往会维持在较高的水平，如图 3-7 中 A 区域所示；下跌中的反弹，多数情况下反弹的力度较弱，此时无须大量即能推动股价下跌，属于阴跌，如图 3-8 中 B 区域所示。

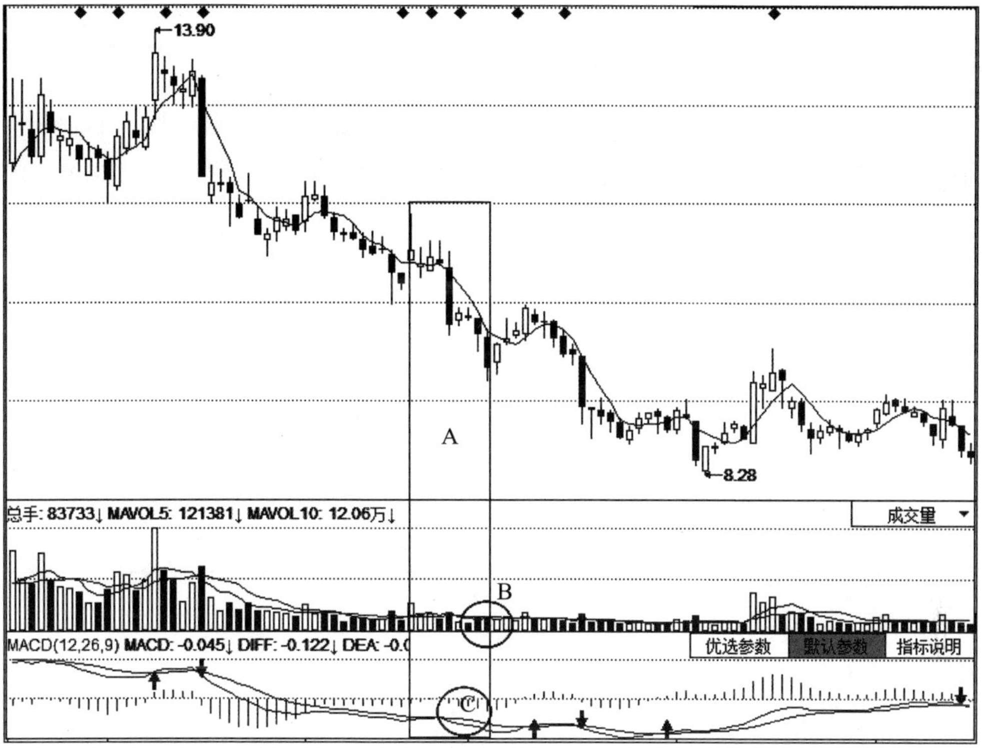

图 3–8　远望谷日线图

3.2.3　行情转强时的 MACD 指标征兆

在介绍趋势转强时的MACD指标征兆前，要先明白“趋势转强”这一概念。趋势转强指股价在大的上涨趋势中出现短线调整时的转强，而非趋势反转时的转强，因为趋势反转时的转强应结合背离等分析技术，所以趋势转强将在讲解背离的内容中详细介绍。在此只分析上涨趋势中出现调整时的短线趋势转强。

当股价显现的大趋势为上涨趋势，股价结束调整转强时，MACD 指标同样会出现一些明显的征兆。

（1）双线转强时的征兆：死叉不死，0 轴附近或 0 轴之上金叉，双线向上发散，等等。

（2）MACD 柱转强时的征兆：MACD 二次翻红（红柱缩短后再次变长），绿柱缩短后变为红柱，等等。

当 MACD 双线一柱同时出现其中任意一个双线形态和 MACD 柱形态时，同时结合成交量辅助判断，即成交量在缩量的情况下出现明显的放大阳量时，即表明短期调整已经结束，股价再度转强，恢复上涨，此时应果断采取买入操作。

★ 案例解读

图 3–9 是金风科技（002202）日线图，在上涨趋势中，进入 A 区域后，股价处于调整走势。但在 C 区域绿柱持续缩短后突然转为红柱，且双线金叉，同时 B 区域成交量明显放大，以上特征表明短期调整已经结束，股价转强，因此应果断买入。

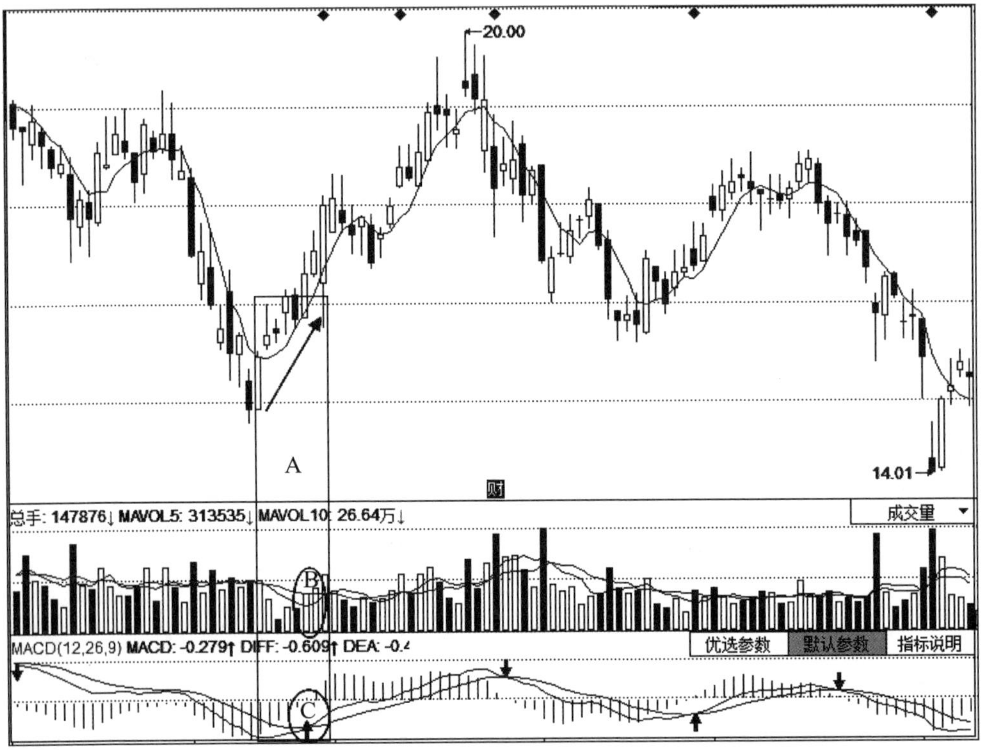

图 3–9 金风科技日线图

图 3–10 是福晶科技（002222）日线图，在上涨趋势中，进入 A 区域后，股价仍处在短线调整中，但 C 区域显示双线形成了死叉不死形态，红柱虽然持续缩短，但并未转为绿柱，之后红柱再次持续变长（二次翻红形态）。B 区域的成交量显示，在阴量减小后放出更大的阳量，表明短线调整已经结束，股价转强，应果断买入。

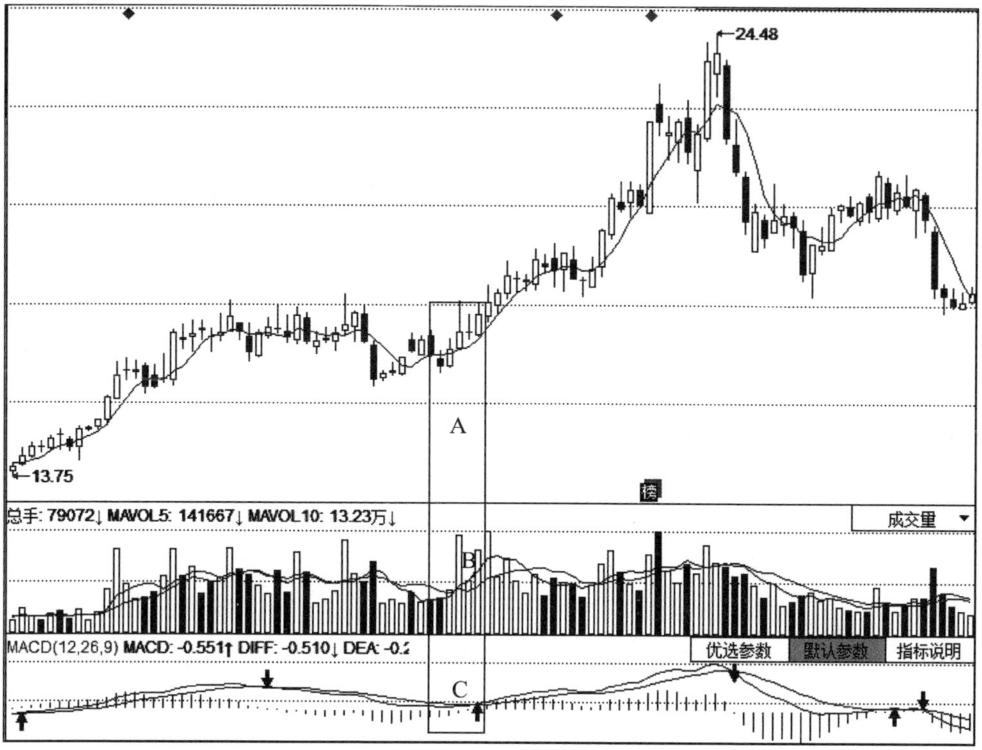

图 3–10　福晶科技日线图

★ 实战要点

1. 股价转强即是上涨趋势中的短期调整结束再次转强的特征，所以首先应判断之前为明显的上涨趋势，然后方可判断短期趋势的转强，如图 3–9 和图 3–10 中 A 区域之前的情况所示。

2. 当上涨趋势中的短线调整结束，股价转强时，双线必须形成明显的买入形态，MACD 柱也必须出现强势特征后方可买入。成交量虽然只是一种辅助判断工具，但如果没有量能的支持，转强也只能是短暂的，其后必然再次回调，所以在 MACD 指标出现上行征兆时，成交量必须明显放大，方可确认行情转强。

3.2.4 盘整后变盘时的 MACD 指标征兆

从 MACD 运行规律看，盘整是一只股票经常出现的形态。股票进入盘整状态后，虽然未来趋势不明，但是盘整结束时，MACD 指标必然会显现明显的上行或下行征兆。认清盘整状态，并在盘整结束时看清趋势是向上演变还是向下演变，才能及时做出反应，进行买入或卖出操作。

盘整趋势的特征：MACD 双线距离较近时，以几近黏合的形态形成平行状态下的小幅震荡，MACD 柱为较短的小红柱或小绿柱形态，长短小幅变化，或红绿柱相互转换。

关注盘整趋势不是目的，而是为了看清趋势。在确认盘整趋势后，还要能够准确判断盘整结束时的变盘征兆（趋势向上演变、趋势向下演变），这样才能应对盘整趋势。

趋势结束盘整向上演变的特征：双线向上发散，DIFF 线突然向上翘起，大角度上行；MACD 柱变为红柱，红柱持续或快速变长，成交量持续出现小阳量并明显放量，或突然阳量明显放大。

趋势结束盘整向下演变的特征：双线向下发散，DIFF 线大角度下行；MACD 柱变为绿柱且持续或快速变长，成交量变为阳量且明显放大。

★ 案例解读

1. 趋势结束盘整向上演变的情况

图 3–11 是双成药业（002693）日线图，进入 A 区域后，双线间距缩小，双线几近黏合呈现平行的小幅震荡走势，MACD 柱也变为小红柱与小绿柱的

状态并时而转换，股价振幅不大，表明已经形成盘整趋势。

进入 C 区域后，DIFF 线明显向上运行，与 DEA 线形成了双线向上发散状态，红柱出现并持续变长，成交量在 B 区域持续小阳量后突然放量，说明盘整已经结束，股价趋势向上演变，应果断买入。

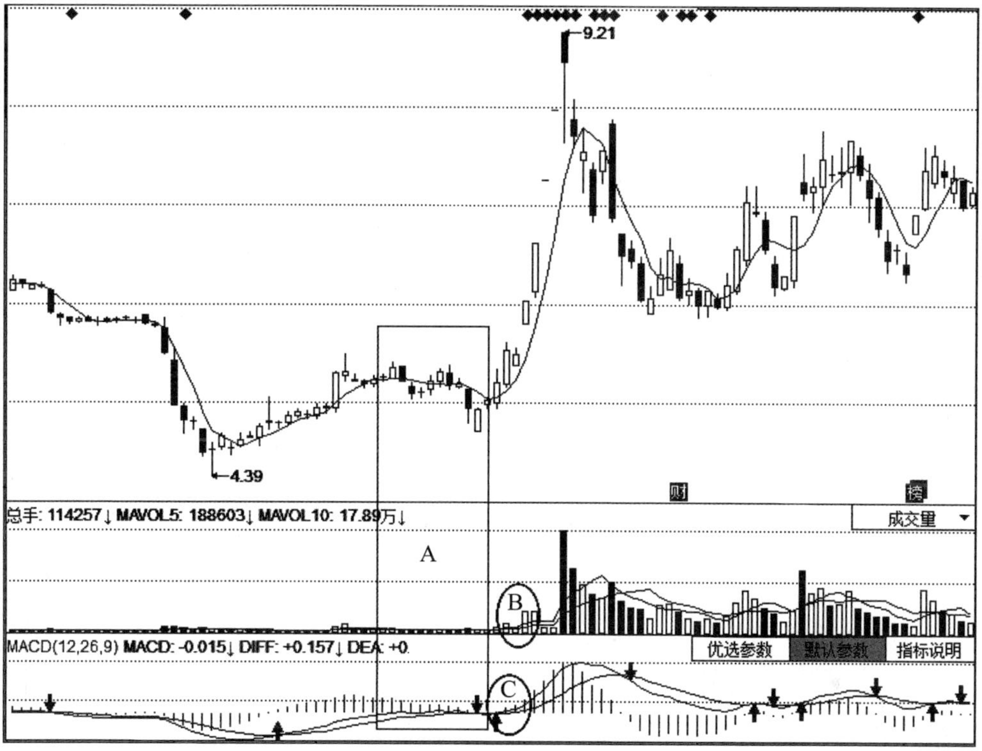

图 3–11　双成药业日线图

2. 趋势结束盘整向下演变的情况

图 3–12 是天润数娱（002113）日线图，进入 A 区域后，MACD 双线距离极近，以几近黏合的状态水平运行，小幅震荡；MACD 柱缩短为小红柱，出现间或转为小绿柱的情况；进入 C 区域后，双线明显呈向下开口的向下发散形态，小绿柱持续变长；B 处成交量转为阴量，持续放大后突然异常放大，说明趋势在盘整后向下演变，应卖出股票，持币观望。

★ 实战要点

1. 判断盘整趋势时，之前的趋势可以是上涨趋势，也可以是下跌趋势，只要满足盘整时的要求即可，即 MACD 双线几近黏合状态下水平小幅震荡，小红柱或小绿柱任意转换，股价振幅不大。

2. 股价在盘整结束后，如果向上变盘，双线一柱会出现明显的向上运行的形态，成交量也会有突破的明显放大阳量，如图 3–11 中 B 区域和 C 区域所示；如果向下变盘，双线一柱会显露明显的卖出形态特征，成交量会变为阴量或有明显的放大迹象，如图 3–12 中 B 区域和 C 区域所示。

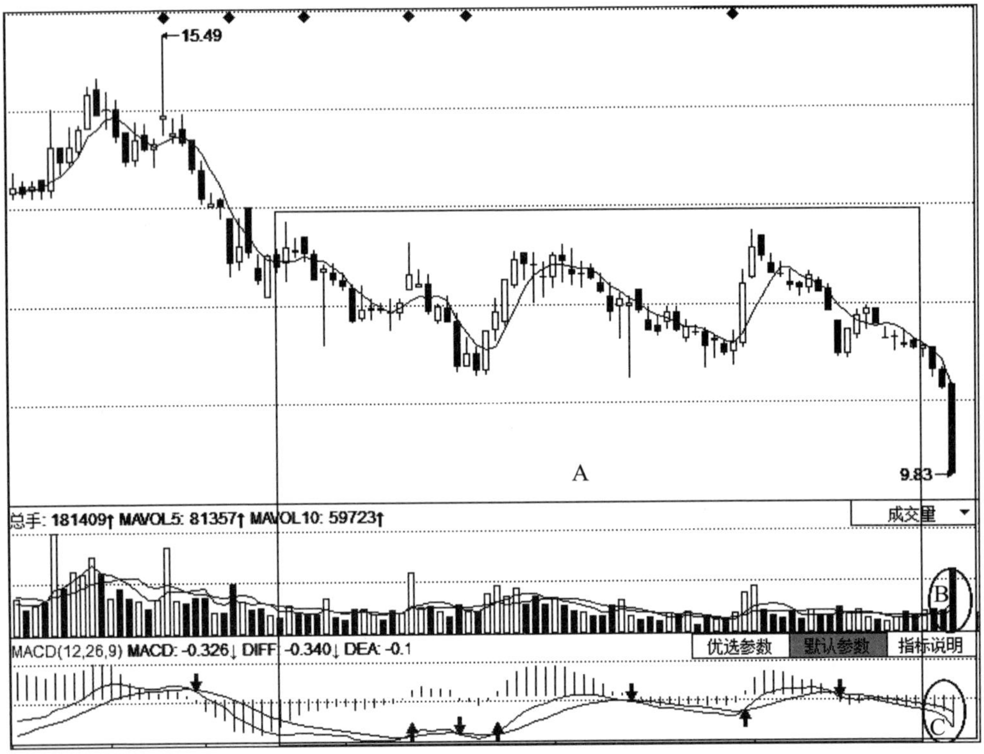

图 3–12　天润数娱日线图

3.3 MACD 指标钝化与趋势反转

3.3.1 DIFF 线低位钝化与趋势反转向上

DIFF 线低位钝化时，趋势有可能探低回升，但并不一定必然出现趋势反转，因为只有底部的多方力量明显强大时，才会形成趋势向上反转。

判断多方力量是否强大的指标就是红柱。在不存在背离现象的情况下，双线由高位区跌至低位区后，DIFF 线沿区域下沿水平运行形成低位钝化现象时，只有 DEA 线也由下行转为平行或略向上，DIFF 线低位钝化后向上与 DEA 线金叉，之后双线向上发散，红柱随之出现并相对较长，成交量在持续小阳量的基础上突然异常放大，趋势才出现由下跌反转为上涨的情况。

如果存在背离现象，应在背离结束后另行观察。

★ 案例解读

图 3–13 是美邦服饰（002269）30 分钟图，在下跌趋势中，进入 A 区域后，DIFF 线与 DEA 线已向下运行到低位区，且 DIFF 线沿区域下沿水平运行，DEA 线也在此期间由下行转为平行；A 区域的成交量变为持续的小阳量，仅有一根阳量柱，说明低位买入资金较多；绿柱持续缩短，说明空方力量衰竭。

进入 B 区域后，突然出现红柱，红柱相对较长并持续变长；DIFF 线向上与 DEA 线形成金叉后，双线向上运行，呈现双线向上发散形态；成交量出现了突然放大的阳量。由以上分析，可确认下跌趋势已经结束，趋势反转向上，应果断买入。

★ 实战要点

1. DIFF 线低位钝化，表明趋势运行到了极弱状态。但如果在钝化期间没有出现持续的小阳量，则表明低位并未获得场外资金的关注，表明这种低位钝化只是一种极弱的表现，不具备趋势反转的基础。

2. DIFF 线到达低位后，只有其后与 DEA 线形成金叉，DEA 线转为上行，双线向上发散，成交量也出现阳量异常放大情况，红柱较长并持续变长时，方可确认趋势出现了反转，可买入股票，如图 3–13 所示。

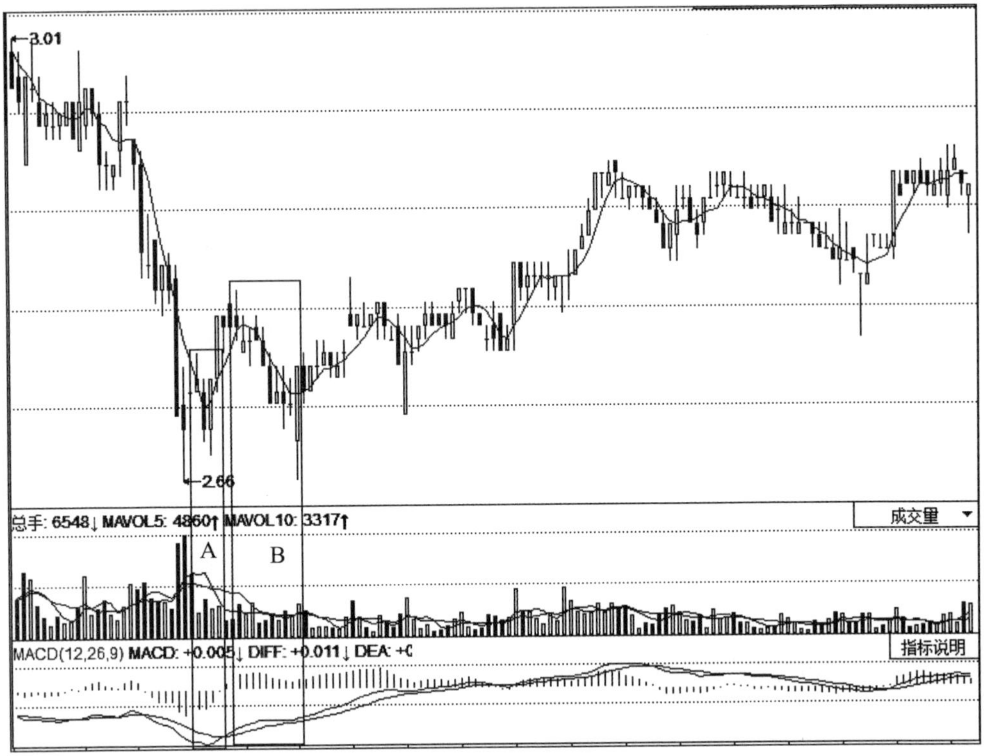

图 3–13　美邦服饰 30 分钟图

3.3.2　DIFF 线高位钝化与趋势反转向下

DIFF 线高位钝化是盘中严重超买后形成的 DIFF 线钝化表现，但并不是所有 DIFF 线高位钝化后，股价都会即刻形成反转向下的趋势，因为在背离情况下会出现背离式上涨。DIFF 线高位钝化后，判断趋势是否会反转向下，应观察 MACD 指标与成交量的情况，方可确认趋势是否已经反转向下。

DIFF 线高位钝化后，趋势是否反转向下，判断的主要依据是盘中空方力量是否突然增强，这一点可以从绿柱出现并持续变长这一情况观察到。但是，在 DIFF 高位钝化期间，红柱会同时表现为持续快速缩短，成交不能继续放大为阳量。在结束 DIFF 线高位钝化时，MACD 柱会突然变为绿柱，DIFF 线快速下行，与 DEA 线形成高位死叉，DEA 线在 DIFF 线高位钝化期间由上行转为平行。到 DIFF 线结束高位钝化状态、形成死叉后，双线向下发散，成交量也转为阴量持续放大的状态，或突然爆出较大的阴量，这时才可确认趋势发生了向下反转，应果断卖出。

如果出现了背离，应在背离结束时再观察。

★ 案例解读

图 3–14 是伟星新材（002372）30 分钟图，在上涨趋势中，进入 A 区

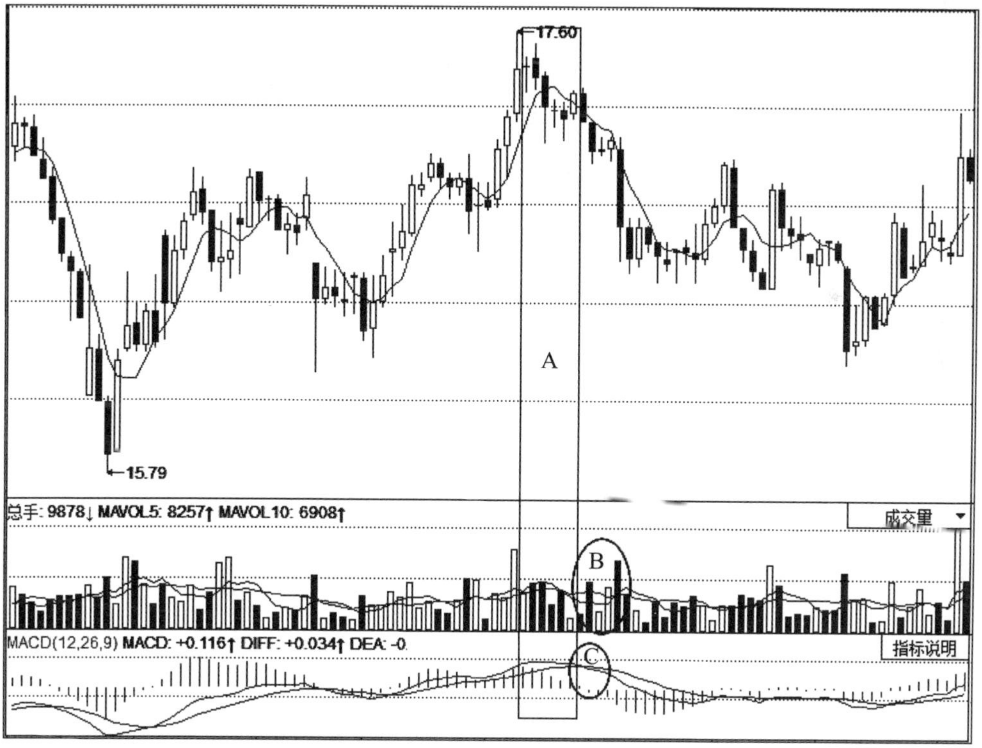

图 3–14　伟星新材 30 分钟图

域后，出现了 DIFF 线沿区域上沿水平运行的高位钝化。其间虽有短暂的回落，但其后再次出现钝化。在此期间，红柱持续快速缩短，DEA 线也渐渐走平。

进入 C 区域后，DIFF 线结束高位钝化，向下与 DEA 线死叉，双线转为下行，呈向下发散形态。对应的 B 区域成交量也转为突然放大的阴量，MACD 柱瞬间转为绿柱，绿柱持续快速地变长。这表明空方力量突然完全占据了主动，趋势已经反转向下，此时应果断卖出。

★ 实战要点

1. DIFF 线高位钝化是盘中超买现象的表现，但并不是所有 DIFF 线高位钝化后都会形成趋势上的向下反转。只有严重超买状态转变为空方占据主导地位的情况下，趋势才会反转向下，因此 MACD 指标的卖出形态才是判断趋势反转的重要标准。

2. DIFF 线高位钝化后，如果趋势反转向下，会形成高位死叉，双线向下发散，绿柱突然出现，成交量持续出现阴量或异常放大，如图 3–14 所示。原则上 DIFF 线向下的角度越大，趋势快速转跌的意味越浓。

第二篇 MACD 实战技巧篇

第 4 章　MACD 指标的顺势操作技巧

MACD 指标最大的功能在于趋势判断，在顺势之下操作，同样存在很多基本操作方法与技巧，比如金叉买入技巧、死叉卖出技巧、MACD 柱买卖形态与操作技巧。这些形态和技巧都是在顺势操作过程中必须掌握的基本买卖技巧。

4.1　金叉买入技巧

4.1.1　金叉

顺势操作，MACD 指标金叉是一个重要的买入信号。金叉指 DIFF 线在 DEA 线之下向上运行并与 DEA 线形成的向上交叉。因为金叉是一种助涨行为，所以又称为黄金交叉。

并不是所有 DIFF 线向上与 DEA 线金叉后股价都会上涨，如何判断金叉有效，后面会详细讲解。本节首先让大家明白什么是 MACD 指标金叉形态，这样才能为其后利用金叉判断买点奠定基础。

★ 案例解读

图 4-1 是 ST 辉丰（002496）日线图，在上涨趋势的调整行情中，进入 A 区域前，DIFF 线在 DEA 线下方运行。之后 DIFF 线掉头向上运行，与 DEA 线向上交叉，形成金叉，如 A 区域中向上箭头所示，随后股价出现短线回升。

★ 实战要点

1. 出现金叉前，DIFF 线在 DEA 线下方运行，金叉是 DIFF 线由下向上与 DEA 线形成的交叉。

2. 在顺势交易中，金叉是一种重要的买入信号。但是操作时不能只以金叉作为买入依据，还应结合其他指标综合判断。

3. 相对而言，周线和日线上出现金叉，如果 DEA 线没有钝化现象，后市向上的可信度更高。

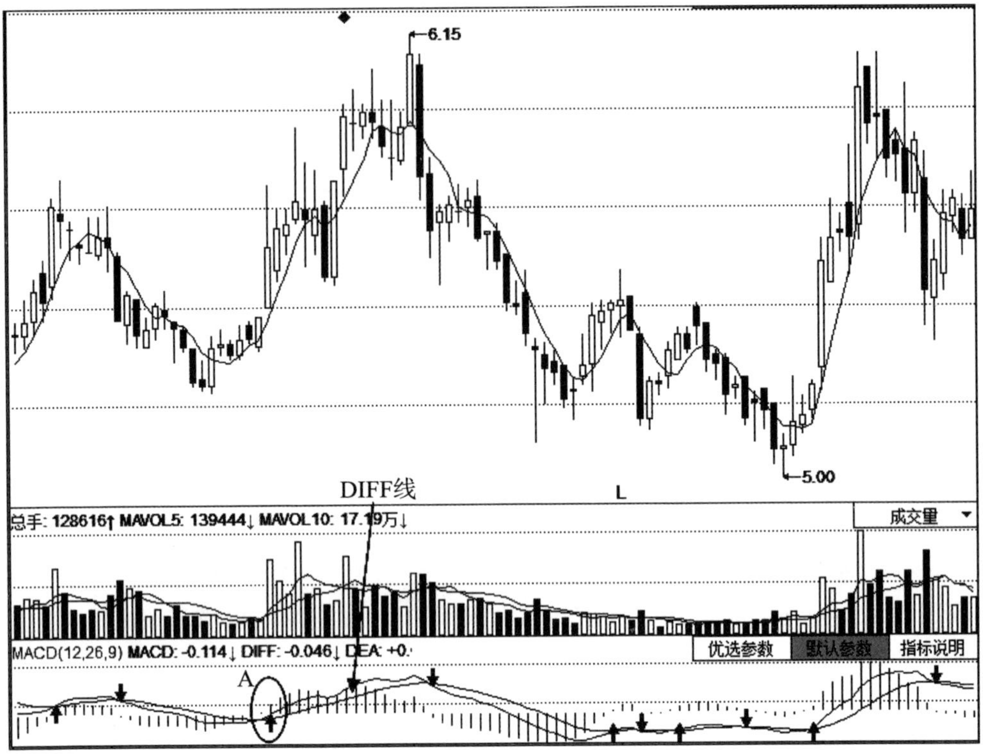

图 4-1　ST 辉丰日线图

4.1.2　低位金叉

低位金叉指 DIFF 线向上与 DEA 线交叉时，双线位置位于 0 轴以下的低位区。

在实战中，出现低位金叉意味着此时 MACD 指标已经处于较弱的状态，出现不规则金叉后表示股价有遇低回升的意愿，但是并非所有低位金叉之后都会出现反转。当然，低位金叉后，也有可能出现暴涨牛股，这就需要结合其他指标综合分析判断了。

利用低位金叉捕捉牛股时，先要明白什么是低位金叉，这样才能在实战中准确把握形态，做出正确的分析和判断，找出低位金叉后的暴涨牛股。

★ 案例解读

图 4–2 是葵花药业（002737）日线图，在下跌趋势中，进入 A 区域后，DIFF 线在 DEA 线下方运行，双线向下运行到 0 轴以下的低位区，已经十分接近区域下沿的极限，随后在低位区出现 DIFF 线由下向上与 DEA 线的交叉，如 A 区域中的向上箭头所示，形成低位金叉。其后股价连续上涨，短期涨幅接近 40%。

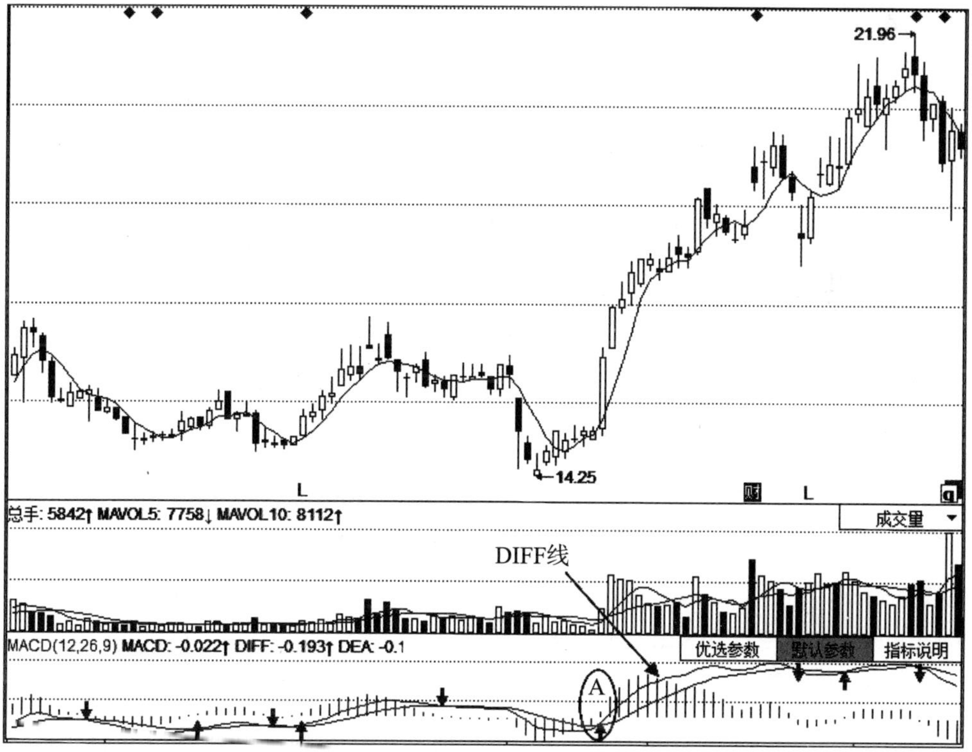

图 4–2　葵花药业日线图

★ 实战要点

1. 低位金叉指 DIFF 线与 DEA 线自下向上交叉时，交叉于接近区域下沿的低位区，即低位金叉必须确保交叉出现在 0 轴以下，同时符合金叉的要求，这样方可确认，如图 4–2 所示。

2. 如果投资者观察的是日线图，出现金叉时，同花顺软件往往显示一个提示性的黑色向上箭头，此时只需判断黑色箭头出现的位置，如图 4-2 中 A 区域所示。

4.1.3 二次金叉

二次金叉指在间隔不远的情况下，接连出现 DIFF 线向上与 DEA 线交叉的情况。判断趋势演变的买点，出现二次金叉后，趋势转为上行的概率更大，尤其是出现 0 轴以下的二次低位金叉。如果观察的 K 线图是日线图或周线图，成功率更高。

低位第一次出现金叉，表明多头有上攻的欲望，暂时占据了主动。但因此时为下跌趋势，必然会引发空头反击，所以其后股价会震荡下跌，这意味着股价出现了二次探底的过程。再次形成金叉，表明多头启动了强烈的反攻，再次战胜空头，市场因此回暖。

从 K 线形态上看，出现低位二次金叉时，大多会形成双底形态，尤其是形成双底形态时，第二个低点没有跌破第一个低点，更印证了多方力量的强大。如果再配合成交量分析，成交量同时接连出现阳量，并显现明显放大的迹象，后市反攻的意愿更强。

还有一种情况是二次金叉出现在 0 轴附近。此时多数是股价上涨告别低位区后，双线首次向上突破 0 轴后回抽 0 轴，即回试 0 轴的支撑时产生金叉。如果此时 DEA 线不发生钝化，出现二次金叉往往表明多头已占据主导地位，趋势彻底转强，是股价转为多头的重要表现。

出现二次金叉必然使双线成功站上 0 轴，形成多头上涨趋势。但如果二次金叉发生在 0 轴附近后又跌回 0 轴之下，往往意味着多头遇到的阻力很大，随后股价将继续震荡整理，也就是出现 DEA 线钝化现象。

★ 案例解读

图 4-3 是启明星辰（002439）日线图，在下跌趋势中，进入 A 区域后，双线已运行到接近区域下沿的低位区。在 B 区域处形成低位金叉后，接着在

C 区域处再次形成低位金叉，出现了低位二次金叉。同时 K 线图上形成了英文字母“W”的形状，即双底形态。虽然 C 区域向上对应的股价跌破了 B 区域对应的低点，创出了新低，但 C 区域对应的成交量明显出现小阳量后的突然放量，表明股价向上突破的意愿强烈，释放强烈的买入信号，应果断买入。

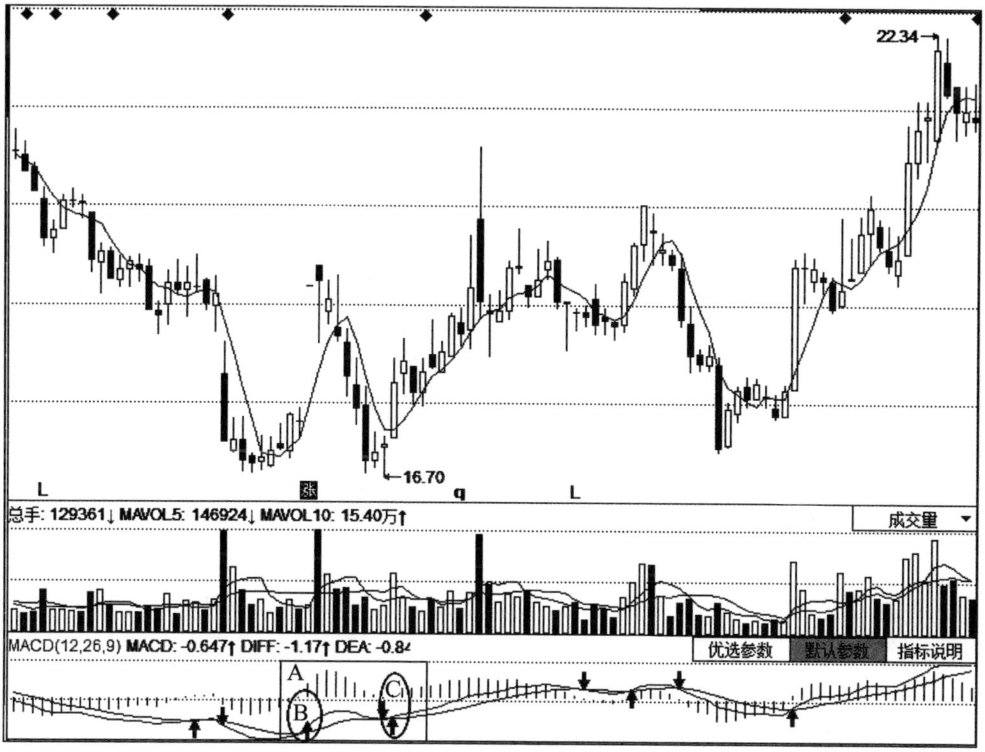

图 4–3　启明星辰日线图

★ 实战要点

1. 二次金叉如果出现在低位区，就会形成低位二次金叉，这是 MACD 指标对底部的确认，此时 K 线图上往往会形成 W 形的双底。但在判断是否买入时，应结合成交量的变化进一步确认，如图 4–3 所示。

2. 二次金叉如果出现在 0 轴附近，大多数情况下是双线向上突破 0 轴后拉回 0 轴的回试，也是对上涨趋势的确认。回试不出现 DEA 线钝化的情况，0 轴附近的二次金叉才是明确的买入形态，如图 4-4 所示。

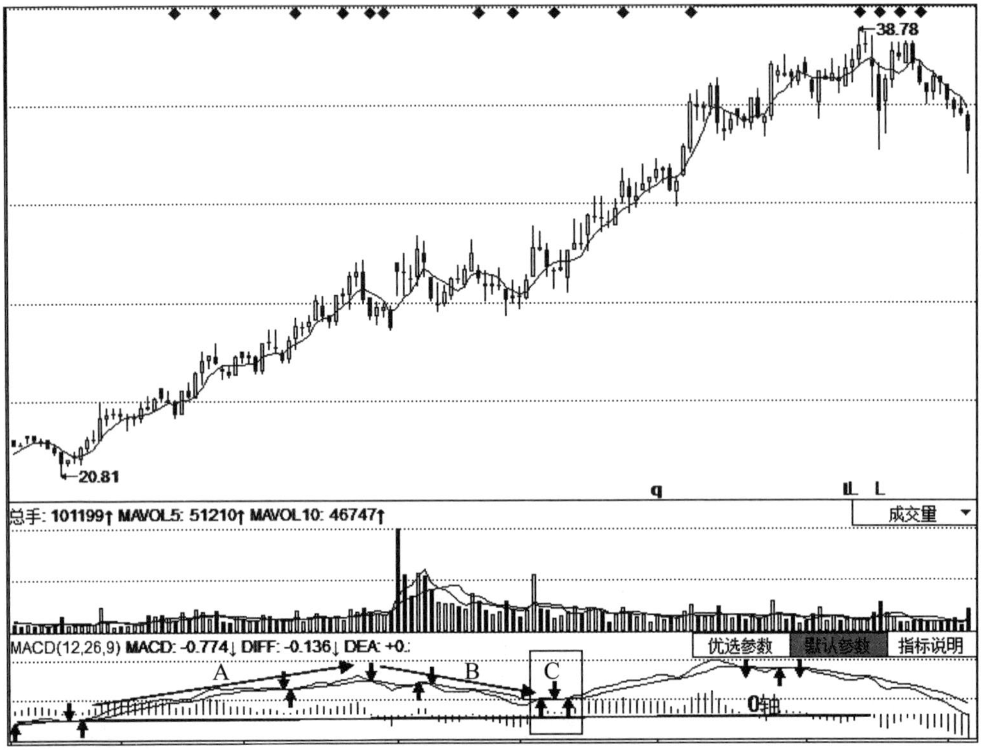

图 4-4　东方雨虹日线图

4.1.4　无效金叉

无效金叉是形成金叉后股价没有如期上涨。准确辨认无效金叉，能够减少操作失误。

分析金叉是否有效，最显著的特征之一就是判断 DEA 线是否出现了钝化现象。DEA 线钝化出现在震荡的牛皮市，所以只需要观察双线是否在距离较近、几近黏合的状态下呈现平行和小幅震荡形态即可。

但是判断一只股票是否处于震荡趋势，早期是有一定困难的。对于首次出现的金叉，如何判断市场是否会进入牛皮震荡，也就是判断这一金叉是否有效呢?

首先要观察金叉出现时的趋势。如果是下跌初期出现的金叉，其后双线向上发散的程度往往不明显，且 DIFF 线向上突破 DEA 线后，在双线距离较近的情况下即显示中止上行的震荡或回落；红柱变长的速度（长度增加的速度）同样不明显，只出现小红柱状态下的略微变长甚至是相对缩短；成交量难以持续保持放大阳量，量能不大，也就是量能与高点时的高量相比刚刚出现了一些缩减。观察到以上情况，就可以确认这一金叉为无效金叉，市场只是在下跌中继过程中出现了多头的无力抵抗。

其次是对 DEA 线钝化现象的初期判断，有两种情况需要关注。

（1）如果趋势仍然是下跌，并且成交量已经缩减到地量水平（平均量能已不足高点时的 20%），双线非常接近，处于几近黏合的状态，此时出现金叉，但 DIFF 线并没有明显上行，金叉后双线十分接近，DIFF 线或有震荡向下与 DEA 线再次重叠的苗头，MACD 柱表现为小红柱，即可判断 DEA 线钝化。

（2）如果是在上涨趋势中，双线会十分接近，发生金叉时 DIFF 线向上离开的迹象同样不明显，MACD 柱表示为小红柱，成交量明显持续缩小，也可判断 DEA 线钝化。

★ 案例解读

1. 下跌初期的无效金叉

图 4-5 是圣农发展（002299）日线图，在下跌趋势中，进入 A 区域后，双线距离较近的情况下出现金叉，即 B 区域的情况。随后 DIFF 线上行速度缓慢，上行无力，即 DIFF 线有趋于平行的迹象；此后 MACD 红柱有变长的迹象，第三根红柱形成时略微变长；成交量在此期间明显缩减，但未缩减至地量水平，与高点时最高量 E 区域的 235 080 手相比，B 区域金叉对应的 F 区域成交量为 53 500 手，仍然高于最高量的 20% 即 47 016 手。据此可以判断 B 区域的金叉为无效金叉。其后 DEA 线钝化，C 区域和 D 区域出现的金叉依然为无效金叉。

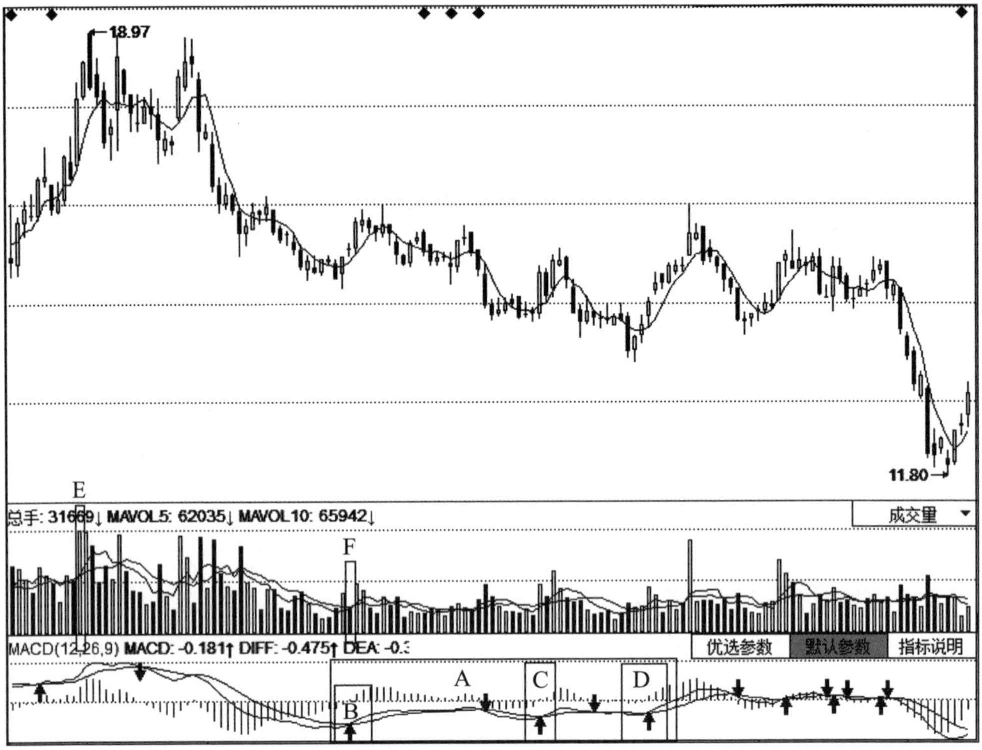

图 4-5　圣农发展日线图

2. 上涨趋势的无效金叉

图 4-6 是中科曙光（603019）日线图，在上涨趋势中，进入 A 区域后，双线突破 0 轴后走势震荡，已经确认 DEA 线钝化。其后 C 区域出现金叉时，尽管股价有一定程度的上涨，但双线是在几近黏合的状态下金叉，DIFF 线根本没有向上远离 DEA 线的迹象。B 区域的成交量明显缩减，表明 DEA 线依然处于钝化之中。其后 D 区域出现的金叉，尽管与 C 区域形成了二次金叉，但因 DEA 线处于持续钝化中，所以它们均为无效金叉。

★ 实战要点

1. 判断金叉是否有效，关键是观察是否出现了 DEA 线的钝化现象，即趋势是否处于震荡状态，如图 4-6 中 D 区域和图 4-5 中 C 区域和 D 区域所示。

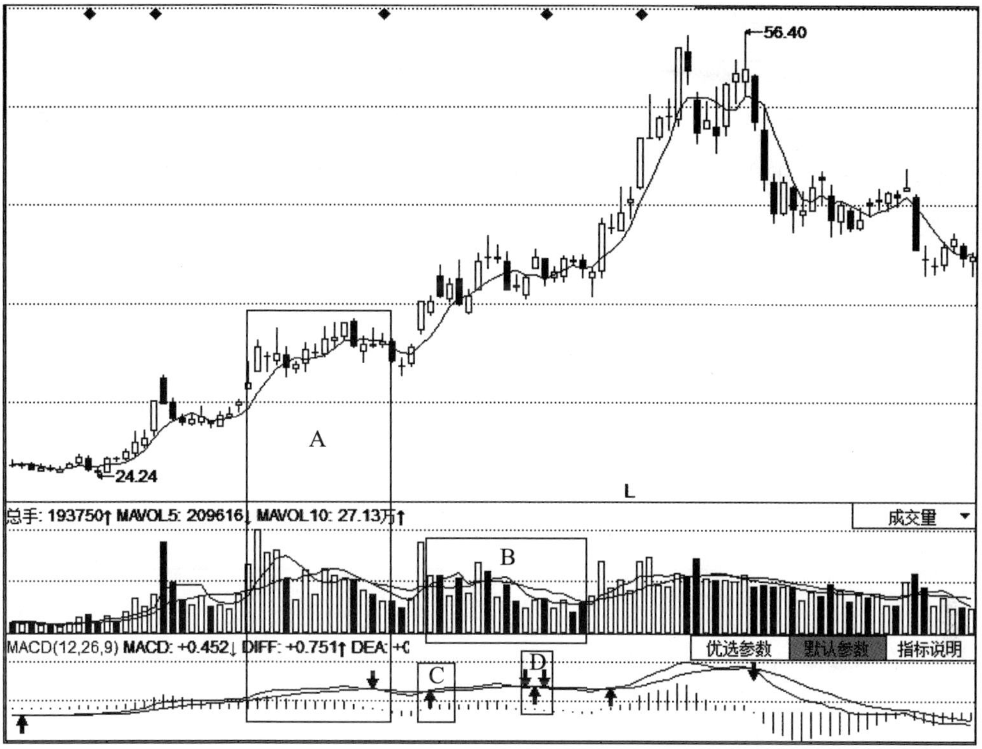

图 4-6　中科曙光日线图

2. 在判断 DEA 线钝化初期形成的金叉是否有效时，应根据双线金叉后 DIFF 线是否有持续上行的意愿，MACD 指标能否持续变化，是不是在小红柱的状态下震荡，以及成交量的变化来分析，如图 4-5 中 B 区域所示。

4.2 死叉卖出技巧

4.2.1 死叉

死叉指 DIFF 线在 DEA 线之上运行，之后掉头向下，与 DEA 线形成了自上向下的交叉。因死叉出现后股价通常会下跌，所以又叫死亡交叉，是顺势交易中的一种卖出形态。

并非所有死叉出现后股价都会大跌，但形成死叉后，股价都会出现不同程度的下跌，因此死叉是卖出股票的重要参考形态。尤其是在日线或周线上形成死叉后，DIFF 线向下运行的角度较大时，或形成了明显的双线向下发散形态，绿柱迅速变长，成交量也呈放大状态的阴量时，往往是波段运行高点确认的征兆，此时应果断卖出。

★ 案例解读

图 4–7 是沃华医药(002107)日线图，在反弹行情中，当运行到 A 区域时，在 DEA 线之上运行的 DIFF 线掉头向下与 DEA 线交叉，形成了死叉。此时绿柱出现并变长，对应的成交量也转为阴量，应果断卖出。

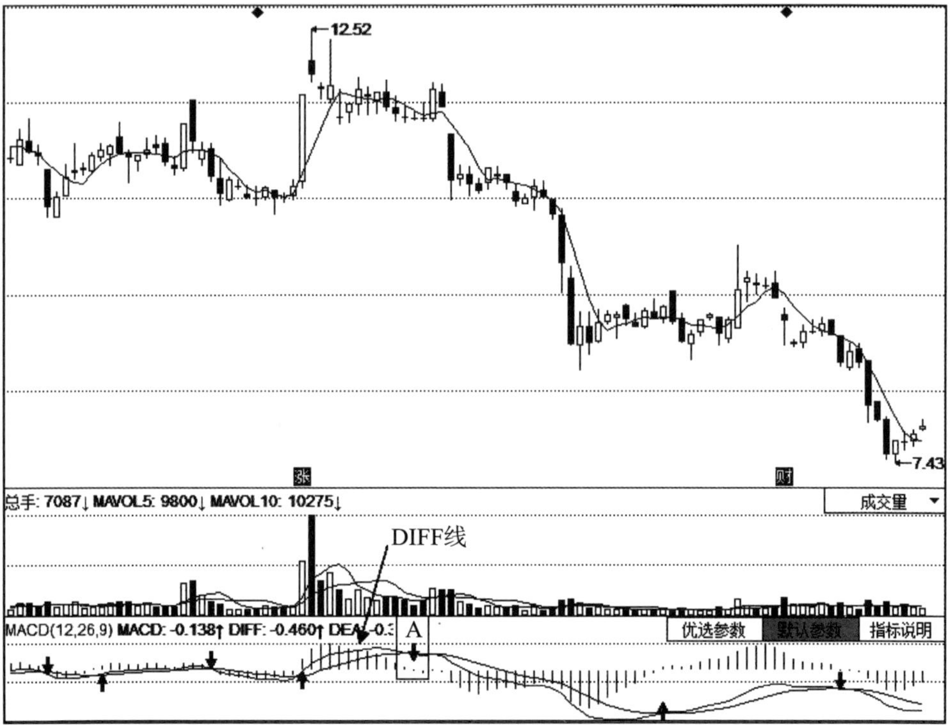

图 4–7　沃华医药日线图

★ 实战要点

1. 死叉是 DIFF 线在 DEA 线之上运行时掉头向下与 DEA 线的交叉，死叉转势时，之前往往是一波较为明显的上涨趋势。

2. 并不所有死叉都会形成转势，判断死叉后是否形成趋势反转，应从绿柱明显变长、DIFF 线大角度向下或死叉后双线明显向下发散、成交量为放大状态的阴量或持续阴量这几点来判断。上述条件成立，才是趋势转跌的征兆，如图 4–7 所示。

4.2.2 高位死叉

高位死叉指死叉出现在 MACD 指标显示区域的顶部，即 0 轴之上 DIFF 线与 DEA 线向上靠近区域上沿极限区时。

从理论上讲，尽管高位死叉多数是股价从极强转为极弱的表现，但由于高位死叉时股价往往处于极强状态，所以高位死叉时，绿柱明显变长，或 DIFF 线大角度向下，死叉后双线明显向下发散。同时成交量明显呈放大状态的连续阴量，或日线上形成天量（近期的最高量，成交量柱较长，向上到达了成交量区间的显示区域顶部）。出现以上情况时，股价快速转势的概率更大，应果断卖出。

★ 案例解读

图 4–8 是东软集团（600718）日线图，在上涨趋势中，进入 A 区域后，双线向上运行到区域顶部。DIFF 线在 DEA 线之上向上运行时，掉头向下与 DEA 线交叉，形成了高位死叉。观察发现，此时绿柱持续变长，双线在死叉后向下发散，对应的成交量呈放大状态的连续阴量，说明趋势已经反转向下，应果断卖出。

★ 实战要点

1. 高位死叉时，双线必须已经向上运行到 MACD 指标显示区域的顶部，如图 4–8 所示。出现高位死叉的转势并不一定要求双线到达顶部极限区，只

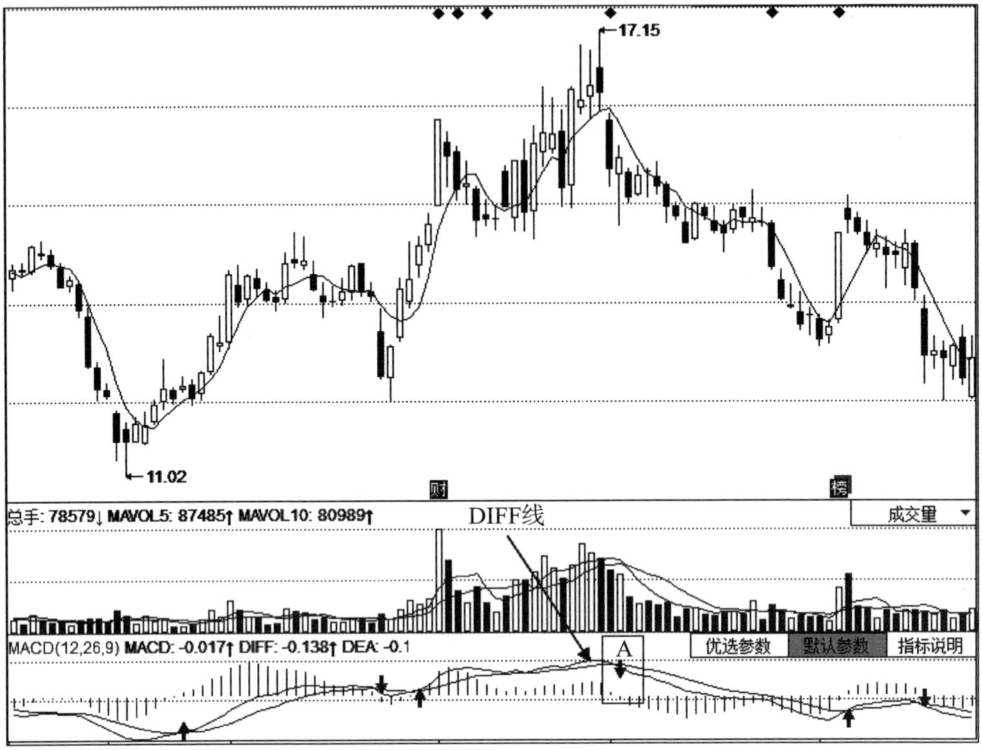

图 4-8　东软集团日线图

要在 0 轴以上的高位区出现死叉，都可确认为高位死叉。

2. 高位死叉时，必须满足死叉的条件，即 DIFF 线在 DEA 线之上运行时出现向下与 DEA 线的交叉。

3. 造成上涨趋势反转向下的高位死叉，必须满足以下条件：死叉时 DIFF 线向下的角度较大，或死叉后双线明显向下发散；绿柱迅速变长或持续变长；成交量呈放大状态的阴量或连续阴量。

4.2.3　接连死叉

接连死叉指在上涨趋势中，发生一次死叉后，相隔不久即再次出现至少一次死叉。

接连死叉表明多方力量在与空方力量对抗中接连遭遇失败，因此表明趋势将反转向下。

通常在 0 轴以上的高位区出现接连死叉才是股价转弱的表现。如果出现在 0 轴以下，则是一种弱势震荡的表现。出现接连死叉时，如果趋势处于震荡状态，此时出现的死叉哪怕接连有多个，也是没有任何意义的，这是 DEA 线钝化后的失真表现，不能作为卖出的依据。

另外，背离状态下出现的接连死叉不应作为判断卖点的依据，应根据背离的情况或是接连死叉时的死叉强弱程度判断是否已转势，再决定是否卖出。

★ 案例解读

图 4–9 是新大陆（000997）日线图，在上涨趋势中，在 A 区域和 B 区域先后出现了两次 DIFF 线向下与 DEA 线的交叉，形成了接连死叉。观察其他指标发现，B 区域出现第二个死叉时，对应的 D 区域绿柱大幅度变长，双

图 4–9　新大陆日线图

线死叉后向下发散；对应的 C 区域成交量虽较前一交易日略有下降，但一直处于近期的较高水平，且接连出现了阴量。以上情况说明趋势已发生快速反转，应果断在接连死叉中第二个死叉形成时卖出股票。

★ 实战要点

1. 接连死叉只有出现在 0 轴以上的高位区，并且第二个死叉时形成了卖出形态方可卖出，如图 4–9 所示。

2. 出现接连死叉时，如果其间发生了顶背离，并据此在第二个死叉出现时卖出了股票，之后若是发现成交量持续大幅缩减，应在股价回升时再适当买回来，因为这种情况往往说明背离式上涨仍未结束。上涨趋势中，一定要在背离结束时再卖出股票，如图 4–10 所示。

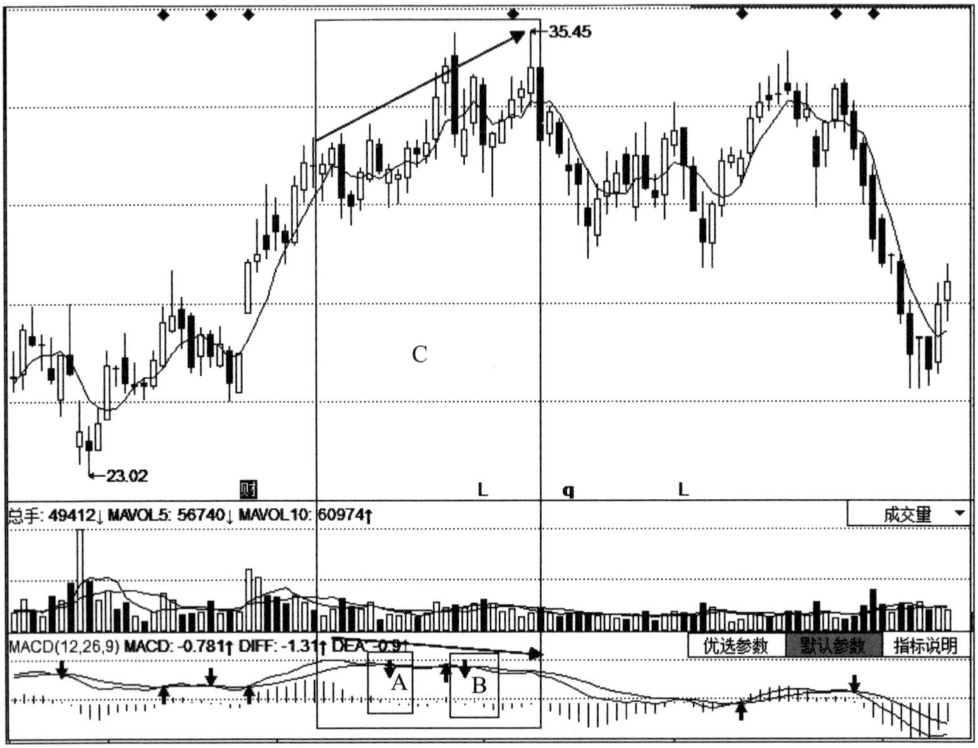

图 4–10　一心堂日线图

4.2.4　无效死叉

无效死叉指形成死叉后股价没有如期下跌。准确辨认无效死叉能够减少操作失误。分析死叉是否有效，最显著的特征之一就是判断 DEA 线是否出现了钝化现象，因为 DEA 线钝化出现在震荡的牛皮市，只需要观察双线是否在距离较近、几近黏合的状态下呈现平行和小幅震荡状态即可。

判断一只股票是否处于震荡趋势，早期判断时有一定的难度，如果是首次出现死叉后开启了 DEA 线钝化的震荡趋势，如何判断这一死叉是否有效呢？

如果死叉后形成了 DEA 线钝化的震荡趋势，则死叉的形态往往是 DIFF 线向下与 DEA 线交叉后未形成双线向下发散，或 DIFF 线向下的角度很小，绿柱未有效变长，成交量也大幅缩减。出现以上状况，就应确认市场已经进入 DEA 钝化的震荡趋势，不应卖出股票。

还有一种情况：高位死叉后，DIFF 线向下交叉 DEA 线时，双线未拉大距离，绿柱看似逐渐变长，但很快又开始缩短；成交量也从缩减的阴量快速转化为放大的阳量。出现这种情况往往说明股价涨势未止，不应过早卖出股票。这时出现的高位死叉同样是无效死叉，只不过是高位震荡的表现。

★ 案例解读

图 4–11 是益丰药房（603939）日线图，在上涨趋势中，在 B 处，出现了一个死叉。观察发现，出现死叉时双线距离较近，DIFF 线向下角度极小，并未形成向下发散，绿柱也极短。再观察之前双线上行时的走势，发现这是股价略抬高后形成的再次震荡，因此这一死叉为无效死叉。此时整个 A 区域均为股价进入双线黏合状态的震荡趋势，因此，其后在 C 处出现的死叉同样为无效死叉，不应作为卖出依据。

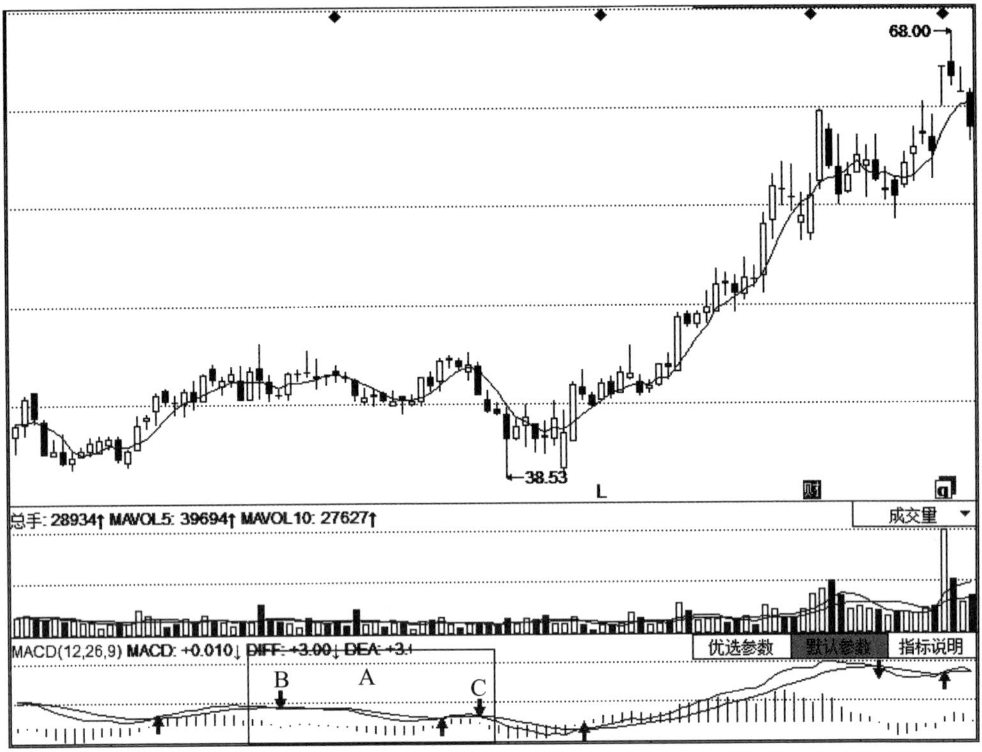

图 4-11　益丰药房日线图

★ 实战要点

1. 死叉出现在 DEA 线钝化后的震荡趋势中为无效死叉。若是初次进入震荡趋势时形成的死叉，在判定时应根据双线距离远近、形成死叉后 DIFF 线向下的角度大小、绿柱长短，以及成交量放大缩小程度来判断，如图 4-11 所示。

2. 如果股价在上涨趋势中出现无效死叉，通常死叉后双线呈平行震荡状态，相距较近，也未形成向下分散；绿柱为小绿柱；成交量出现明显阴量缩减后再次放大为阳量，如图 4-12 所示。

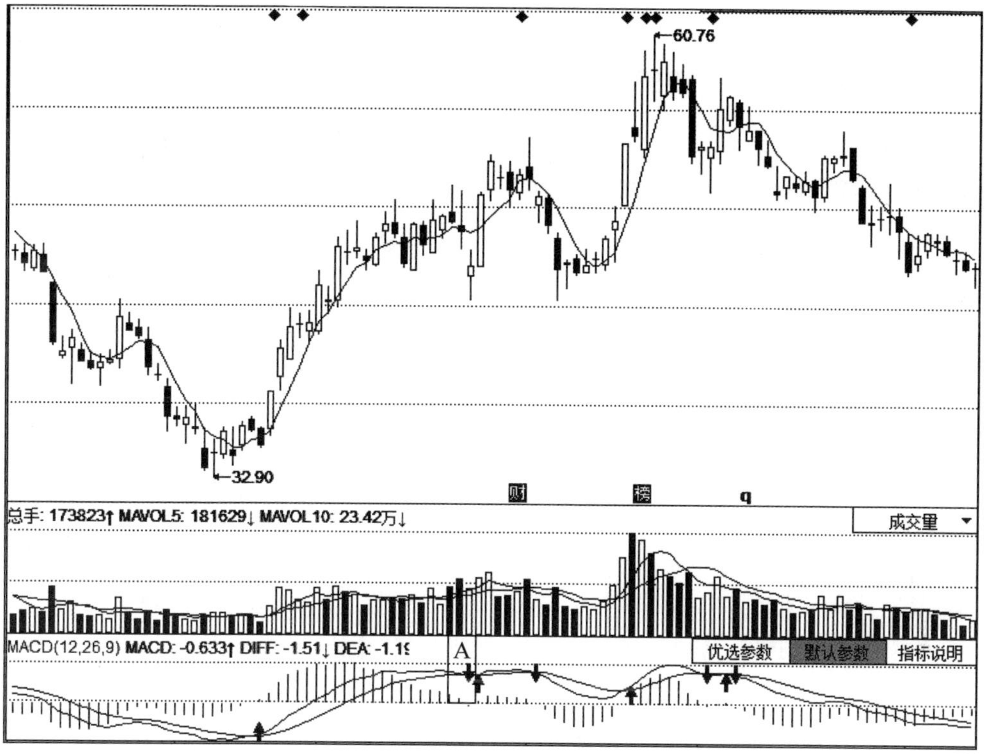

图 4-12 紫光国微日线图

4.3 MACD 柱买卖形态与技巧

4.3.1 红柱持续变长

红柱持续变长是红柱出现后持续变长的健康上涨形态，预示股价形成缓慢上涨的趋势。尤其是双线处于突破 0 轴后的向上运行状态时，表示个股正处于牛市当中，应逢调整结束（即股价止跌回升）时买入股票。

有一种情况需要引起注意，就是红柱为小红柱时，如果红柱持续变长，双线与股价形成底背离，应根据背离情况判断具体的买点。

★ 案例解读

1. 下跌趋势中红柱持续变长

图 4–13 是黄山胶囊（002817）日线图，在下跌趋势中，进入 A 区域后，红柱出现后即持续变长，表明此时股价已经在低位受到资金关注，多方展开攻势并暂时占据主动，行情反弹，应把握机会及时买入。此时大趋势仍是下跌，因此应快进快出。

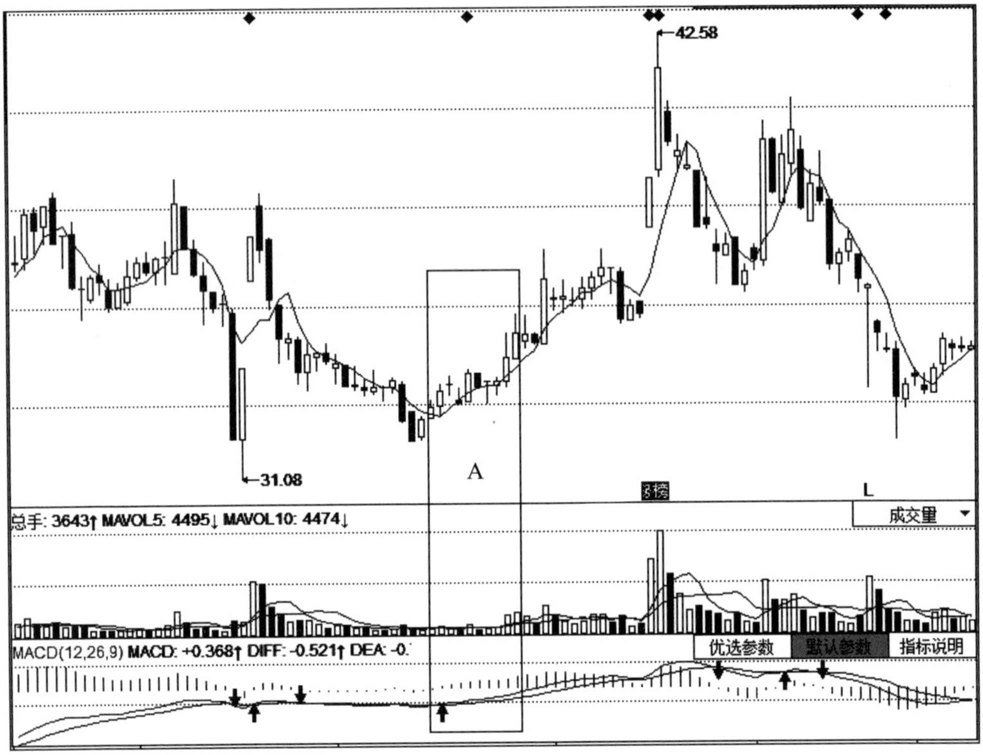

图 4–13　黄山胶囊日线图

2. 上涨趋势中红柱持续变长

图 4–14 是木林森（002745）日线图，在上涨趋势中，调整结束进入 A 区域后，红柱持续变长，股价随之不断上涨，此时应及时买入并持股待涨，直到涨势结束。

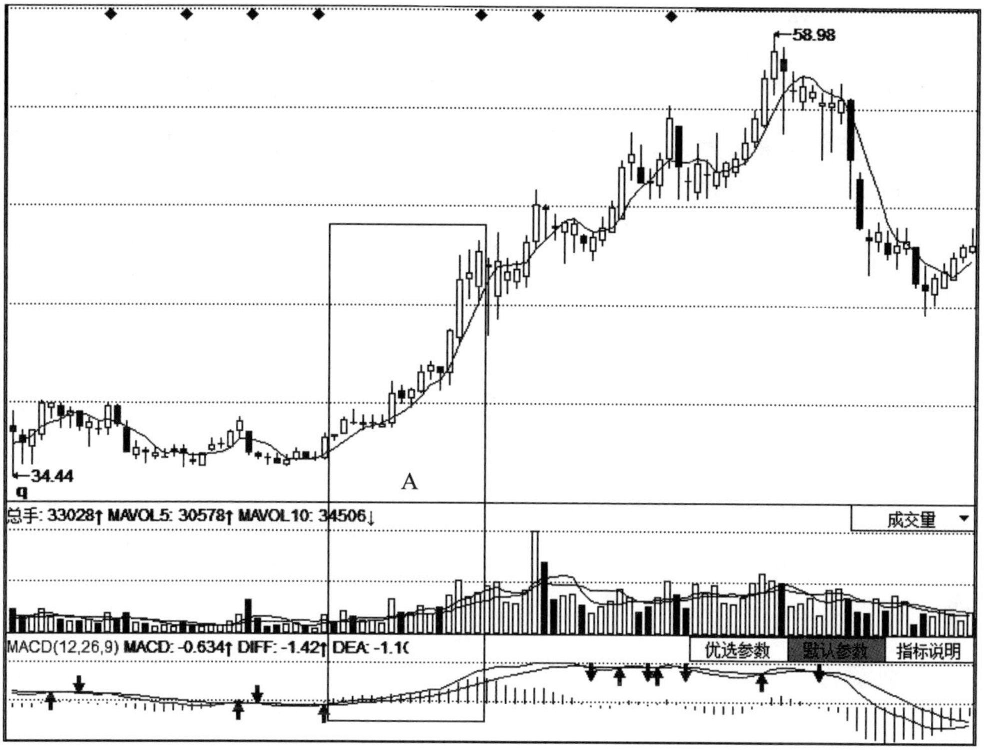

图 4–14　木林森日线图

★ 实战要点

1. 红柱持续变长是多方力量占据主动的表现，因此应积极参与行情，但必须分清之前是上涨趋势还是下跌趋势，以便制定操作策略，如图 4–13 和图 4–14 所示。

2. 红柱持续变长若是出现在上涨趋势中，往往是健康的上涨形态，此时应果断买入，因此时为个股的牛市行情，如图 4–14 所示。

3. 红柱持续变长若是出现在下跌趋势中，多为反弹行情中，应控制好仓位积极参与，但必须做到快进快出。熊市中不可轻易言底，即使反弹的力度较大，也不能掉以轻心，如图 4–13 所示。

4.3.2　红柱快速缩短

红柱快速缩短指红柱较长的情况下快速缩短。出现这种情况往往表明多方力量在逐渐衰竭，所以是股价转跌的征兆。但是，这种情况出现在不同的趋势中会有不同的表现。

（1）如果出现在下跌趋势中，红柱快速缩短是反弹结束的表现，此时往往股价跌幅不大，表现为阶段高位的震荡。但是红柱缩短后变为绿柱，则意味着反弹结束，股价将再次下跌，应果断卖出。

（2）如果出现在上涨趋势中，红柱快速缩短表明短期调整开始，此时股价同样表现为震荡下行。但如果红柱缩短后转为绿柱，则表明调整将继续，不应过早买入。

总之，红柱快速缩短意味着股价滞涨，应先卖出股票观望，直到红柱再次变长时再买入。

★ 案例解读

1. 上涨趋势中的红柱快速缩短

图 4–15 是中科曙光（603019）日线图，经历 A 阶段上涨趋势后，进入 B 区域，明显红柱快速缩短，股价高位震荡下跌。因考虑到此时的涨幅已经较大，A 阶段走势呈现翻倍行情，所以应及时卖出。其后即使短线出现反复，红柱也未快速变长，所以是高位震荡转势的征兆。

2. 下跌趋势中红柱快速缩短

图 4–16 是嘉事堂（002462）日线图，在 A 阶段下跌趋势中的反弹行情中，进入 B 区域后，红柱快速缩短，股价也出现了反弹高点后的小幅震荡下跌。这表明反弹行情已经结束，应果断卖出，持币观望。

★ 实战要点

1. 红柱快速缩短若出现在上涨趋势中，并且较长的红柱快速缩短，往往

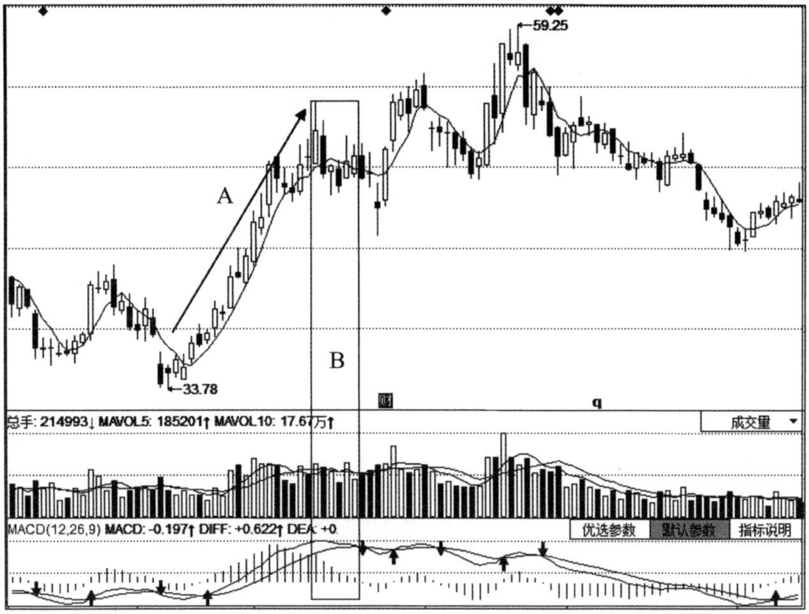

图 4-15　中科曙光日线图

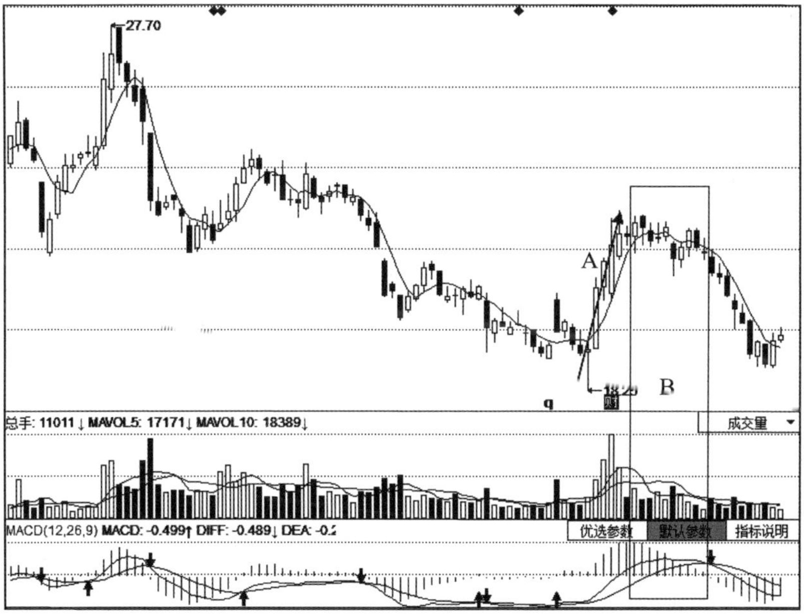

图 4-16　嘉事堂日线图

意味着其后股价会快速下跌，出现在大幅上涨后更是如此，如图 4–15 所示。即使前期涨幅不大，也意味着调整的幅度较大，因此短线应先出来，待调整结束后再买回来。

2. 如果红柱是在下跌趋势的反弹行情中快速缩短，往往意味着反弹行情已经结束，如图 4–16 所示，应及时卖出。如果是大幅下跌后又经过了震荡整理，红柱快速缩短，应结合底背离技术综合判断，此时往往是弱势震荡中的最后一跌。

4.3.3 绿柱持续变长

绿柱持续变长是一种典型的股价持续下跌的表现，因为绿柱持续变长表明盘中卖方力量不断增强，所以会造成股价持续下跌。

这种形态不论出现在上涨趋势中还是下跌趋势中，都意味着股价将短期下跌。只不过出现在上涨趋势中时，股价短线调整的可能性更大。但是只要绿柱依然持续变长，都不应过早买入，因为上涨趋势演变为大幅震荡下跌，或是加大调整幅度的可能性极高，也就是说，起码未来短期趋势依然不够明朗。稳健的投资者应选择红柱出现后再买入，激进的投资者可在绿柱持续缩短时买入。

★ 案例解读

1. 上涨趋势中绿柱持续变长

图 4–17 是九州通（600998）日线图，在上涨趋势中，进入 A 区域后，绿柱持续变长，股价持续下跌，表明趋势已经反转向下，应果断卖出。

2. 下跌趋势中绿柱持续变长

图 4–18 是圣农发展（002299）日线图，在下跌趋势中，进入 A 区域后，绿柱持续变长，股价持续下跌，表明股价反弹结束，已经开始快速下跌，应果断卖出回避，以免遭受更大的损失。

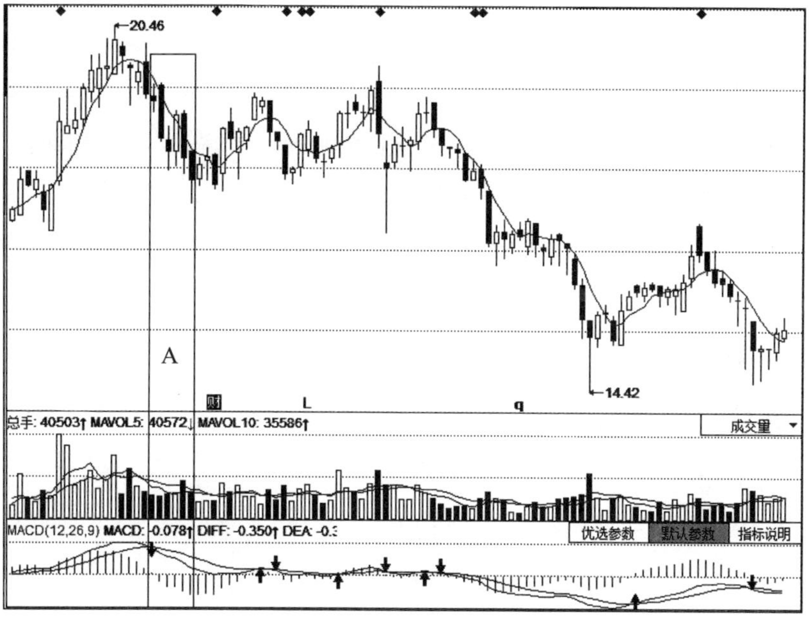

图 4-17　九州通日线图

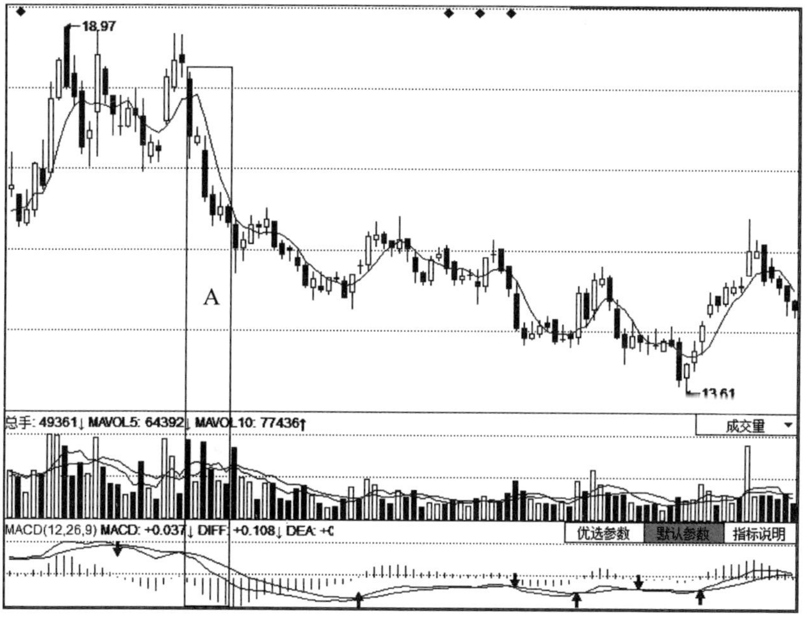

图 4-18　圣农发展日线图

★ **实战要点**

1. 绿柱持续变长是一种典型的下跌形态，尤其是在绿柱持续变长的过程中股价持续下跌，更是加速下跌的表现，因此应迅速卖出，以回避为主，如图 4–17 和图 4–18 中 A 区域所示。

2. 无论是出现在上涨趋势还是出现在下跌趋势中，只要绿柱持续变长，都应采取回避策略，除非绿柱是以小绿柱形式出现，并且持续变长的幅度极小，此时股价会表现为震荡，是一种盘整行情。

4.3.4 绿柱快速变长

绿柱快速变长是股价加速下跌的表现，因为绿柱代表空方力量占据主导，突然变长就说明盘中短时间出现了较大的卖盘压力，迫使股价快速下跌。因此，绿柱快速变长是一种股价快速转跌的卖出形态。

同样，绿柱快速变长可以出现在上涨趋势的调整行情中，或是出现在下跌趋势中反弹快结束时。无论出现在哪种趋势中，都表明盘中突然出现了较大的卖盘，都是股价快速转跌的表现，应果断卖出，持观望态度。

★ **案例解读**

图 4–19 是太极股份（002368）日线图，在震荡上涨趋势中，进入 A 区域后，绿柱明显快速变长，表明盘中卖压突然加大，预示此后股价快速下跌，应以卖出回避操作为主。

图 4–20 是风神股份（600469）日线图，在震荡下跌的弱势盘整中，进入 A 区域后，绿柱较短但突然快速变长，表明前期的震荡趋势走弱，因此是一种弱势加剧的形态，应采取卖出回避的策略。

★ **实战要点**

1. 绿柱快速变长，表明盘中卖盘突然增多，必然导致股价快速下跌，因此应采取卖出回避的策略。

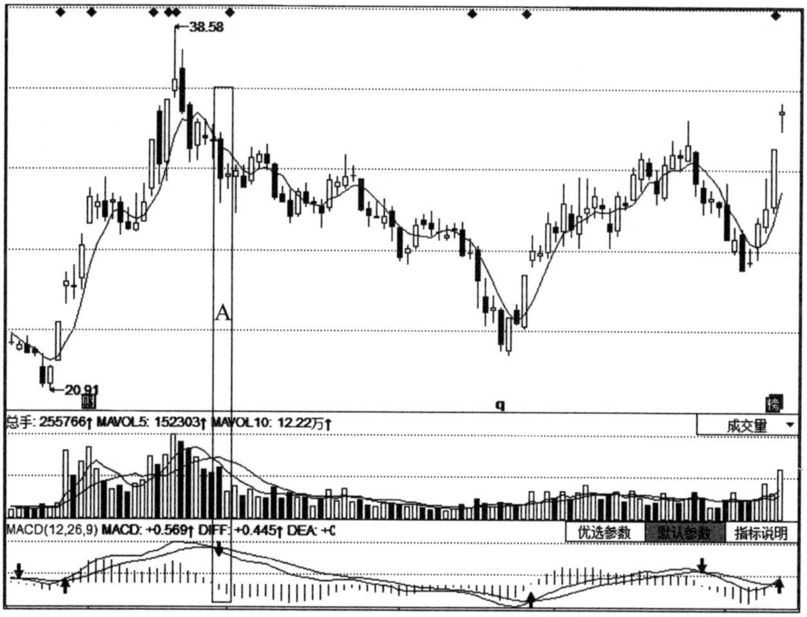

图 4-19　太极股份日线图

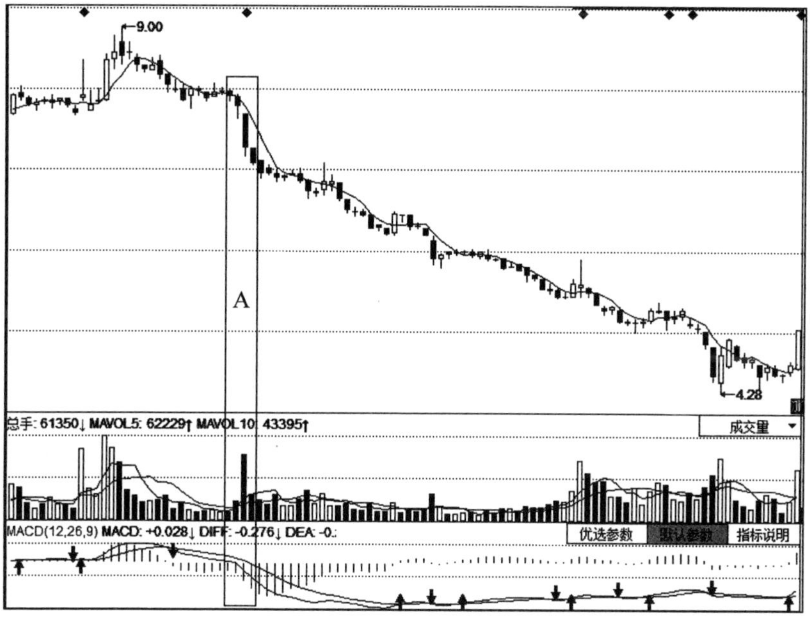

图 4-20　风神股份日线图

2. 不管是出现在上涨趋势中的绿柱快速变长，如图 4–19 中 A 区域所示，还是出现在下跌或盘整阶段的绿柱突然变长，如图 4–20 中 A 区域所示，都是股价快速转弱的表现。即使是大幅下跌后的底部区域，绿柱快速变长时，股价也会出现一波快速下跌，哪怕是最后一跌。因此，出现这种形态时，应观望后再考虑是否买入。

第 5 章　MACD 背离逆势操作技巧

在趋势操作过程中，MACD 指标还有一种强大的逆势操作方法与技巧，这就是 MACD 背离技术。相对其他指标而言，MACD 背离是一种准确率极高的操盘方法，但要真正掌握 MACD 背离分析，依然要从什么是 MACD 背离开始，然后了解 MACD 背离的种类，如底背离与顶背离，以及特殊形态下的背离分析。掌握了这些分析技术，就能够在趋势反转时及时捕捉到反转信号，做到在趋势反转向上时买入，在趋势反转向下时卖出。

5.1　什么是背离

5.1.1　背离的定义

MACD 背离是指股价在不断创出新高（新低），而双线却不断创出新低（新高），即股价与双线出现了运行方向完全相反的情况。

从中可以看出，背离有两种情况：一是股价持续创新高，双线持续走低；二是股价持续创新低，双线持续走高。

无论是哪种情况的背离，因为背离出现后趋势会发生反转，所以依据背离操作是一种逆势操作方法。比如，第一种情况意味着股价持续上涨过程中，盘中卖盘却持续增加，当卖盘完全占据主动时，股价就会反转向下，上涨趋势就此中止；第二种情况意味着股价在持续下跌过程中，双线却开始向上运行，表明买盘力量不断增强。一旦买盘完全占据主动，趋势就会反转向上。

在逆势操作中，背离是捕捉趋势反转的重要依据。

★ 案例解读

1. 股价持续创新高、双线持续走低的背离

图 5-1 是宝通科技（300031）日线图，在上涨趋势中，进入 A 区域后，股价盘整后创出新高，DIFF 线却无法向上走出新高，显现震荡向下趋势，与股价形成了背离，其后股价反转向下。

2. 股价持续创新低、双线持续走高的背离

图 5-2 是硅宝科技（300019）日线图，在下跌趋势中，进入 A 区域后，股价持续震荡走低，不断创出新低，双线却震荡走高，表明该股在低位时有资金介入，其后股价结束背离，反转向上。

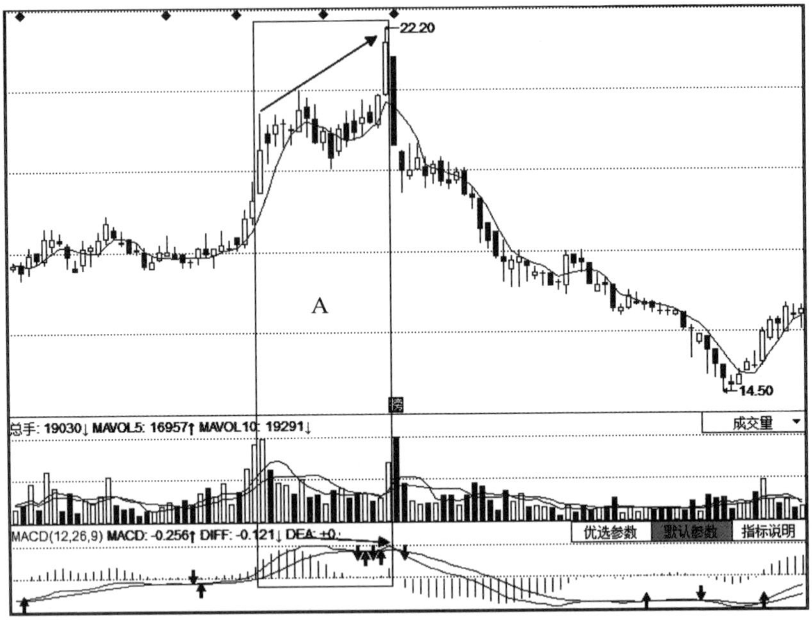

图 5-1　宝通科技日线图

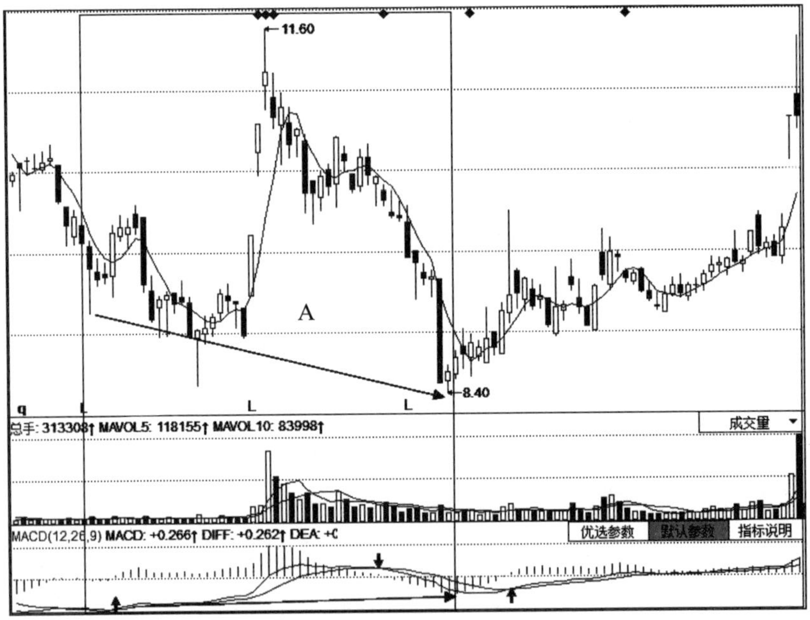

图 5-2　硅宝科技日线图

★ 实战要点

1. 出现背离往往使股价与双线呈现趋势相反的运行状态，是多空双方悄然变化的反映。背离结束后，股价趋势大多会出现反转，如图 5-1 和图 5-2 所示。

2. 背离之前往往会有一段明显的上涨或下跌，如图 5-1 的向上趋势和图 5-2 的下跌趋势所示。

5.1.2 如何判断背离

前文介绍了背离的具体形态。在判断背离形态时，必须确认之前股价处于明显的多头上涨趋势还是空头下跌趋势。除此之外，还有一个重要问题，就是在上涨趋势或下跌趋势初期，如果出现 MACD 背离，此时的背离往往只是一种多空力量的抵抗，是一种盘整走势，此时出现的背离不能作为判断趋势反转的依据。应当确认在明显的下跌趋势或上涨趋势中出现一次盘整后，再次下跌时出现背离，通常才是趋势反转的征兆，这种情况下方可作为趋势反转的买卖点依据。

★ 案例解读

图 5-3 是超图软件（300036）日线图，在 B 阶段下跌趋势形成后，A 区域股价持续震荡走低，双线却未能出现低点，反而渐渐走高，形成了底背离形态。但是，由于是下跌趋势初步形成后发生的背离，所以只是多头力量不死心所进行的一种抵抗，行情上表现为反复的反弹又失败的走势，不能以底背离作为判断趋势已经反转的买点。

★ 实战要点

1. 判断背离后是否出现趋势反转，应选择上涨或下降趋势形成后股价再次上行或下行出现的背离作为趋势反转的买点或卖点，如图 5-4 所示。

2. 在判断背离与趋势反转时，趋势初成时首次出现的背离往往不能作为

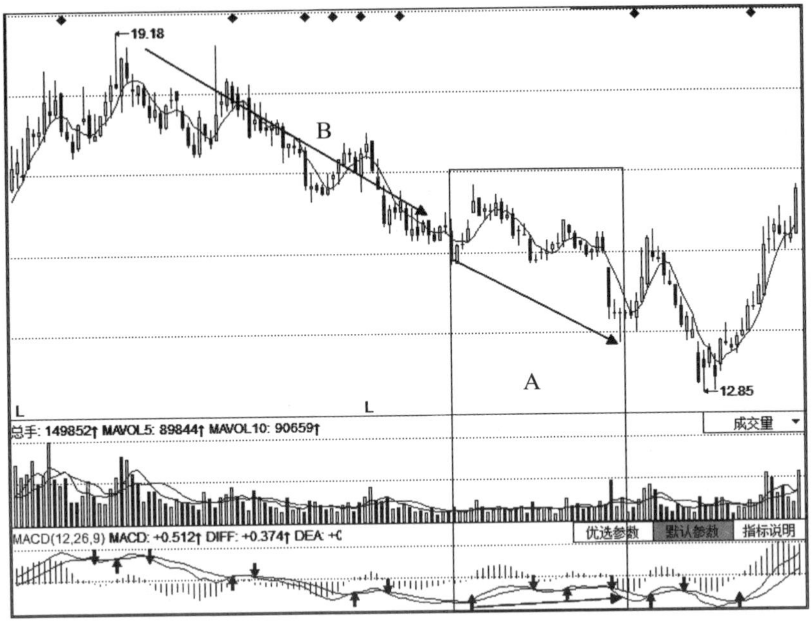

图 5-3　超图软件日线图

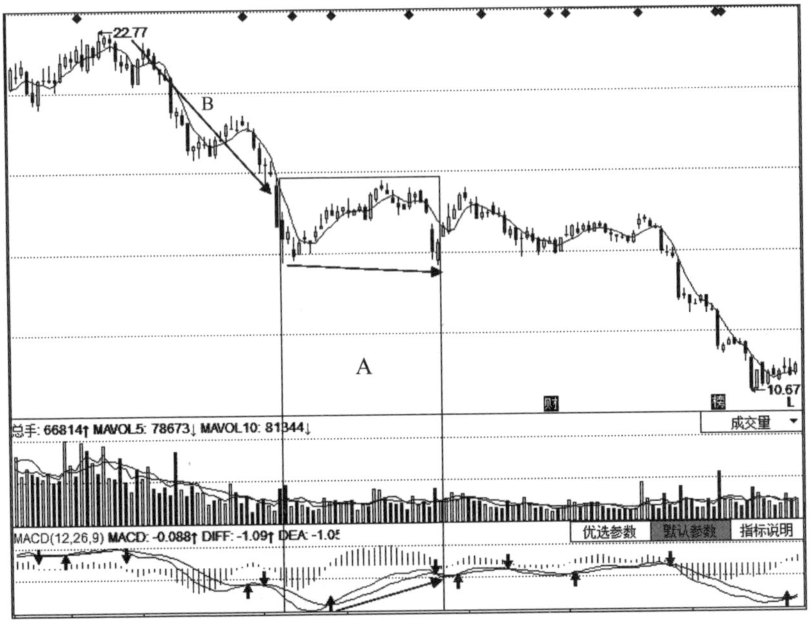

图 5-4　万邦达日线图

趋势反转的信号，只是一种中继盘整信号，下跌初期出现的底背离也不是买入信号，如图 5-3 所示。

5.2　背离的种类

5.2.1　底背离

底背离是趋势反转向上时的背离形态，即股价在下降趋势中持续创新低，双线却持续上行，DIFF 线并未创出新低点，低点反而在不断抬高。出现这种形态表明股价在低位区域受到了多方力量的持续关注，资金不断逢低买入，因此是一种趋势反转时逆向操作的买入形态。

依据底背离操作时，同样不能在下跌趋势初出现底背离时买入，应在下跌趋势初步形成后第二次出现底背离时买入。下跌趋势形成后，股价会处于较弱的状态，主力资金建仓持续的时间往往比较长，目的是尽量不被散户觉察。这无形中也拖延了主力建仓的时间，即股价弱势震荡的时间相应延长。

表现在股价背离上，在判断主力建仓时，应以日线或周线为主。日线或周线上出现二次底背离后，趋势反转的概率大于 80%。只有极少数的情况下股价会在三次底背离后发生反转。这种情况往往是下跌初期底背离后，再下跌后又出现底背离，其后在股价震荡下跌时，又一次形成了底背离，即此次的下跌低点跌破了上一次（二次底背离）的低点。这时应选择在三次底背离结束后（即股价与双线同步向上运行时）买入股票，这种情况属于二次底背离最弱的情况。

★ 案例解读

图 5-5 是金利华电（300069）日线图，经历 A 阶段的下跌后，确立了下跌趋势。进入 B 区域后，股价持续震荡创出新低，双线却向上运行，形成了下跌途中的首次底背离，此时应为多头奋力反抗的盘整行情，不应确认为

趋势反转。

再次下跌进入 C 区域后，股价震荡创出新低，双线震荡上行，出现二次底背离，表明趋势即将反转向上。这次背离结束后，股价与双线同步上行时，应大胆买入股票。

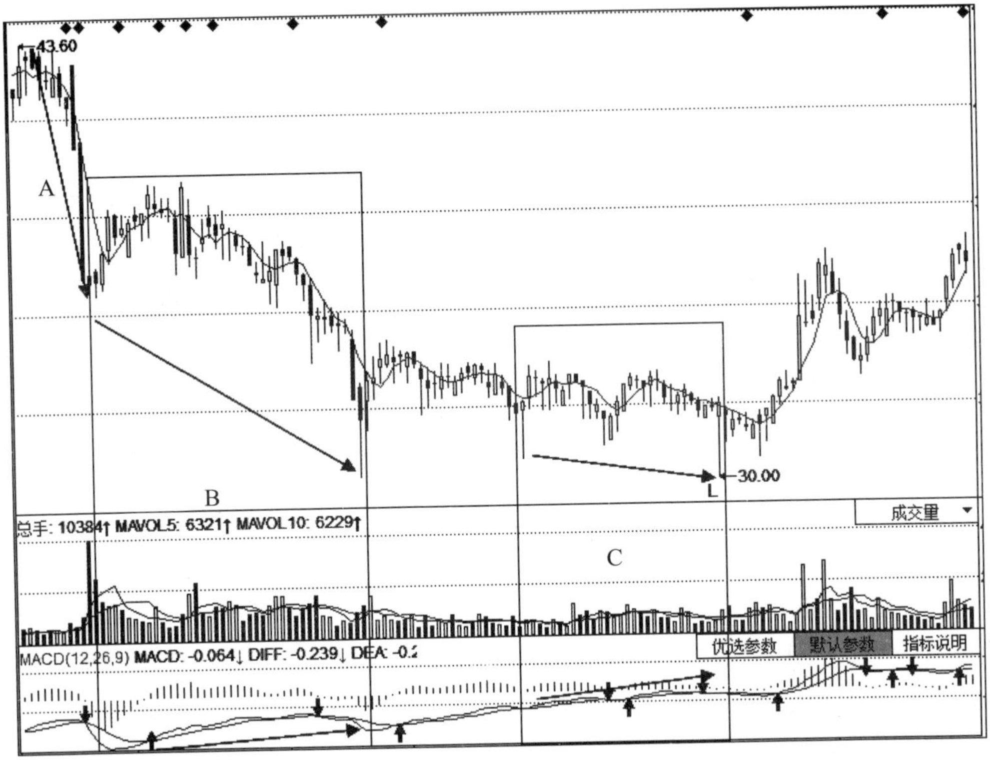

图 5-5　金利华电日线图

图 5-6 是华平股份（300074）日线图，经历 A 阶段下跌后，下跌趋势已经确立。进入 B 区域后，股价震荡盘整。经历 C 阶段的再下跌后，股价于 D 区域出现持续震荡走低、双线持续上行的底背离。此时为趋势反转买点，说明股价低位震荡已经结束，应在底背离结束后、股价与双线同步向上时全仓买入，持股待涨。

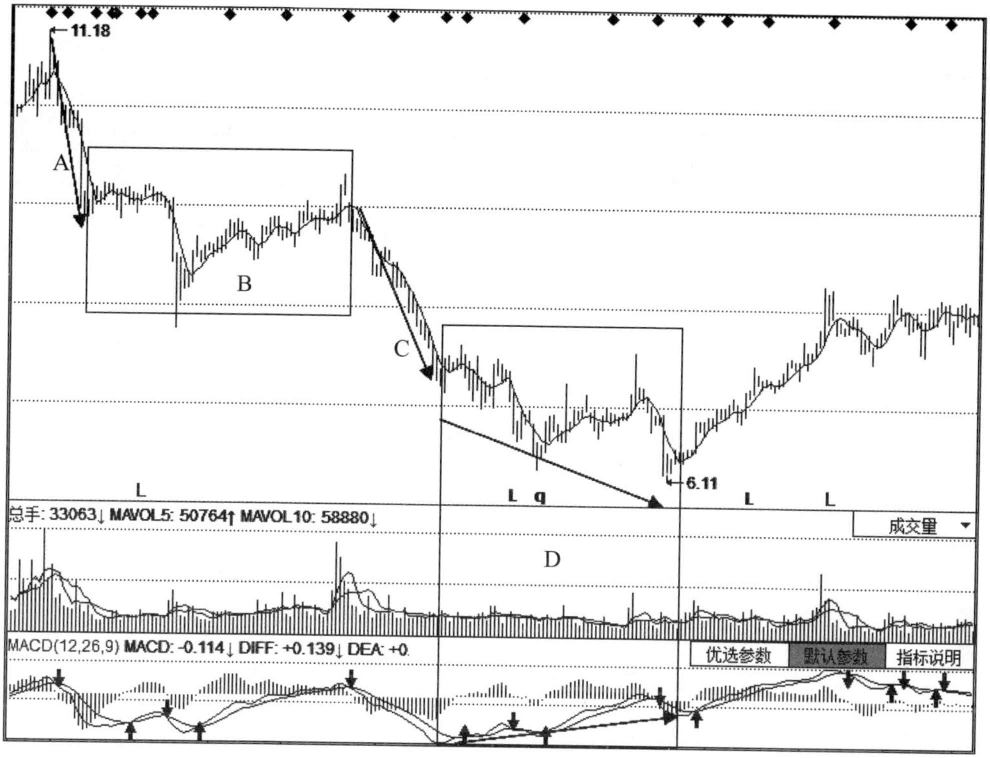

图 5-6　华平股份日线图

★ 实战要点

1. 利用底背离判断趋势反转时，应在下跌盘整后再次下跌形成底背离时买入，不应在下跌趋势初期出现首次底背离时买入，因为此时的背离预示行情出现盘整，如图 5-5 所示。

2. 出现底背离后，若在其后回跌时跌破了底背离时的低点，不应恐惧，而应在背离结束时，即股价与双线同步上行时，全仓买入并持股待涨。因为这说明股价在回探低点时，主力震荡的力度相对大了些，而非趋势再次走弱。

5.2.2　顶背离

顶背离指股价在上涨趋势中持续上行，不断创出新高，而双线却持续震荡下行，高点不断降低。这种情况说明盘中随着股价的震荡上行，不断有资金卖出离场。顶背离是一种趋势反转向下的形态，也是卖出股票的逆向操作方法。

判断顶背离与判断底背离一样，在上涨初期，即股价涨幅不大时，如果出现顶背离，往往是一种上涨趋势的震荡盘整。只要是此时属于刚刚确认了上涨趋势，就不应卖出，而应一直持续到股价再次上涨后出现顶背离时再考虑卖出，即股价与双线同步向下运行时卖出股票。因为首次出现的顶背离往往是对上涨趋势初成后的一种调整，属于上涨中继整理形态。在股价累积涨幅较大的情况下，即使是首次出现顶背离，也应确认为趋势反转的信号，及时卖出。

★ 案例解读

图 5-7 是智飞生物（300122）日线图，经历 A 阶段的上涨后，已经确立上涨趋势。进入 B 区域后，股价震荡，双线也呈现距离较近的小幅震荡和

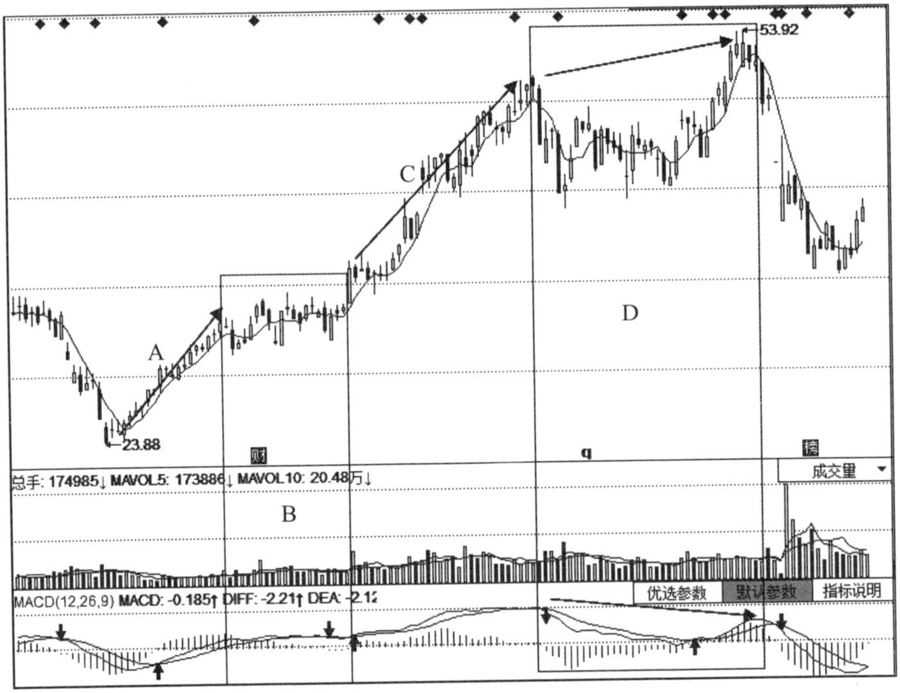

图 5-7 智飞生物日线图

盘整运行。经过其后 C 阶段的上涨，进入 D 区域后，股价震荡创出新高，双线却震荡向下运行，形成了顶背离。这表明在股价大幅上涨后，盘中不断涌现卖盘，趋势即将反转向下，应果断卖出。

★ 实战要点

1. 根据顶背离卖出股票时，如果是上涨初期，即股价涨幅并不大的情况下，首次出现顶背离，其后往往是一种中继整理形态，为上涨趋势的短线调整行为，此时不应卖出，应在出现二次顶背离时再卖出，如图 5-8 所示。

2. 如果是上涨初期首次出现顶背离，背离持续的时间较长时，背离结束时累积涨幅已经过大，那么应果断在背离结束时，即股价与双线同步向下时卖出股票。

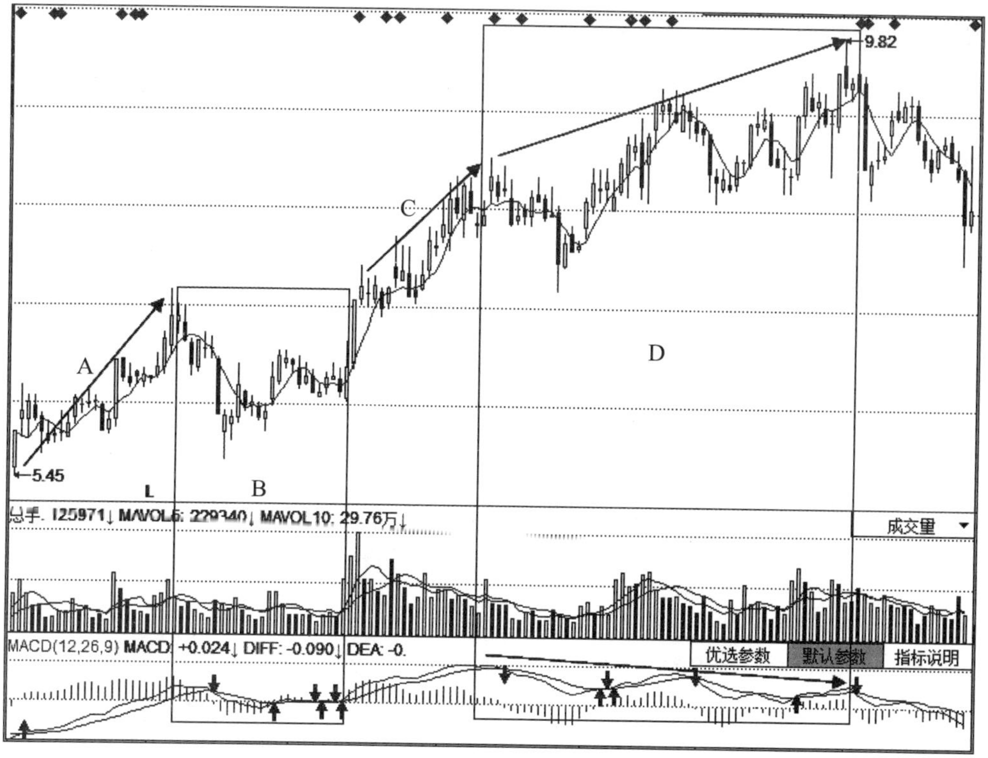

图 5-8　锦富技术日线图

5.3 底背离买入形态与技巧

5.3.1 波谷底背离

波谷底背离指在下跌趋势中首次出现背离或反弹整理后，再次下跌后股价持续震荡走低，不断刷新前低，呈波浪式下跌的形态，即后一个低点低于前一个低点；双线则呈波浪式上涨的形态，DIFF 线每次下跌造成的波浪谷底，未能持续刷新前一低点，低点呈波浪式逐渐上行的趋势。

依据波谷底背离判断趋势反转时，同样需要注意一点，就是下跌趋势形成后，首次出现底背离可能只是反弹行情结束。当股价再次下跌出现波谷底背离时，往往就是股价见底的征兆，尤其是在日线或周线上出现这种情况，往往是主力资金一边控制股价涨幅，令股价处于阴跌状态，一边持续逢低吸筹的表现，因此是中线逢低抄底的最佳时机。

★ 案例解读

图 5–9 是华力创通（300045）日线图，下跌趋势确立，进入 A 区域后，股价持续震荡，创出新低，双线却震荡上行，DIFF 线的低点不断抬高，形成了波谷底背离。波谷底背离表明有资金在低位持续买入，说明趋势即将反转向上，应果断在波谷底背离结束后，即股价与双线同步上行时买入。

★ 实战要点

1. 出现波谷底背离时，应确保是在下跌趋势成立后，股价出现首次背离或反弹式调整的盘整后。再次下跌过程中出现波谷底背离时，方可确认趋势反转，如图 5–9 所示。

2. 出现波谷底背离时，股价不断出现新低点对应的 MACD 指标显示区域，DIFF 线下跌形成的波浪谷低点必须呈后一个高于前一个的上行趋势，如图 5–9 所示。此时以成交量做辅助判断，会观察到成交量持续出现小阳量。

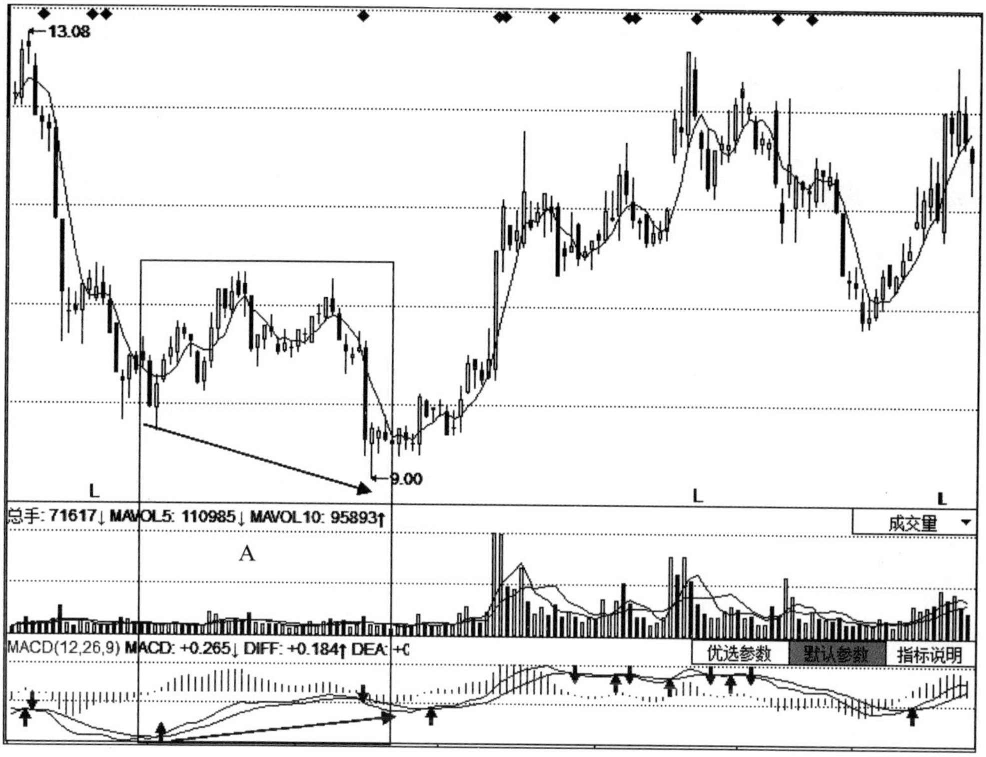

图 5-9　华力创通日线图

5.3.2　柱线底背离

柱线底背离是 MACD 指标的一种独特背离形态，即双线持续下行，尤其是 DEA 线下行的迹象更为明显，但绿柱却持续缩短。出现这种形态，表明股价一直处于阴跌状态。在这种走势中，虽然盘中卖盘一直处于主动地位，但空方力量不断减弱，买盘力量逐步增强，做多资金悄然流入。出现柱线底背离，是股价即将见底回升的征兆，应在柱线底背离结束后，即双线与红柱呈正向运行（双线上行、红柱出现并持续变长）时买入。

同样，在判断柱线底背离时，不要在下跌趋势确立后的股价首次回升时买入，而应在下跌趋势确立、中途出现盘整后再次下跌的过程中，柱线底背离结束、MACD 柱转为红柱不断变长、双线上行时买入。因为下跌趋势中首次出现的背离往往是一种下跌中继形态，除非盘整后出现强势的 V 形反转，否则均应观望。

★ 案例解读

图 5-10 是万讯自控（300112）日线图，经历 A 阶段下跌后，下跌趋势已经确立。进入 B 区域后，出现了盘整走势。再次下跌并创出每股 10 元的新低，进入 D 区域后，绿柱持续缩短，双线持续下行，尤其是 DEA 线下行的趋势更明显，形成柱线底背离。这种情况表明趋势已经反转，应在红柱出现并持续变长、双线继续上行的 E 区域买入股票。

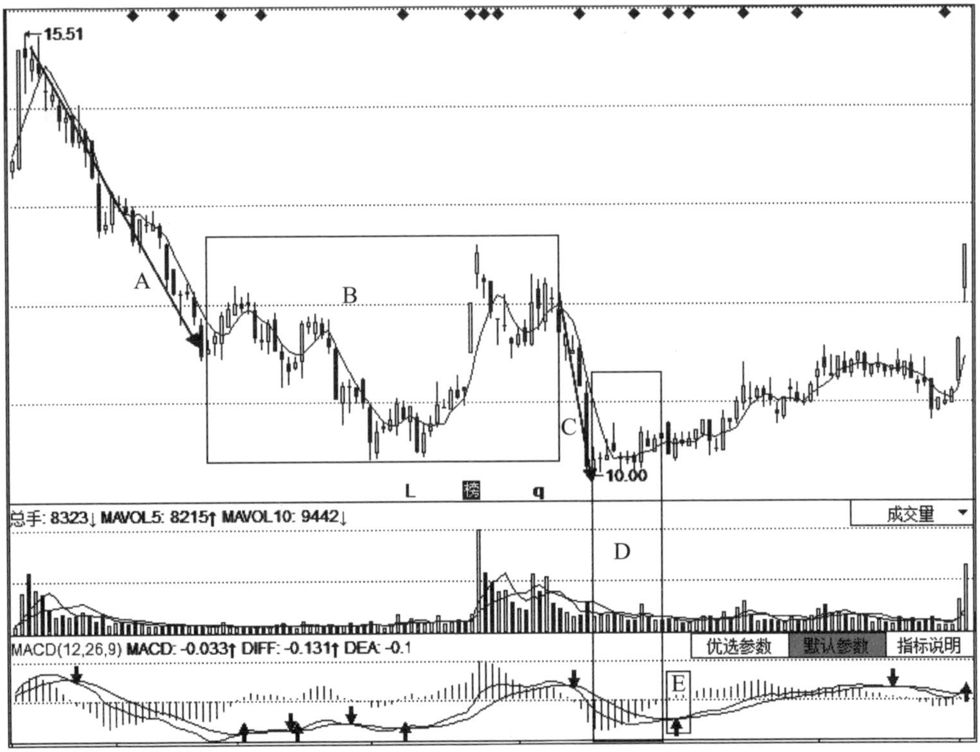

图 5-10 万讯自控日线图

★ 实战要点

1. 柱线底背离是通过双线一柱的背离形态捕捉趋势反转的分析方法，股价大幅下跌创出新低后形成的柱线底背离更为准确，如图 5–10 中 C 阶段所示。

2. 在判断柱线底背离时，应选择在下跌趋势确立、出现盘整后再次下跌创出新低时的柱线底背离来判断趋势反转情况，如图 5–10 所示。

3. 在顺势交易中，如果柱线底背离经常出现在上涨趋势成立后的短线调整行情中，同样应在柱线底背离结束后（即双线上行、红柱出现时）再买入。

5.4 顶背离卖出形态与技巧

5.4.1 波峰顶背离

波峰顶背离指上涨趋势中首次出现调整后，股价在累积涨幅较大的情况下持续震荡波浪式上涨，后一波上涨高点高于前一波上涨高点，双线呈向下趋势，DIFF 线上涨波浪的高点即波峰呈后一浪弱于前一浪的形态。

出现波峰顶背离形态，代表的是盘中资金在有节奏地撤出，即资金在徐徐逢高卖出后，又缓慢拉升股价再卖出。这是盘中这种行为，造成双线向上运行，DIFF 线持续波浪式上涨，股价也呈现出波浪式的上涨。由于盘中卖盘一直多于买盘，所以一旦出现波峰顶背离，股价即会反转向下，是逆向操作中的卖出形态。

在判断波峰顶背离时，应选择在上涨趋势确立后，经过调整再次上涨过程中形成波峰顶背离形态时卖出股票，卖点为双线与股价同步向下运行时。

★ 案例解读

图 5–11 是康芝药业（300086）日线图，A 阶段确立上涨趋势。进入 B 区域后，股价震荡调整。其后经过 C 阶段的上涨进入 D 区域，股价震荡上涨并创出新高，但股价震荡的高点 1 和高点 2 对应的双线却向下运行，且高点 1 和高点 2 对应的 DIFF 线上涨高点，即 DIFF 线上涨的波浪高点（波峰）4 却低于波浪高点 3，形成了波峰顶背离。在这种情况下，应在背离结束后，股价与双线同步下行时卖出。

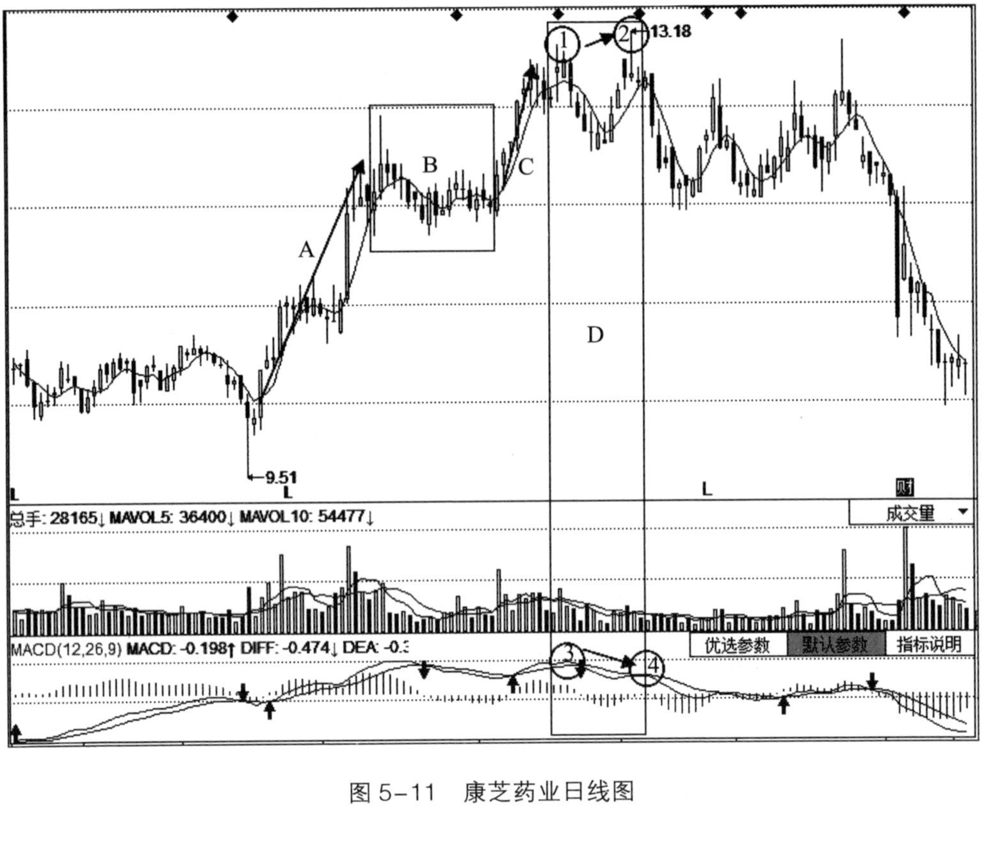

图 5–11　康芝药业日线图

★ 实战要点

1. 上涨趋势确立后，经历了上涨调整，再次上涨时出现波峰顶背离，方可确认趋势反转，如图 5–11 所示。

2. 出现波峰顶背离时，应观察 DIFF 线上行时形成的波浪高点（即波峰），后一个高点低于前一个高点时，方可确认形态，如图 5–11 中高点 3 和高点 4 所示。在波段顶背离持续期间，有经验的投资者一旦发现后一波峰出现时，DIFF 线未向上突破 DEA 线即向下，便可确定趋势转弱，如图 5–11 中高点 4 所示。

5.4.2　柱线顶背离

柱线顶背离指双线向上运行时，红柱却持续缩短，甚至出现了绿柱。这种形态是一种上涨乏力的表现，因为 MACD 柱代表多空双方的力量，红柱代表多方力量占据主动，绿柱代表空方力量的强弱。红柱持续缩短表明多方力量在逐渐衰竭，出现绿柱则说明空方力量占据了主动，因此是股价即将转势的征兆。

出现柱线顶背离，往往是在股价经过较大涨幅或是短期快速上涨后，股价在高位区震荡滞涨。一旦红柱在持续缩短的背离状态下转变为绿柱，股价即会与双线同步向下，成为转势时的高位卖点。

★ 案例解读

图 5–12 是先河环保（300137）日线图，经历 A 阶段的上涨后，股价确立了上涨趋势。进入 C 区域出现了盘整，其后在 C 区域再次上涨的过程中，双线持续上行，红柱却持续缩短，形成了柱线顶背离，此时应在红柱转为绿柱时卖出股票。

★ 实战要点

1. 柱线顶背离是一种常见的股价步入调整形态，在上涨趋势的调整行情中经常出现，所以应选择在上涨趋势确立后，股价经过调整再上涨出现柱线顶背离时确定为趋势反转向下的卖出形态。

2. 判断柱线顶背离是否为趋势反转，通常在 MACD 双线在高位区小幅上行，或双线距离较近的状态下，DIFF 线出现高位钝化时方可确定，如图 5–12 中 C 区域所示。若股价涨幅不大，往往是短线调整的征兆。

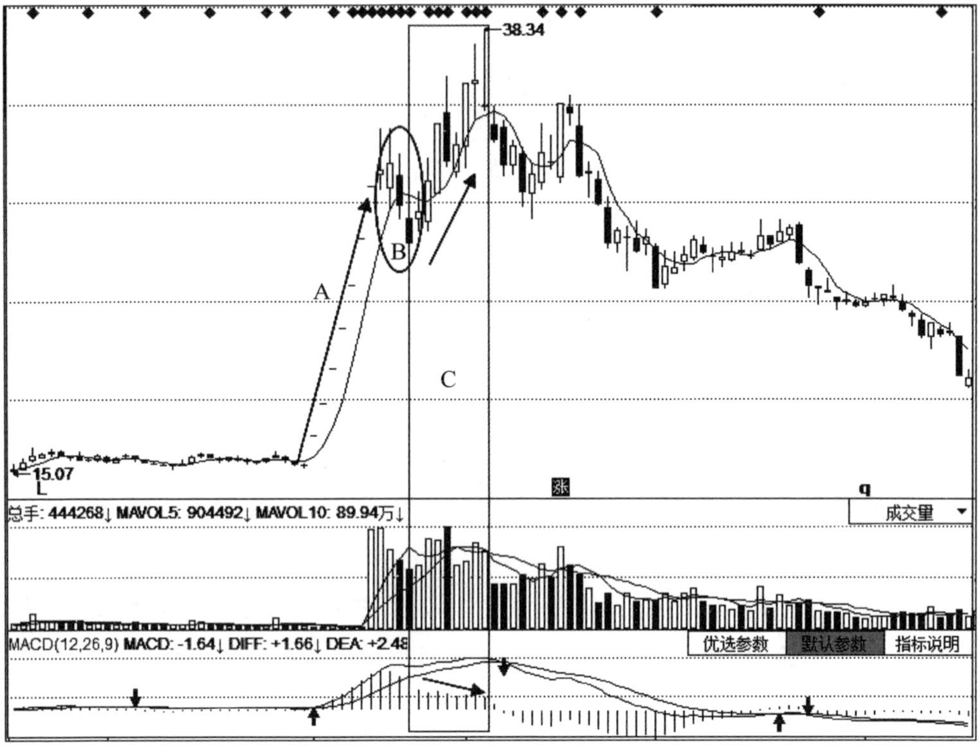

图 5-12　先河环保日线图

5.5　MACD 与成交量背离形态与技巧

5.5.1　双线上行，阳量缩减

双线上行，阳量缩减，指双线向上运行时，成交量出现持续缩减阳量。正常的形态是，双线上行，阳量持续增长。如果阳量持续缩减，双线却依然上行，表明盘中买盘力量正逐渐减弱，此时的股价上涨是一种虚涨。

这种情况发生在日线或周线上时，往往代表主力维持股价在高位区震荡，却悄然在暗中卖出股票，所以此时的股价上涨难以持久。一旦成交量转为阴量，双线开始向下同步运行，预示股价将快速下跌，应卖出股票，持币观望。

判断双线上行、阳量缩减的背离状态时，如果是出现在低位区，属于震荡继续的表现，尤其是出现在地量状态时，没有任何参考意义。如果是出现在高位区，虽然表明主力资金此时控盘能力较强，无须大量即可推动股价上涨，但一旦结束短期的快速拉升，应果断卖出。

★ 案例解读

图 5–13 是大港股份（002077）日线图，在低位震荡期间，进入 A 区域后，双线上行，阳量持续缩减，形成了柱线顶背离。因此时处于弱势震荡行情，所以不能作为卖出股票的参考依据，只能作为出现震荡高点的征兆。

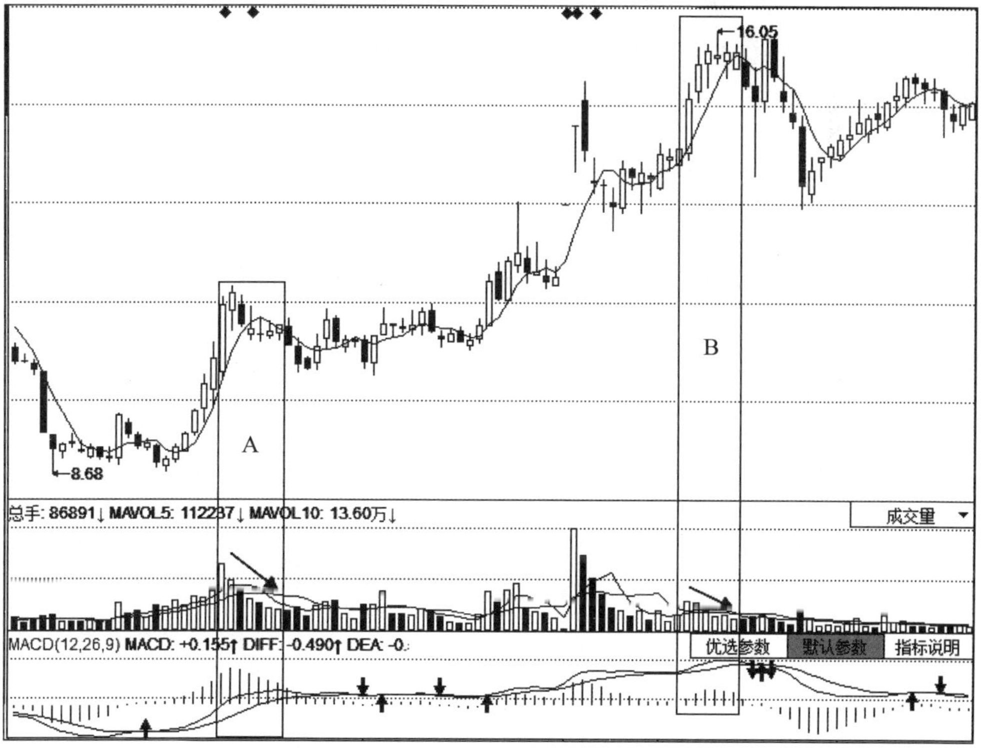

图 5–13　大港股份日线图

震荡上行后，趋势转为上涨趋势。进入 B 区域后，股价在涨幅接近 100% 的情况下，再次出现双线上行、成交阳量持续缩减的情况。因此时累积涨幅较大，且双线已运行到 MACD 指标显示区域的顶部，为趋势反转向下的征兆，应果断卖出观望。

★ 实战要点

1. 双线上行、阳量缩减如果出现在低位震荡期间，尽管此时短线股价呈上涨趋势，但依然是震荡高点到来的征兆，不能作为趋势反转向下的参考依据，如图 5-13 中 A 区域所示。

2. 如果在累积涨幅较大的情况下出现双线上行、阳量缩减的背离，双线已经向上运行到了 MACD 指标显示区域的顶部时，双线上行、阳量缩减背离为趋势反转信号的可信度更高。即使后市出现短线调整，往往幅度也比较较大，所以此时应果断先行卖出股票，如图 5-13 中 B 区域所示。

5.5.2 双线下行，阴量缩减

双线下行，阴量缩减，指双线向下运行，成交量表现为绿色的阴量柱并逐渐缩短。这种情况表明盘中卖方力量正逐渐减弱，股价将逐步回升。

这种形态往往出现在低位震荡时期，其后反转的意味并不强烈，因为下跌途中的阴跌走势常常出现这种情况。尤其是下跌末端，由于此时市场较为脆弱，无须大量即可推动股价下跌。另外，一只股票的底部也不会轻易形成。这种情况出现在上涨趋势中的调整行情中反而是调整即将结束的表现。

因此，下跌过程中出现双线下行、阴量缩减的背离走势时应控制好仓位，以抢反弹的心理参与。一旦在上涨途中的调整行情中出现这种形态，应果断买入。

★ 案例解读

图 5-14 是孚日股份（002083）日线图，A 阶段形成下跌趋势。进入 B 区域后，双线持续下行，成交量呈阴量缩减，表明短线趋势即将反转，应在

成交量转为阳量后以抢反弹的心理参与，如图 5–14 中 C 区域所示。

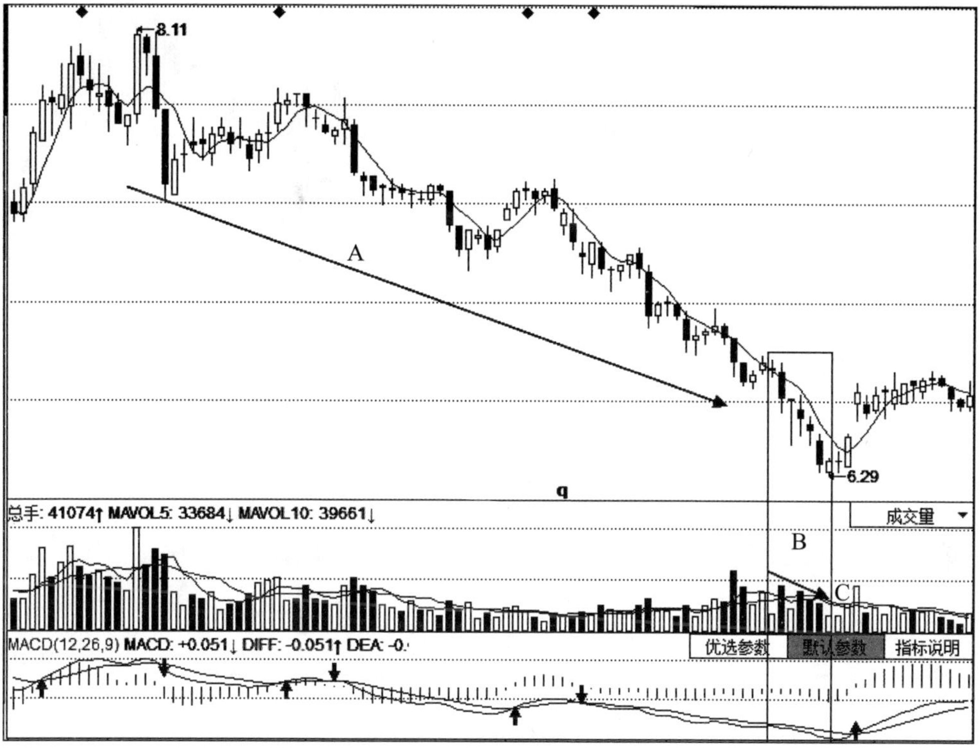

图 5–14　孚日股份日线图

★ 实战要点

1. 双线下行、阴量缩减的背离形态如果出现在下跌趋势中，参考意义并不大。只有出现在快速下跌或大幅下跌后，才是短期趋势反转的征兆，如图 5–14 所示，但此时仍应以抢反弹的心态参与。

2. 双线下行、阴量缩减的背离形态如果出现在上涨趋势明朗后，在涨幅不大的情况下，在短线调整行情中出现往往是止跌的征兆，应果断在成交量转为阳量时买入，如图 5–15 所示。

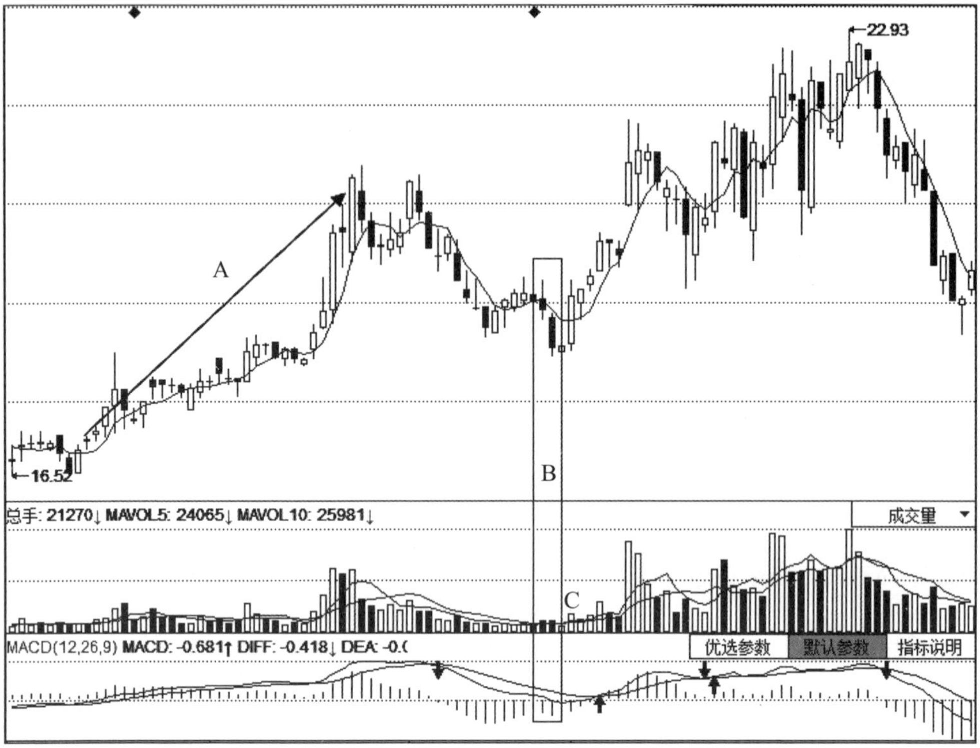

图 5-15　康强电子日线图

5.6　特殊背离形态与技巧

5.6.1　背离式上涨

背离式上涨是一种经常出现的上涨形态，即当股价呈现上涨趋势后，经常会出现股价持续震荡上行，不断刷新高点，形成锯齿式上涨的形态，双线却震荡向下运行。

一旦出现这种情况，往往表明股价进入了“长牛”的上涨趋势，此时不可轻易因出现顶背离而进行卖出操作。出现背离式上涨时，应观察其是否出现在上涨趋势成立后。若出现在股价大幅上涨阶段，应以简单的背离形态对待，否则就应视为背离式上涨形态，即慢牛行情。

出现背离式上涨后，对结束点（卖点）的判断是需要注意的问题。通常来说，形成背离式上涨后，一旦股价涨幅较大，股价与双线同步下行，即可卖出。但这种判断方法不够科学，凭借的是个人经验，主观意味较浓。

准确的判断方法是，观察更高级别的 K 线图是否出现了顶部迹象。因为背离式上涨的上涨方式是波浪式的，所以给本级别 K 线图的趋势判断增加了难度。在更高级别的 K 线图上，反而能更清楚地观察趋势是否到达了顶部，据此再选择卖出时机。

★ 案例解读

图 5-16 是拓邦股份（002139）日线图，在明显的上涨趋势中，进入 A 区域后，出现股价持续震荡上行，双线却持续走低的背离式上涨。从日线图

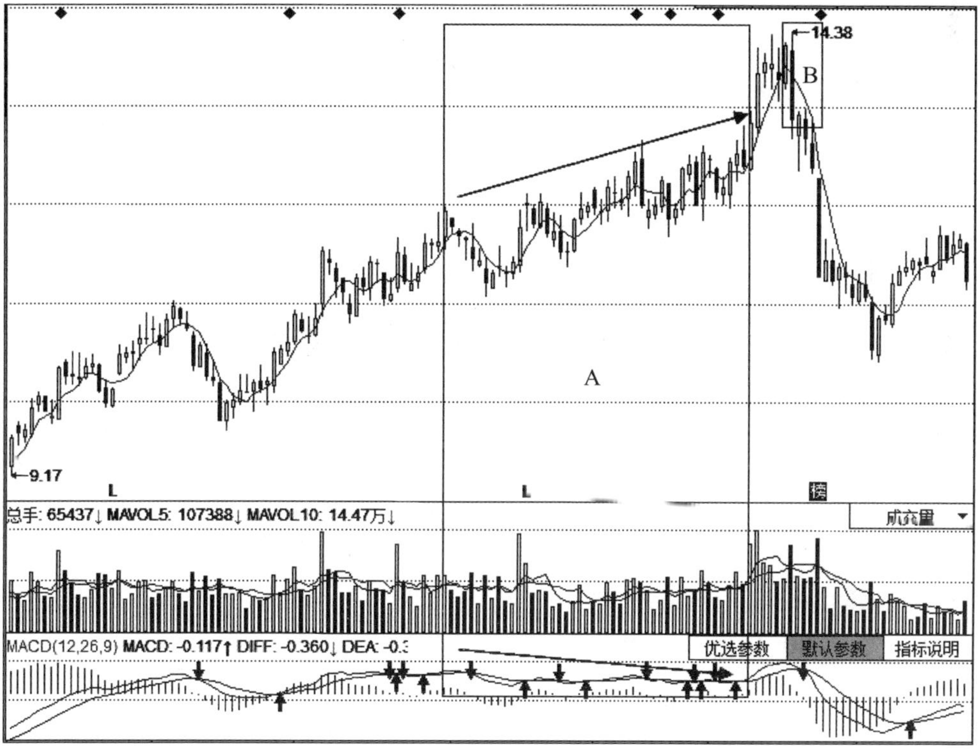

图 5-16　拓邦股份日线图

观察，这种股价上涨是以锯齿式震荡上涨展开的，背离结束点为其后的 B 区域，即股价与双线同步下行时。但这属于马后炮式的分析，因为在实战的当下行情中很难判断出何时会同步下行以结束背离，因此应观察更高一级的 K 线图。

图 5-17 是拓邦股份周线图，A 区域出现 DIFF 线高位钝化后形成的死叉，双线呈向下发散的形态，是一种高位转势的形态，因此应果断卖出。

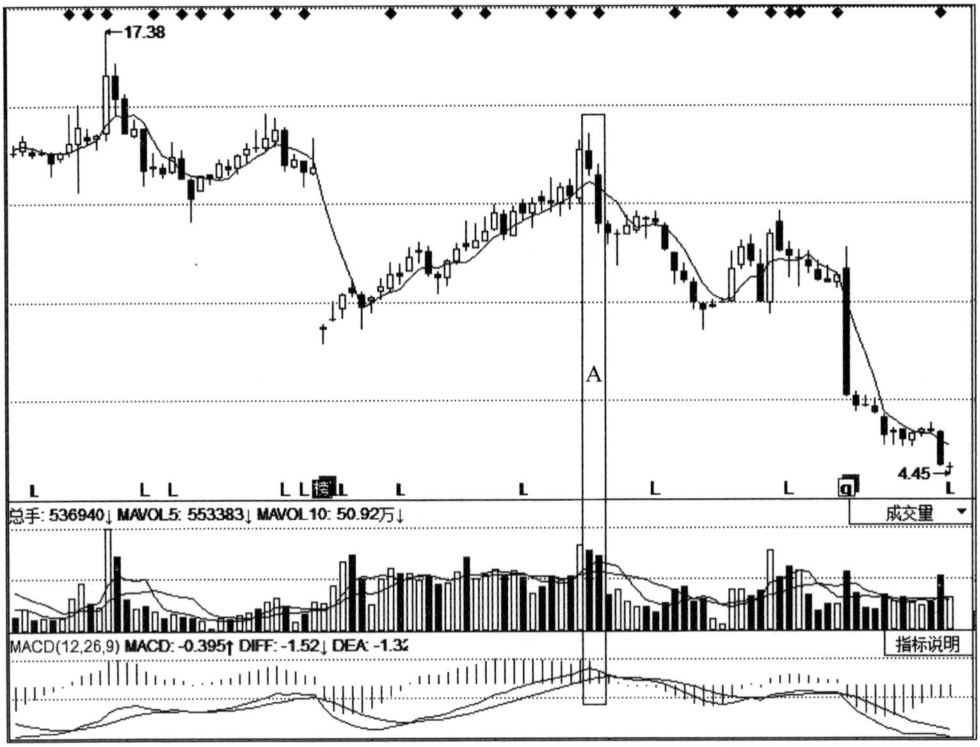

图 5-17　拓邦股份周线图

★ 实战要点

1. 背离式上涨是一种常见的上涨方式，出现这种方式的上涨时，股价往往表现为台阶式的震荡上涨，DIFF 线持续上升，掀起一浪浪的反弹波，如图 5-16 所示。

2. 判断背离式上涨的结束点，应观察更高级别的 K 线图是否出现了顶部形态，据此可确定趋势能否反转。若背离式上涨出现在日线图上，则应观察周线图。一旦发现周线图上出现了顶部形态，应果断卖出，如图 5–17 所示。

5.6.2 背离式下跌

背离式下跌与背离式上涨相对，也是经常出现的一种股价下跌方式，即股价持续震荡下跌，双线却缓慢持续地震荡走高。出现这种背离形态时，尤其是在下跌趋势确立后出现时，表明股价已经形成震荡下跌趋势，不可轻易买入。

即使是这种背离式下跌末端出现回升迹象，也不可轻易买入，而应从更高级别的 K 线图观察趋势的变化。只有当更高级别的 K 线图上出现 MACD 底部买入形态时，才可介入，否则应持币观望。

★ 案例解读

图 5–18 是荣盛发展（002146）日线图，A 阶段形成下跌趋势。进入 B 区域后，股价震荡走低，双线却不断走高，形成背离式下跌。因为此时股价整体下跌的幅度并不大，并且在下跌途中未出现盘整，所以此时应进一步观察后再决定是否操作。

不妨观察一下周线图，周线上此期间双线向下跌破 0 轴，进入了空头弱势，其后仍将处于弱势整理阶段，所以应回避观望，如图 5–19 中 A 区域所示。

★ 实战要点

1. 背离式下跌经常出现在下跌趋势中，其后即使出现短线上涨，也往往是一种中继的反弹整理，因此是股价未跌到底的表现，如图 5–18 所示。只有经过长期下跌后出现背离，才有可能是见底的征兆。

2. 出现背离式下跌时，应观察高一级别的 K 线图。若高一级 K 线图上仍然表现为弱势，应放弃操作，持币观望，如图 5–19 所示。

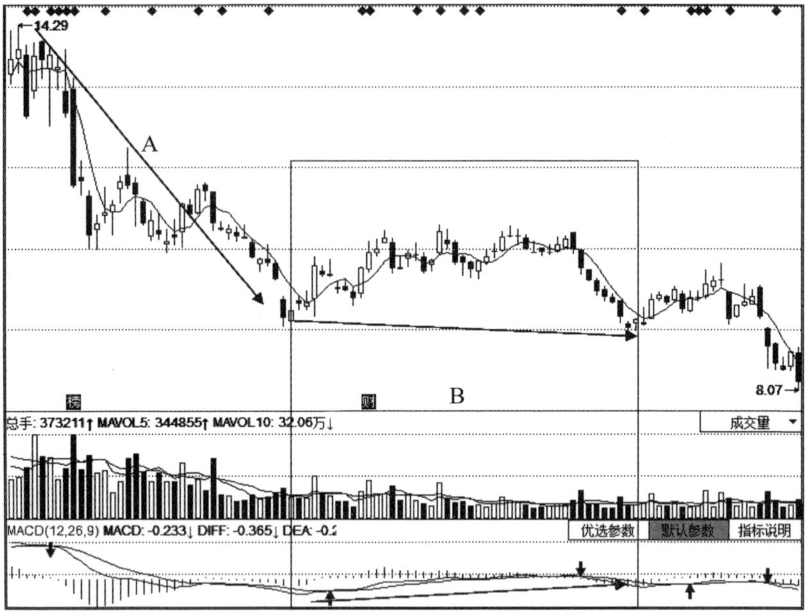

图 5-18 荣盛发展日线图

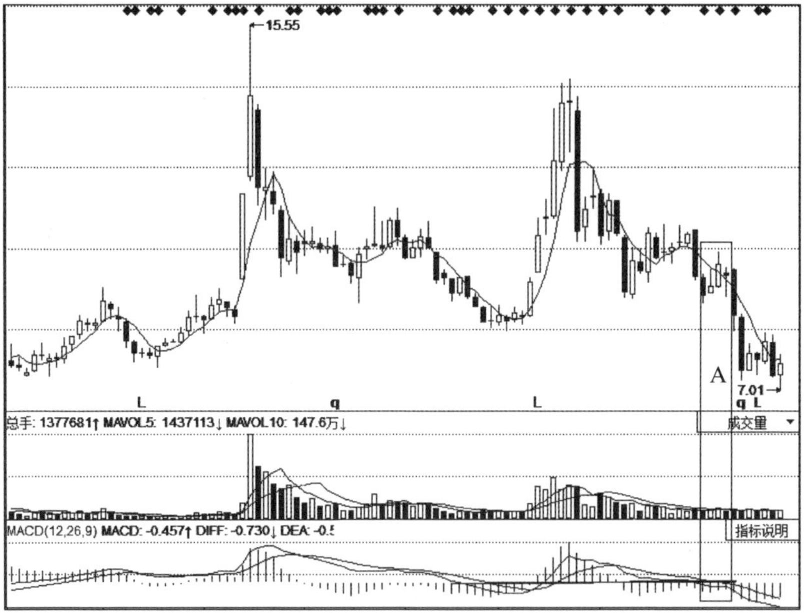

图 5-19 荣盛发展周线图

第6章 MACD波段实战技巧

MACD指标最大的优点是显示趋向性，即趋势的演变，所以更适合做波段操作。然而，波段也有大波段和小波段之分，不同的波段有不同的操盘策略和方法技巧，明白这些才能做好大波段或小波段操作，甚至是大波段中的小波段操作。

6.1　多空趋势的界定

6.1.1　大盘趋势的判断

利用 MACD 指标进行波段操作时，首先应判断大盘趋势，因为盘中个股的趋势大部分时间都是与大盘同步运行的，所以大盘趋势是个股趋势的风向标。当大盘处于多头趋势或震荡上行趋势时，可选择盘中那些与大盘趋势相同的股票操作；当大盘处于空头趋势时，应保持观望，多看少动。

判断大盘多空趋势，可以依据双线在 0 轴之上还是之下运行来确定，但大盘指数不应选择深成指或中小板指数、创业板指数，而应以上证指数为准。

★ 案例解读

图 6–1 是上证指数日线图，进入 A 区域后，双线向上突破 0 轴并呈向上运行的态势，此时为多头趋势。盘中可以选择操作那些与大盘同步进入多头趋势的个股，回避与大盘逆势运行的股票。

★ 实战要点

1. 判断大盘趋势是为了操作股票时确定大方向，因为盘中绝大多数股票趋势都与大盘趋势保持一致。

2. 当大盘出现买点或卖点时，并不意味着个股也出现了买卖点，即使是与大盘同步运行的股票，也应根据个股的形态判断趋势买卖点。

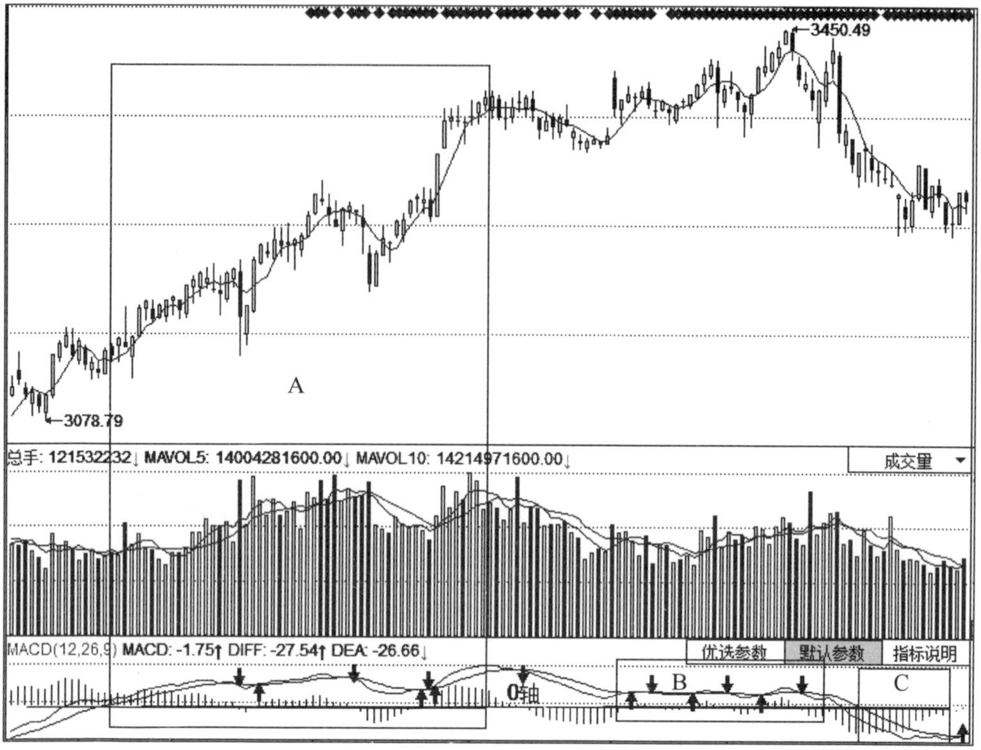

图 6-1　上证指数日线图

6.1.2　个股趋势的判断

个股趋势判断是操作中的根本，因为只有在操作时先判断出一只股票的趋势，才能根据趋势选择相应的操作。比如，当一只股票处于多头趋势时，每次短线调整结束都是买入的最佳时机；当一只股票处于空头趋势时，每次反弹结束都是卖出股票的最佳时机。

个股趋势判断关系到操作方向问题，要想做到顺势操作，就必须看清个股的趋势。同样，如果选择逆向操作，也应在明确趋势后根据不同的策略进行操作。比如，空头趋势中，任何止跌回升都应视为反弹，下跌趋势中指标见底出现背离时，方可根据背离情况逆向操作。

★ 案例解读

图 6-2 是双林股份（300100）日线图，进入 A 区域后，双线相继由下向上突破 0 轴，之后持续上行，表明个股已经形成多头趋势，在此期间应每逢调整结束就积极做多。进入 B 区域后，双线相继由上向下跌破 0 轴，表明趋势已形成空头趋势，在此期间，即使止跌回升，也应视为反弹对待，操作中可快进快出。

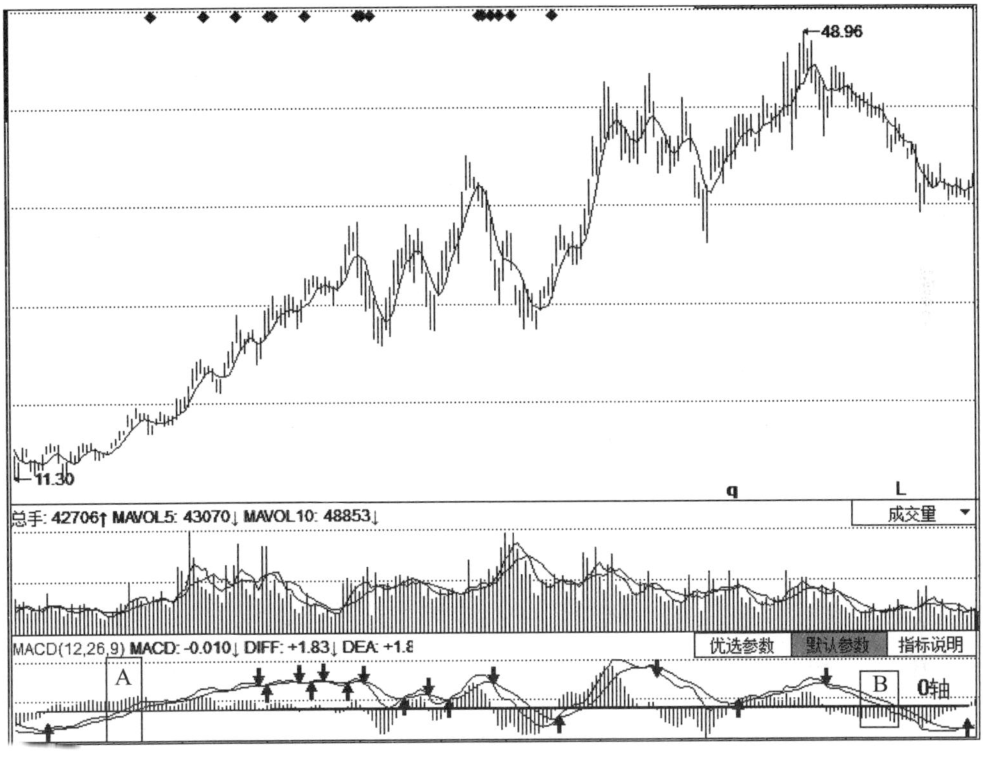

图 6-2 双林股份日线图

★ 实战要点

1. 判断个股趋势，关键是观察双线与 0 轴的位置关系，但短期对 0 轴的回抽应视为一种回拉。上涨时向下回拉 0 轴往往是调整结束的征兆，下跌趋势中的回拉是反弹即将结束的征兆。

2. 双线向上突破 0 轴后持续上行时为多头趋势，如图 6-2 中 A 区域后的情况所示；双线向下跌破 0 轴后持续下行时为空头趋势，如图 6-2 中 B 区域后的情况所示。

6.2 波段操作策略

6.2.1 选定波段操作的周期

利用 MACD 指标进行波段操作时，首先要确定周期，然后才能进行具体的波段操作。比如，选择以中线操作为主时，应以日线图或周线图上的 MACD 指标运行情况操作，即在低位买入形态时买入，在高位卖出形态时卖出。以短线操作为主时，应观察 30 分钟图或 60 分钟图上的 MACD 指标趋势进行操作，即在低位买入形态时买入，在高位卖出形态时卖出。

决定波段大小是操作前的首要问题，必须事先明确。

★ 案例解读

图 6-3 是长盈精密（300115）日线图，E 阶段对应的双线相继向上突破 0 轴，并在 0 轴之上运行，确立了多头趋势。其后双线回拉到 0 轴调整时，出现了 A、B、C、D 四个止跌点，形成了上涨趋势确立后短线调整结束时的买点，应果断买入。

经历其后的上涨后，进入 F 区域后，双线高位死叉后向下发散，之后双线双双跌破 0 轴，说明已转为空头趋势，应果断卖出。如此，即完成了一轮日线级别的操作。

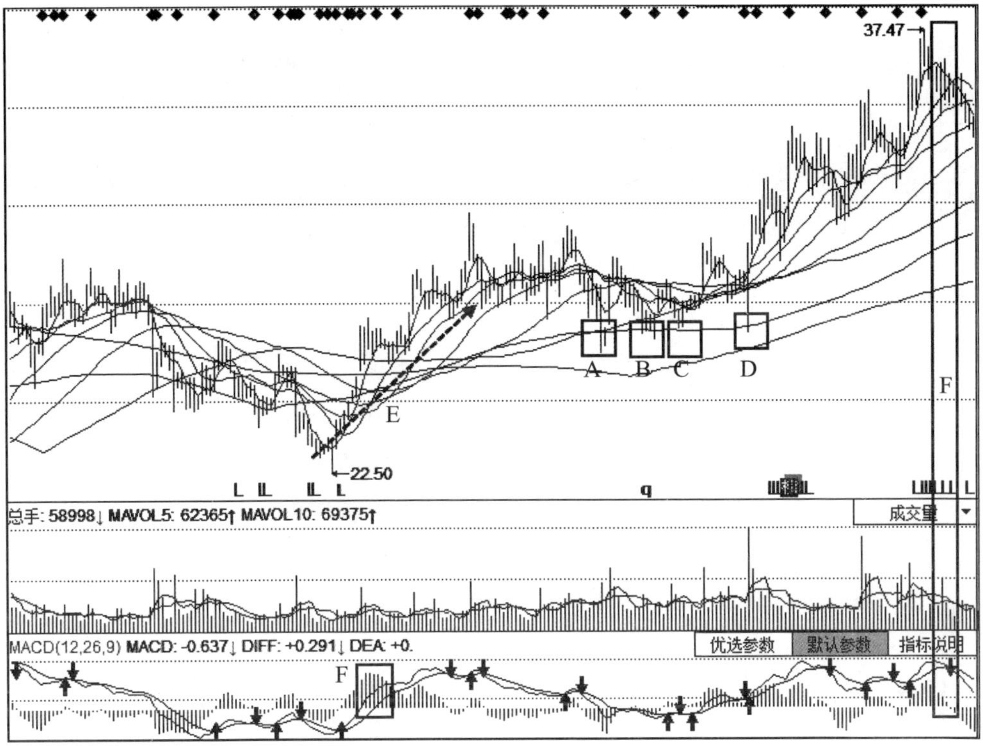

图 6-3　长盈精密日线图

★ 实战要点

1. 利用 MACD 指标波段操作，必须首先确定波段的大小，才能根据这一级别的 K 线图进行买入或卖出操作，如图 6-3 所示。

2. 通常而言，如果是中线操作，应选择观察日线图或周线图，短线以 30 分钟图或 60 分钟为准，长线投资者可根据月线图或年线图来操作。

6.2.2　根据操作级别进行波段操作

进行 MACD 波段操作时，操作的波段大小因人而异。没有过多时间盯盘，或是技术不够熟练，或是对短线走势不敏感的投资者，最好选择中长线投资。如果技术较好，又有充裕的时间看盘，可选择短线波段操作。

一旦定下波段长短，就要按照这一级别的 K 线图进行具体操作。需要注意的是，定下波段长短的策略后，今后的操作就只能根据这一级别的 K 线图来指导操作了，只有遇到这一级别的 K 线图上 MACD 指标趋势不明朗时，方可根据上一级别的 K 线图提示辅助判断，不能从更低一级甚至多级的 K 线图来判断买卖点，因为这样会打乱操作的节奏。

★ 案例解读

图 6-4 是阳谷华泰（300121）日线图，如果定为中线投资，则可根据日线图或周线图来操作。以日线图操作时，经历 A 阶段的下跌后，形成了 B 区域的盘整，其后又经历了 C 阶段的下跌。进入 D 区域后，出现了股价震荡下跌、双线上行的底背离，此时可在 D 区域后股价与双线同步向上运行时选择逆向操作方法买入股票。

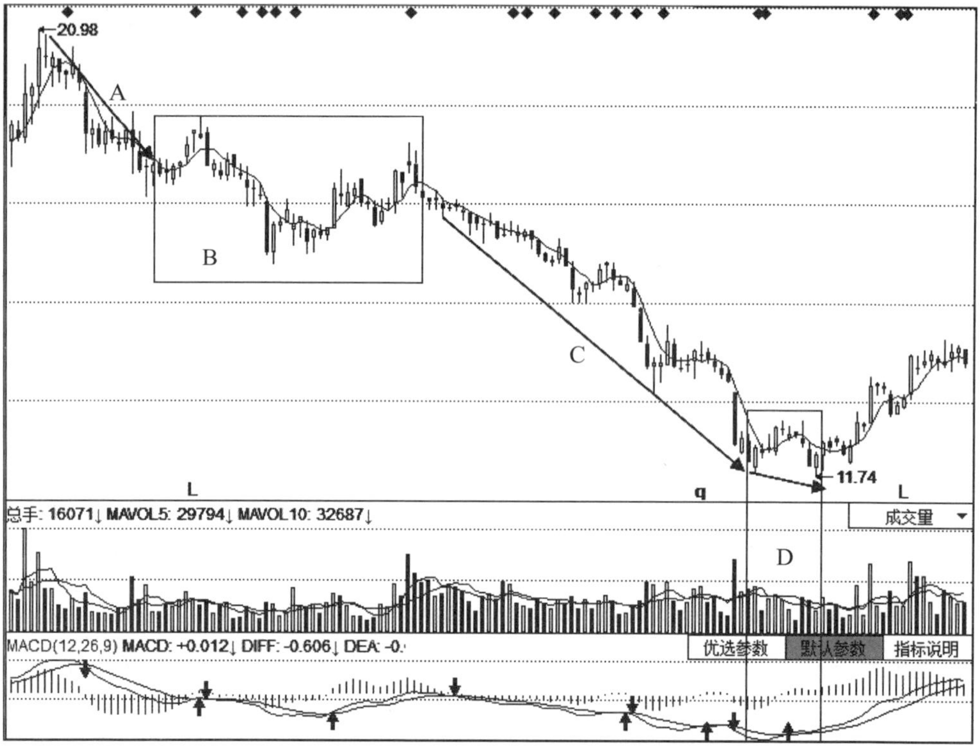

图 6-4　阳谷华泰日线图（一）

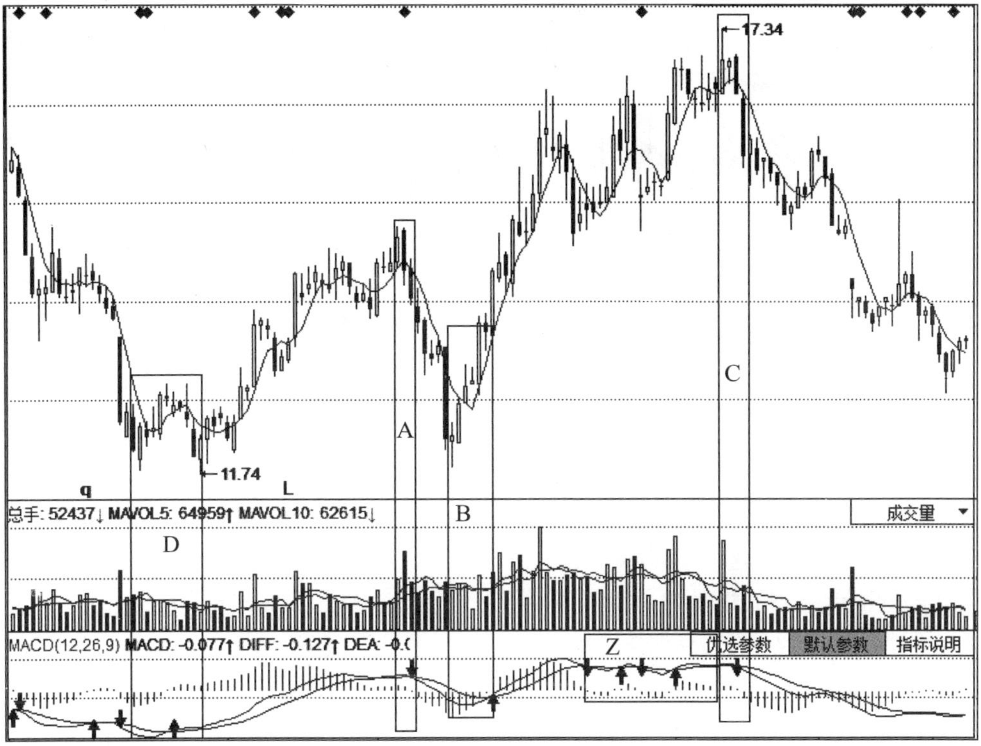

图 6-5　阳谷华泰日线图（二）

图 6-6 为阳谷华泰周线图。在该股的周线图上，图 6-5 日线图中 Z 区域出现震荡整理形态时，周线图上同一时期即 Z 区域中，短线出现了 DIFF 线高位钝化，但双线依然上行，趋势较强，所以应继续持有。

再回到日线图上，如图 6-5 所示，经历了 C 区域的震荡整理后，股价再次上涨，并在 C 区域出现日线级别的 DIFF 线高位钝化，死叉后双线向下发散，属于卖出形态，表明日线级别的一轮由涨至跌的波段已经运行完毕，应果断卖出股票，这样即可完成一轮日线级别的操作。

★ 实战要点

1. 确定好操作周期后，即应按照这一周期的 K 线图级别进行具体的操作。如图 6-4 中 D 区域买入股票，以及图 6-5 中 C 区域卖出股票，都是根据这一级别的买入形态与卖出形态来操作的。

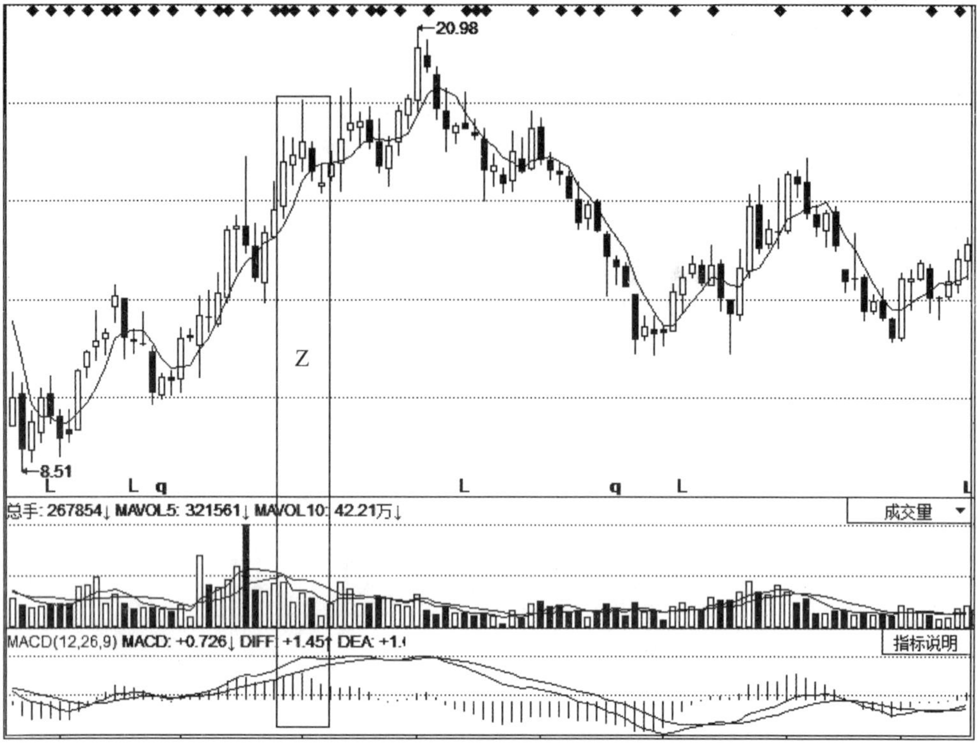

图 6-6　阳谷华泰周线图

2. 如果在具体操作中遇到了方向不明的震荡，应观察高一级别的 K 线图来确定趋势，如图 6-5 中 Z 区域和图 6-6 中 Z 区域所示。然后根据更高级别 K 线图上的提示，再回到原来的 K 线级别上判断具体的卖点。不能降低 K 线图级别判断，如图 6-5 中 Z 区域出现不明走势后，观察 60 分钟图或 30 分钟图中的走势。

6.3　小波段实战策略与技巧

6.3.1　30 分钟图短线波段操作策略与技巧

30 分钟图是小波段操作的主要 K 线图，因短线操作的时间周期较短，多则数个交易日，少则仅有一两个交易日，所以最理想的短线操盘参考周期图是 30 分钟图。

应注意的是，30 分钟图上，一个交易日即可形成 8 根 K 线，这就决定了在依据 30 分钟图操作时，一定要养成果断的操作习惯，出现买入形态时要敢于买入，出现卖出形态时要敢于卖出，不能拖泥带水，这样才能确保收益。即使操作失误，比如过早买入，结果后市下跌，也要敢于承认操作失败，及时卖出股票，重新选择其他机会。短线操作不要坐、等、看，让原本的短线操作变成被动的中长线持股。

★ 案例解读

图 6–7 是智飞生物（300122）30 分钟图，经历了 A 阶段的下跌后，又经过了 B 区域的盘整，再次下跌时，C 区域虽然未形成背离，但在 C 区域对

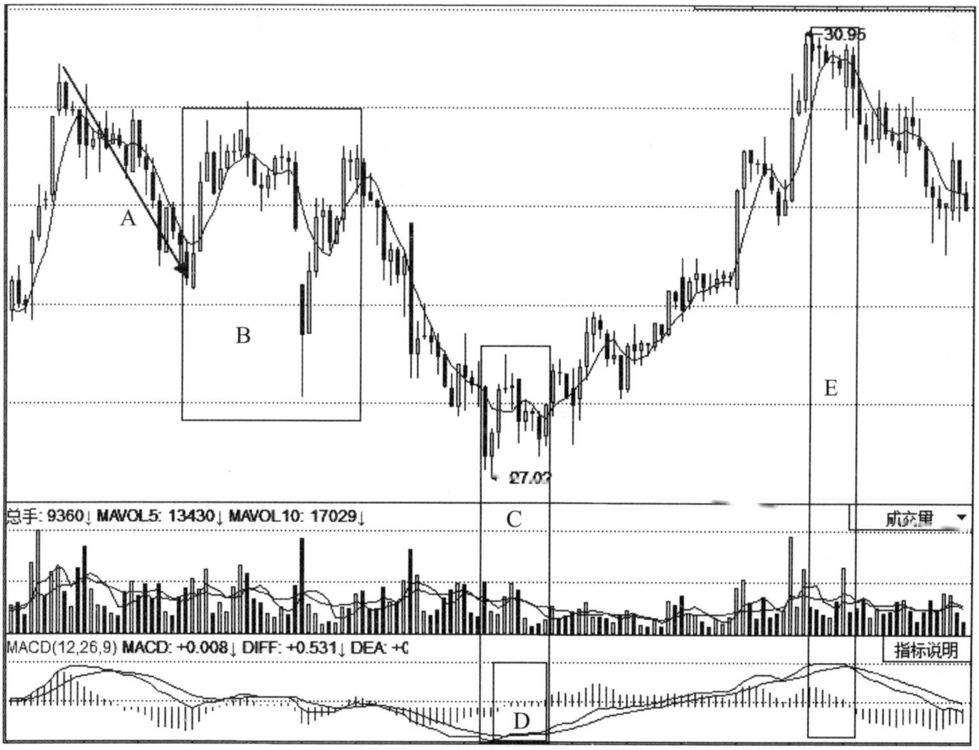

图 6–7　智飞生物 30 分钟图

应的即 D 区域，出现了低位金叉后的死叉不死，红柱持续快速变长，表明趋势已经转强，应果断买入。

其后当股价上涨进入 E 区域后，MACD 指标出现双线持续上行、DIFF 线高位钝化、红柱持续缩短的情况，表明盘中买盘力量不断减弱。其后出现高位死叉，红柱快速转为绿柱，股价也未再创出新高，表明趋势已经反转，应果断卖出。

从持股时间看，买入时为 2017 年 11 月 24 日下午，卖出时为 12 月 4 日上午，除去周六日，中间只持股 6 天。

★ 实战要点

1. 在以 30 分钟图为主的小波段操作中，一定要看清 MACD 指标的底部买入形态与顶部卖出形态，快速买入或卖出，如图 6–7 中 C 区域和 E 区域所示。

2. 在小波段操作中，如果是以 30 分钟图来操作，就应严格根据 30 分钟图的指标提示操作，不能以日线图或 60 分钟图上的趋势变化指导操作，以免日线图上涨趋势未变而导致短线波段延缓卖出，从而错失卖出良机。

3. 根据 30 分钟图操作，买入时要坚持迟一分钟的原则，即确认趋势明显向上时再买入，这样做更安全；卖出时要坚持早一分钟的原则，这样虽然有可能损失一定的利润，但能够确保短线波段的收益。

6.3.2 整理结束的买点判断

整理是 DEA 线钝化时的走势表现。前面介绍过，这种形态是双线距离较近、几近黏合状态下的水平小幅震荡形态。在短线小波段操作中，这种盘整状态经常出现，尤其在上涨结束后的回跌里，或是上涨趋势中，甚至是大幅下跌后。

并不是所有盘整状态出现时，其后趋势都会演变为向上运行，所以在判断整理结束后的买点时，应选择整理结束后向上演变的情况。

整理结束后向上演变时，有两种情况：一种是双线在底部震荡整理，此时应结合底背离技术及买入形态来判断；第二种是双线在 0 轴附近震荡，此时应根据买入形态判断买点。

★ 案例解读

图 6–8 是易世达（300125）30 分钟图，在下跌趋势中，进入 A 区域后，出现了股价持续下跌、双线小幅上行的底背离。但因此时双线距离较近，属于弱势盘整，所以在判断是否出现趋势反转时，应再往前观察。

如图 6–9 所示，在 A 区域前，C 阶段已经确立下跌趋势，之后进入 B 区域的盘整，因此可确认 A 区域的底背离有效。

据此分析，应在图 6–8 中 A 区域末端与其后的 B 区域，即底背离结束时买入股票。如果错过了抄底买入机会，进入 C 区域，出现了双线距离较近、几近黏合状态的水平小幅震荡，步入了盘整状态时，就应观察整理状态下 MACD 双线和 MACD 柱的变化，从中寻找买入机会。

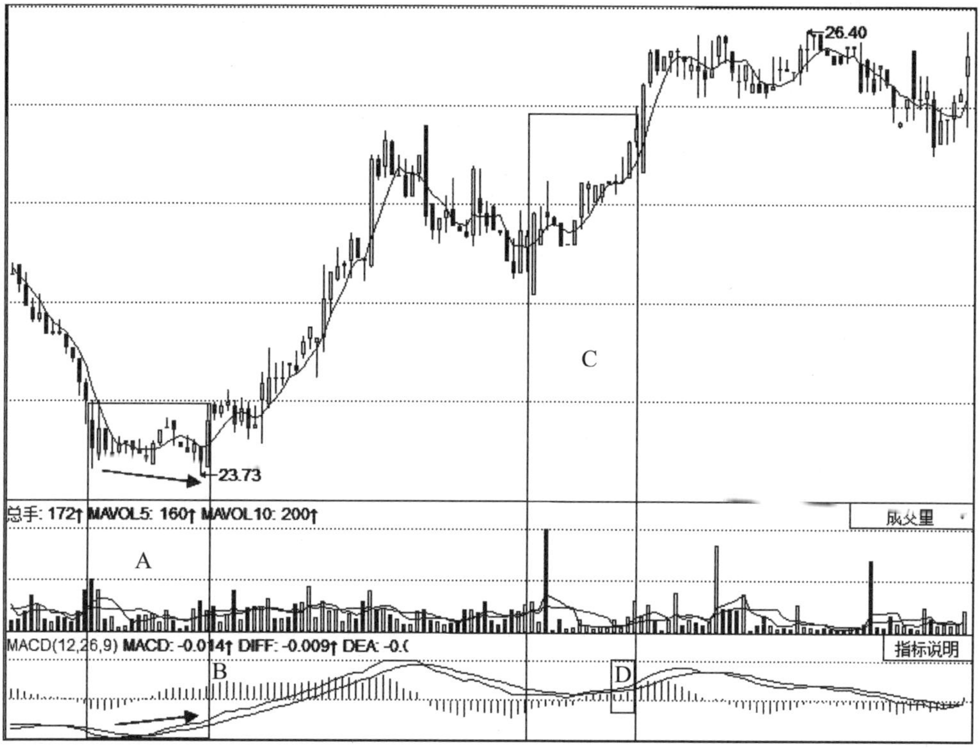

图 6–8　易世达 30 分钟图（一）

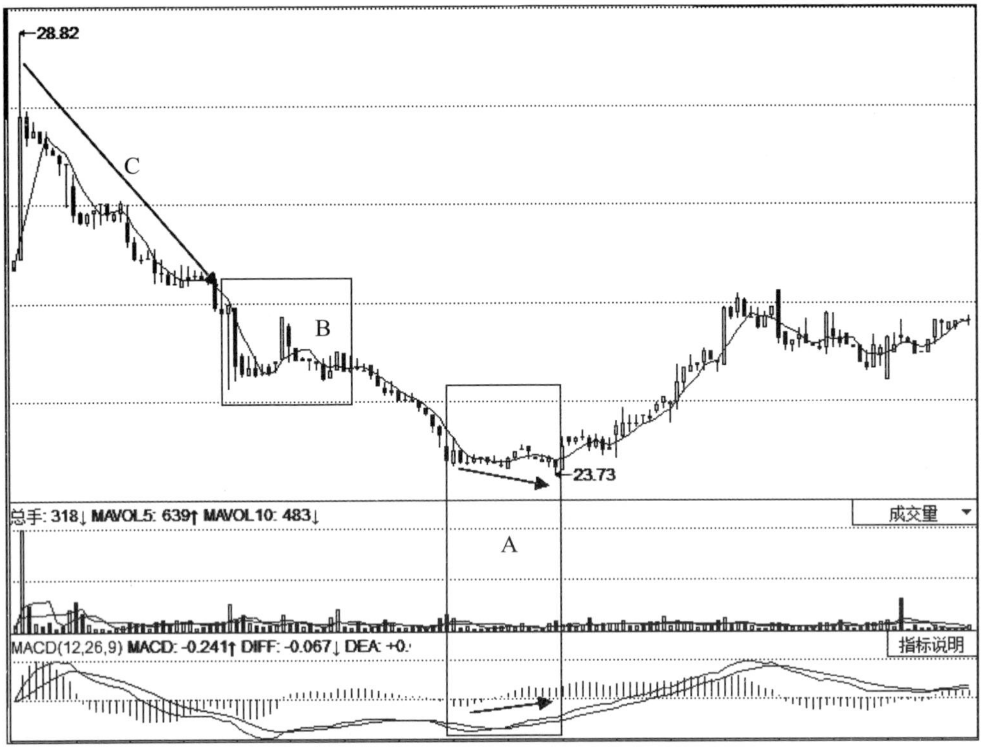

图 6-9　易世达 30 分钟图（二）

当运行到图 6-8 中 C 区域末端（即 D 区域）时，出现双线向上发散、红柱持续变长的买入形态，说明盘整趋势已经结束，股价选择了向上变盘，此时应果断买入。

★ 实战要点

1. 当盘整趋势出现在 MACD 指标显示区域的低位时，往往是弱势整理状态，此时不可轻易买入。只有在弱势整理期间发生了底背离，后市反转向上的可信度才大，如图 6-8 中 A 区域所示。

2. 股价进行整理时，通常在 0 轴附近出现双线距离较近的水平小幅震荡，此时应观察盘整结束时 MACD 指标是否发出买入信号，如图 6-8 中 C 区域和 D 区域所示。

3. 如果双线黏合状态水平小幅震荡持续的时间较长，即使是在 30 分钟图上出现，也应在趋势向上演变时及时买入，因为这种情况下后市短期涨幅一般来说都比较可观。

6.3.3 结束上涨的卖点判断

结束上涨，即上涨趋势中止，这时候就要判断卖点。虽然操作的波段是小波段，但在判断卖点时仍应按照 MACD 指标的各种卖出形态捕捉小趋势反转向下的信号，具体包括高位死叉 + 双线向下发散、高位死叉后 DIFF 线大角度向下、顶背离等形态。

值得注意的是顶背离，一定要按照顶背离的要求，选择上涨趋势中经过上涨调整后出现的背驰结束点来判断卖点。为了防止波峰顶背离出现后上涨趋势还未结束而提前卖出的情况，即出现背离式上涨的情况，此时可参考更高一级的趋势来断定。

另外，在判断卖点时，由于是短线操作，只要是在获利的情况下，哪怕是卖点判断失误了，也就是卖得早了一步，卖出后也不要后悔，一般情况下也不要再追高买回来。如果发现趋势重新出现强势上涨，可以再买回来，但也要快进快出。

★ 案例解读

图 6–10 是全聚德（002186）30 分钟图，在上涨趋势中，进入 A 区域后，股价反复震荡走高并不断创出高点，双线持续震荡走低，DIFF 线反弹高点却在逐渐降低，形成了波峰顶背离，即背离式上涨。

股价创出每股 21.17 元的高点后，再次下跌并止跌回升时，在区域内并未创出高点，即止涨回跌，表明背离式上涨已经结束，股价将转为下跌，因此应在 B 区域股价未刷新前高即止涨回跌时卖出股票。

★ 实战要点

1. 在短线波段操作中，上涨结束时应遵循早一分钟卖出的原则。如图 6–11

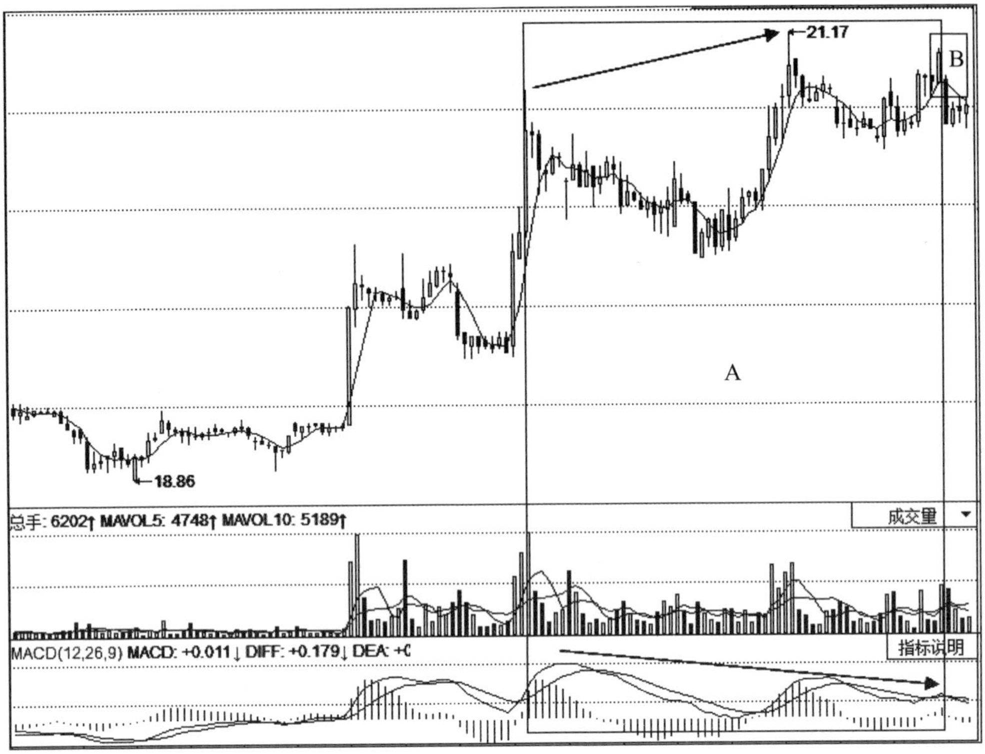

图 6-10 全聚德 30 分钟图

所示，应在 B 区域出现柱线背离、DIFF 线大角度向下时即卖出，不要等到形成死叉时再卖出。短线波段操作中，形态一旦确定，往往股价已经出现较大跌幅。

2. 在短线波段操作中，如果发生了顶背离，尤其是出现背离式上涨时，应选择在背离上涨期间再次下跌返弱的过程中，股价未刷新前高即转下跌时卖出，不可过早卖出，其他方式不能有效确定背离式上涨已经结束，如图 6-10 所示。

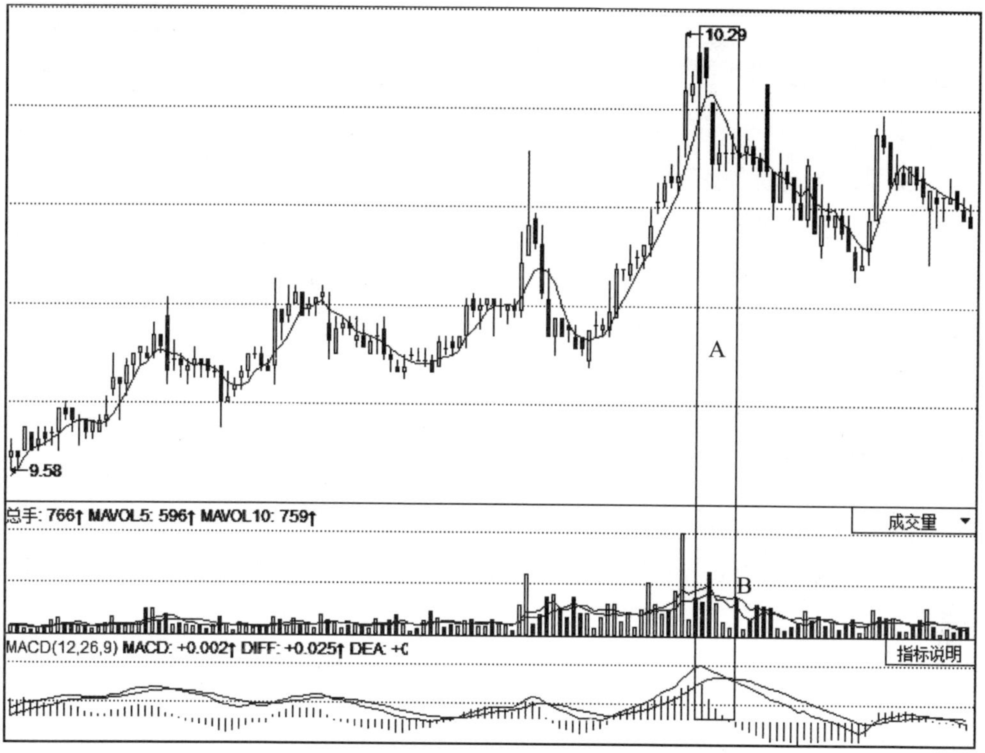

图 6-11　广百股份 30 分钟图

6.4　大波段实战策略与技巧

6.4.1　周线图为主的波段操作策略与技巧

以周线图为主的波段操作是一种中线操盘手法。很多投资者，甚至有多年投资经验、对技术掌握较为熟练的老股民，之所以经常遭受亏损，都是由于操作的波段过于短小。

股票操作是“一寸长一寸强，一寸短一寸险”。MACD 指标短期内经常出现反应迟钝的现象，即指标表现落后于趋势，这就导致短线操作者极易失误。根据买入形态买入、卖出形态卖出时，总是感觉落后了半拍，造成获利大幅缩减的结果，这是由 MACD 指标特有的属性决定的。

以周线图趋势进行大波段操作时，MACD 指标反映的结果更为真实，操作起来更为便利和简单。在周线图上，低位金叉后双线向上发散时买入，在高位死叉、双线向下发散时卖出，以这两种形态指导操作就能够应对自如，并且获利空间较大。唯一的缺点是持股的时间较长，投资者要忍受一定程度的价格回撤。

★ 案例解读

图 6–12 是劲嘉股份（002191）周线图，在下跌过程中，进入 A 区域后，双线距离较近，双线出现几近黏合状态下的水平小幅震荡，在此期间不应买

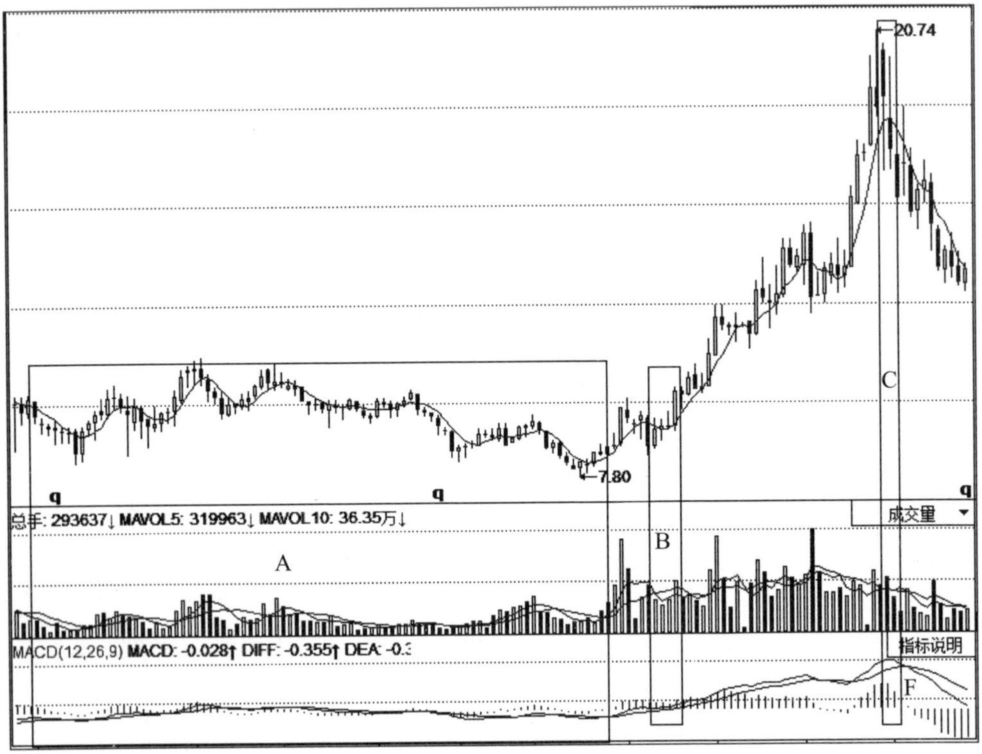

图 6–12　劲嘉股份周线图

入。其后的震荡走高过程中，DIFF 线突然向上翘起，但不是很明显。进入 B 区域后，红柱未再缩短，而是再次变长，DIFF 线向下但未与 DEA 线形成死叉即止跌，出现了死叉不死形态，此时成交量持续阳量放大，表明趋势已经反转向上，应买入股票。

其后的上涨中，进入 C 区域后，股价创出新高即震荡走低，红柱持续快速缩短。在 F 区域形成死叉，成交量转为持续阴量，表明趋势已经反转向下，此时应卖出股票。

这一买一卖间隔 8 个多月，获利却在 100% 以上，操作简便，获利较多。

★ 实战要点

1. 大波段操作时，应从周线图出发，根据买入或卖出形态来操作，如图 6–12 中 B 区域的买入形态和 C 区域的卖出形态所示。虽然大波段操作中持股时间较长，但获利丰厚，因此更适宜那些看盘时间少、技术不够熟练、稳健型的投资者使用。

2. 大波段操作过程中，买入与卖出应遵守慢半拍的原则。如果过早买入，很容易经受长期的震荡被套；卖得过早，又容易在涨势未止时撤出。慢半拍操作是待趋势明朗后再操作的安全策略。

6.4.2　低位钝化买入技巧

低位钝化是 DIFF 线钝化时的一种表现。在周线大波段操作过程中，DIFF 线低位钝后股价见底的概率远远大于日线，尤其是低位钝化的时间较长时，更是大波段买入的良机。

买入股票的时机，应在低位钝化结束后，DIFF 线向上与 DEA 线金叉时。如果成交量出现持续阳量放大、红柱持续变长时再买入，安全系数更高。根据周线低位钝化信号买入股票时，由于股票经常出现高送转，所以应将周线图调整到“向前复权”或“向后复权”后再观察，否则高送转时很容易出现错误的低位钝化现象。

★ 案例解读

图 6–13 是科大讯飞（002230）周线图，在下跌趋势中，进入 A 区域后，双线在低位震荡期间出现了 DIFF 线沿区域下沿平行的现象，形成了 DIFF 线低位钝化。从 K 线图中可发现钝化持续了 4 根 K 线，即低位钝化持续了 4 周，表明盘中长期处于极弱的状态。物极必反，因此应在其后 B 区域出现低位金叉、红柱出现并快速变长时买入。其后尽管股价进入了盘整阶段，但盘整结束后，涨幅超过 200%。

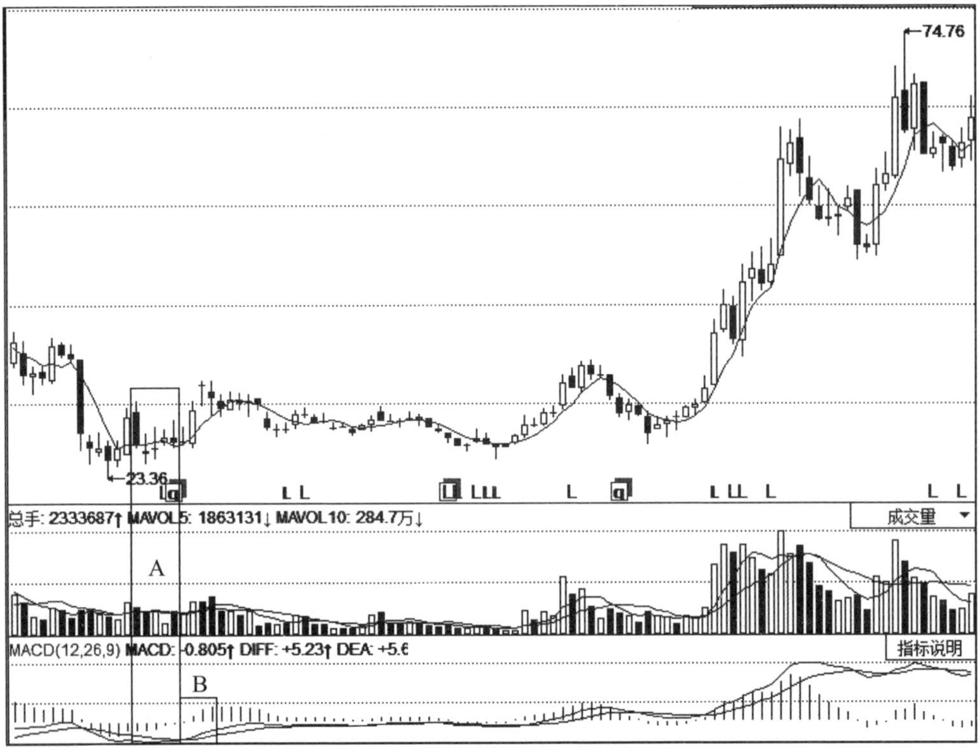

图 6–13　科大讯飞周线图

★ 实战要点

1. 依据周线图低位钝化形态买入股票时，一定要先将 K 线图调整到向前复权或向后复权状态后再观察。调整方法很简单，鼠标对准 K 线图空白处点击右键，然后点击对话框下方的“复权”按钮，即会出现“向前复权”与“向后复权”，只需要选择其中一个点击左键即可。

2. 依据周线图低位钝化操作时，要查看钝化的时间，只需查看低位钝化期间上方的 K 线数量即可。因为是周线图，所以一根 K 线代表一周的时间。应在低位钝化结束后出现低位金叉、红柱出现并持续变长时买入，如图 6–13 中 B 区域所示。

6.4.3　高位钝化卖出技巧

高位钝化是 DIFF 线沿区域上沿水平运行的状态。在大波段操作过程中，高位钝化一旦出现，往往是波段高点出现的征兆。即使后市仍然可能探低后再上涨，出现高位钝化仍意味着一轮周线级别的波段已经走到了尽头，因此应果断卖出股票。

需要注意的一点是，出现高位钝化时，如果双线距离较近，往往其后行情会出现短线反复，此时不应急于卖出，可等到双线死叉后向下发散时再卖出；若是双线相距有一定距离，往往 DIFF 线结束高位钝化时红柱快速缩短、DIFF 线大角度向下死叉，遇到这种情况应及时卖出。

★ 案例解读

图 6–14 是启明信息（002232）周线图，在上涨趋势中，双线运行到高位区后，进入 A 区域，出现 DIFF 线沿区域上沿平行的高位钝化，持续时间为两周。随后红柱大幅缩短，股价持续走低，双线有一定间距的情况下大角度向下，说明趋势已经转为下跌，应果断卖出。

图 6–15 是民和股份（002234）周线图，在上涨趋势中，当双线向上运行到顶部区域时，进入 A 区域后，在双线距离较近的情况下，出现 DIFF 线沿区域上沿平行的高位钝化。虽然此时红柱持续缩短并转为小绿柱，但股价仍在上涨，形成顶背离，因此，应在进入 B 区域双线死叉后向下发散、股价与双线同步向下运行时卖出。

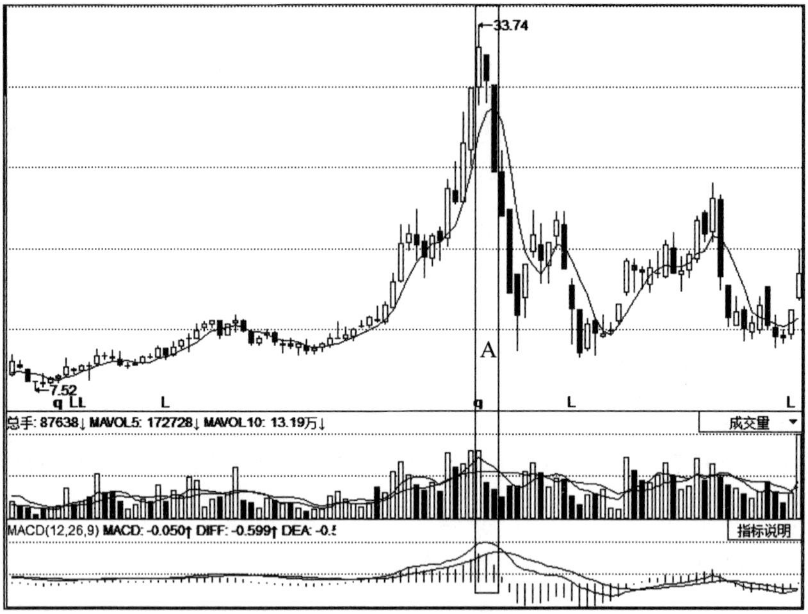

图 6-14 启明信息周线图

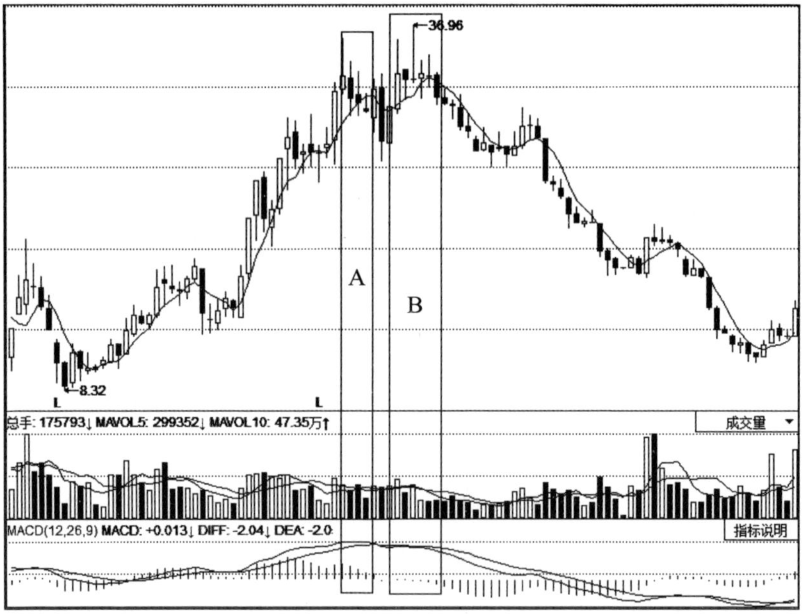

图 6-15 民和股份周线图

★ 实战要点

1．高位钝化是周线图上股价到顶的征兆，尤其是双线相距一定距离的情况下出现高位钝化。一旦钝化结束，往往是股价转势的标志，此时的表现为红柱快速缩短，投资者应及时获利了结，如图 6–14 所示。

2．出现高位钝化时，如果双线距离较近，往往意味着会出现短线反复，此时极易发生周线顶背离。应在背离结束，即股价与双线同步向下时卖出，如图 6–15 所示。

第三篇
MACD 高级实战技巧篇

第 7 章　MACD 抄底实战攻略

抄底是每位投资者梦寐以求的，抄底考验的是捕捉趋势反转时机的能力。在股价底部出现时，MACD 指标能够发出一些明显的信号，提示投资者底部到来。如果能认清 MACD 指标的各种底部反转形态，就能轻松地抄到大底。

7.1　底部形态判断技巧

7.1.1　底部形态特征

股价运行起起伏伏，看似没有规律可循，MACD 指标却一直以 0 轴为中心有规律地运行，在结束 0 轴之上的向上运行后转为 0 轴以下的弱势运行。根据这一运行规律，当双线运行到区域底部时，就会出现一些明显的特征，比如双线由向下运行到接近底部极限区的平行小幅震荡，尤其是 DEA 线的平行震荡，或 DIFF 线的小幅向上震荡，就是股价弱势震荡筑底的时候。

背离也是底部形成时的重要特征。由于抄底属于逆向操作，所以必须严格按照判断底背离时的方法，以下跌过程中首次出现盘整后再下跌时的形态来判断底背离，这样成功率会高一些。

另一个辅助判断就是成交量。无论是底背离形成末端，还是双线底部震荡期间，成交量往往表现为持续出现小阳量，这是资金逢低持续介入的特征。

其次，双线长期在 0 轴附近以几近黏合的状态水平小幅震荡，成交量呈地量水平，也是一种孕育牛股的底部特征。

只要出现这些特征，就意味着底部到来了。

★ 案例解读

图 7–1 是深圳惠程（002168）日线图，在下跌趋势中，经过一段盘整后，双线向下运行到了底部区域。尤其是进入 A 区域后，双线之间的距离越来越近，接近底部下沿时，由向下运行渐渐转为平行小幅震荡，又渐转为上行。此时成交量处于地量水平，且持续出现小阳量，表明低位获得了资金的关注，底部已经形成，应逢低买入。

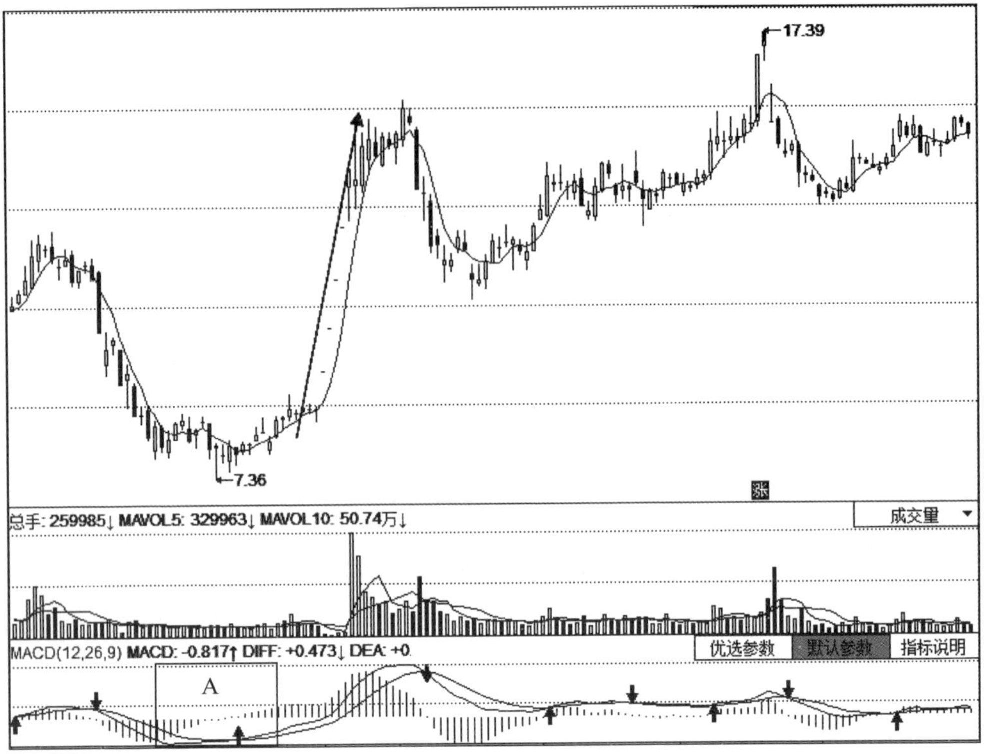

图 7-1 深圳惠程日线图

图 7-2 是延华智能（002178）日线图，在低位震荡中，进入 A 区域后，双线向上聚拢在一起，处于黏合状态，围绕 0 轴展开了水平状态的小幅震荡，形成盘整走势。2017 年 5 月至 8 月底，盘整持续长达 3 个月，表明这种盘整是一种反复筑底的行为，应逢低买入。其后，股价即展开了 C 阶段的上涨，时间由 2017 年 9 月一直延续到了 12 月底依然没有结束。与 B 阶段的震荡走势相比，正应了那句话：“横有多长，竖有多长。”

★ 实战要点

1. 底部不是一蹴而就的，下跌趋势形成后，经过低位震荡后再次下跌，出现双线底部震荡，此时判断底部或底背离，准确率更高。在双线黏合小幅

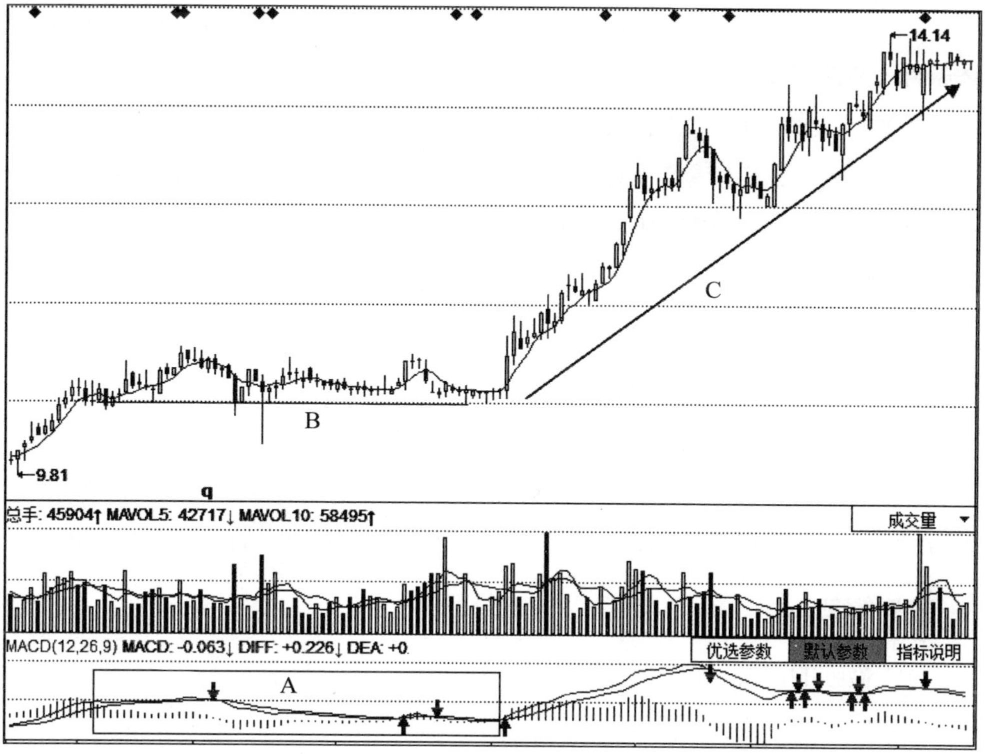

图 7-2　延华智能日线图

震荡的情况下，成交量往往表现为持续的小阳量，如图 7-1 所示。

2. 在低位盘整期间，即使双线首次出现底部震荡，也不应视为股价已到达底部，99% 的情况下，股价其后仍会反复反弹、下跌，尤其是出现双线拉高到 0 轴附近的黏合小幅震荡后，震荡的时间越长，其后的涨幅越可观，这样的底部也更扎实，如图 7-2 所示。

7.1.2　底部反转时的 MACD 指标征兆

底部反转是趋势的反转。判断底部反转的重要依据是底背离，即股价经过首次快速下跌后形成反弹盘整，其后再次下跌，如果形成了底背离，往往意味着底部反转即将到来。

底背离的形态判断虽然简单，但在实际应用中并不简单，首先要符合上述条件，其次还要考虑另一个问题，就是底背离后反弹结束的二次探底行为。

二次探底容易出现以下三种情况。

（1）底背离后短期涨幅较大，其后的探底幅度通常较大，跌破底背离低点的可能性极大，所以原则上短期大幅上涨结束时应先撤出，观察其后的调整情况再决定是否操作。

（2）底背离后反弹幅度不大，但其后的二次探底跌破了底背离低点，这时行情往往会再次进入盘整。出现这种情况，原则上同样需要先撤出，待再次出现买入信号时买入，以免遭受其后的震荡折磨。

（3）底背离结束后，二次探底没有跌破底背离低点即回升，属于最理想的强势特征，是股价见底反转的征兆，应果断在二次探底结束时全仓买入。

★ 案例解读

1. 最强的情况

图 7-3 是融捷股份（002192）日线图，经历了 A 阶段的快速下跌后，在 B 区域形成盘整走势。其后经历 C 阶段的再下跌，在 D 区域出现股价持续震荡走低、DIFF 线低点不断抬高的底背离。其后短期反弹幅度虽然相对较大，但在回跌过程中，E 区域的低点并未跌破 D 区域的底背离低点，表明趋势反转的意愿强烈，应在 E 区域止跌转涨时全仓买入并持股待涨。其后 F 阶段的股价涨幅超过 150%，如图 7-4 所示。

2. 不强不弱的情况

图 7-5 是二三四五（002195）日线图，将 K 线图调整到向前复权后发现，在下跌趋势中出现盘整后的再下跌过程中，进入 A 区域后出现了底背离。其后 B 阶段的短期涨幅较大，达到了 50% 左右。C 阶段二次探底时，调整幅度较大，跌破了 A 区域的低点，然后在 D 区域继续弱势震荡整理。对于这种情况，应在 B 阶段止涨转跌时先卖出股票。

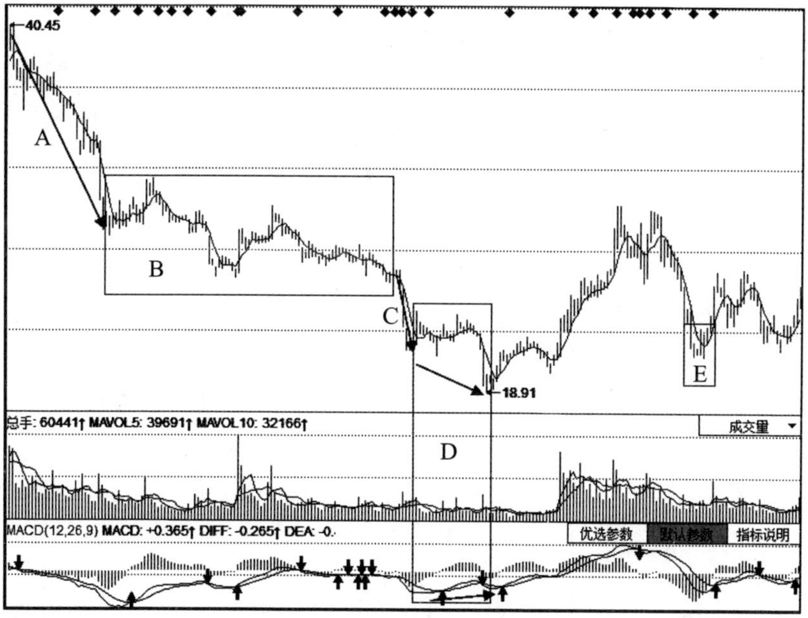

图 7-3　融捷股份日线图（一）

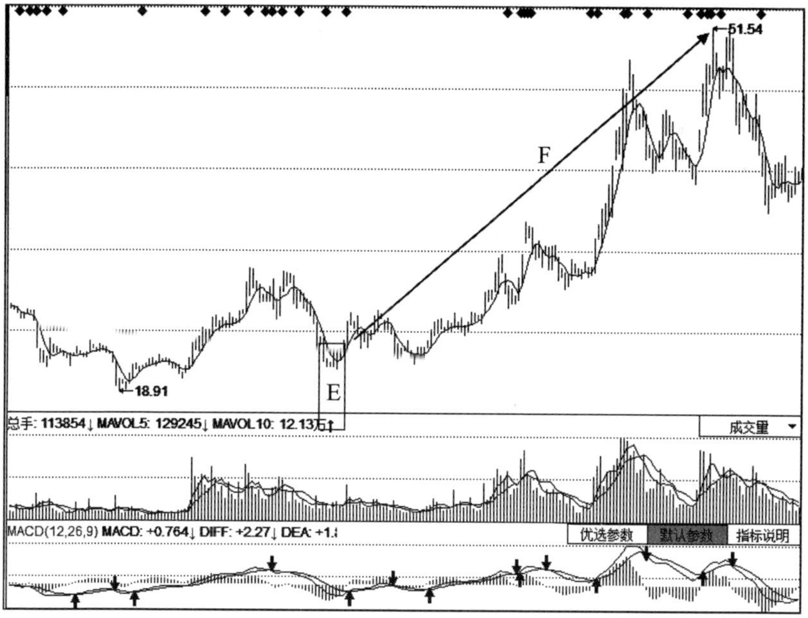

图 7-4　融捷股份日线图（二）

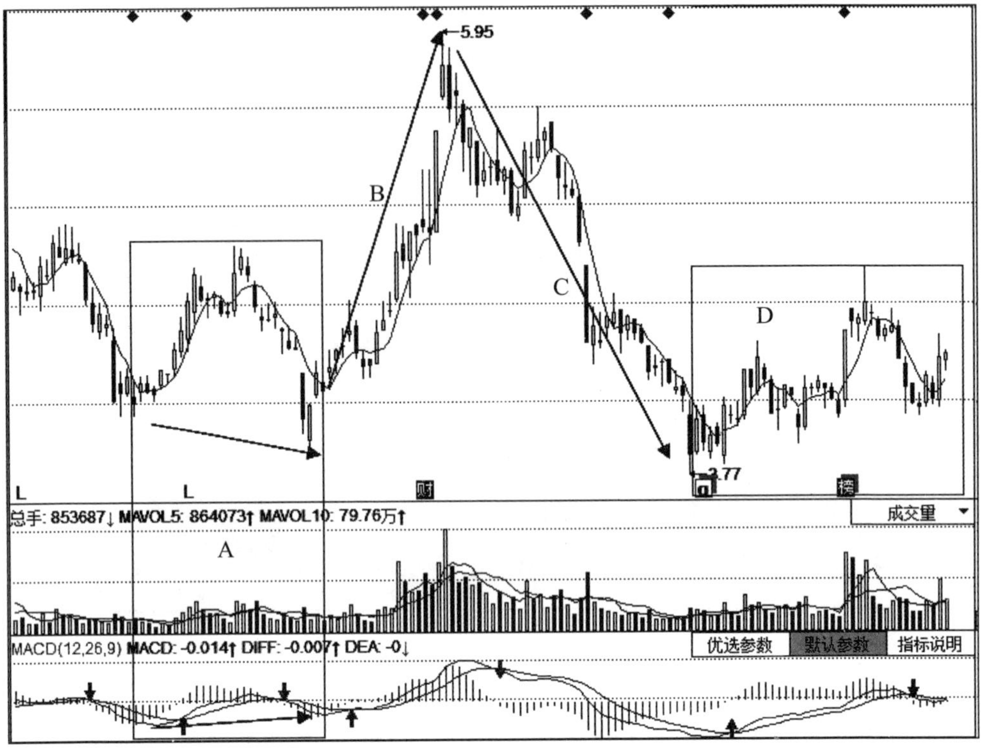

图 7-5　二三四五日线图

3. 最弱的情况

图 7-6 是中坚科技（002779）日线图，经历了 A 阶段的下跌之后，B 区域出现盘整，其后 C 阶段再次下跌，进入 D 区域形成了底背离。在后来的二次回探中，E 区域的低点跌破了 D 区域底背离的低点，表明后市将继续盘整。若前面底背离时买入了股票，此时应先行卖出，观察后再决定是否买入。

★ 实战要点

1. 股价形成底部后，并不一定即刻出现反转，因为形成底部时绝大多数都会经历一个一波三折的过程，如图 7-6 所示。因此，了解底部特征后，仍然要学会如何捕捉底部反转时的征兆。

2. 底部反转时最大的征兆是底背离，但底背离出现后，还有最强、不强不弱、最弱三种情况，如图 7–3、图 7–5 和图 7–6 所示。所以，一定要认真分析底背离后的走势，才能准确抓住底部反转的契机。

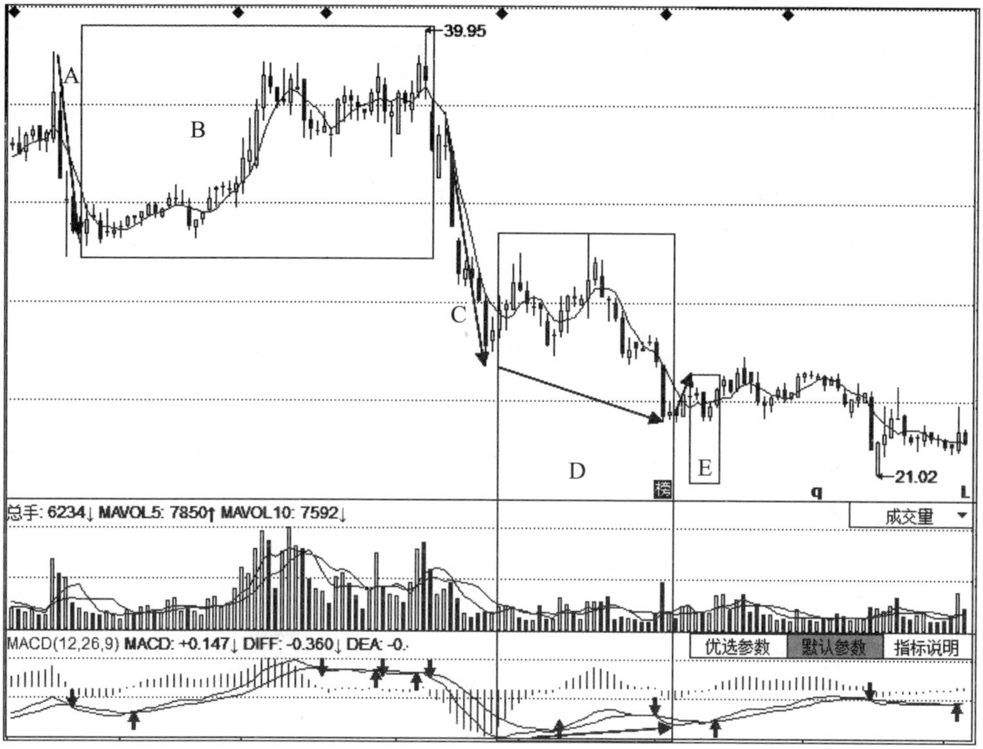

图 7–6　中坚科技日线图

7.1.3　启动时的 MACD 指标征兆

对中长线投资者来说，看清底部和底部反转时的形态十分重要。绝大多数股民都缺乏耐心和精细分析，导致操作失败。准确判断股票底部启动时的征兆，能缩短投资者的持股时间，短期内获得较大的收益。

捕捉股票启动时的征兆，要明白一个道理，即使一只股票价格形成了底部，其后无论如何震荡，甚至短期跌破了这个底，也不用过分担心。因为主力资金在介入一只股票后，终极目的只有一个——拉高获利。

资金异动必然会导致 MACD 指标表现一些明显的征兆，因为买盘与卖盘力量突然间发生变化，强大的买盘自然会引发 MACD 指标的变化，比如 DIFF 线突然向上翘起、DIFF 线大角度向上与 DEA 线形成金叉、红柱突然快速变长、双线明显向上发散，一旦确立这些形态，同时成交量也出现突然放大的阳量，就意味着股票已经完成震荡整理，即将启动。

★ 案例解读

图 7-7 是通富微电（002156）日线图，在 A 区域弱势震荡期间，股价创出了每股 9.15 元的新低后再未跌破，之后股价在低位反复震荡。但是进入 B 区域后，双线在缓慢上行的情况下，DIFF 线突然向上明显翘起，红柱快速变长，成交量也由最初的 150 000 手左右突然放大到 779 626 手，说明股价上涨已经启动，应果断买入。

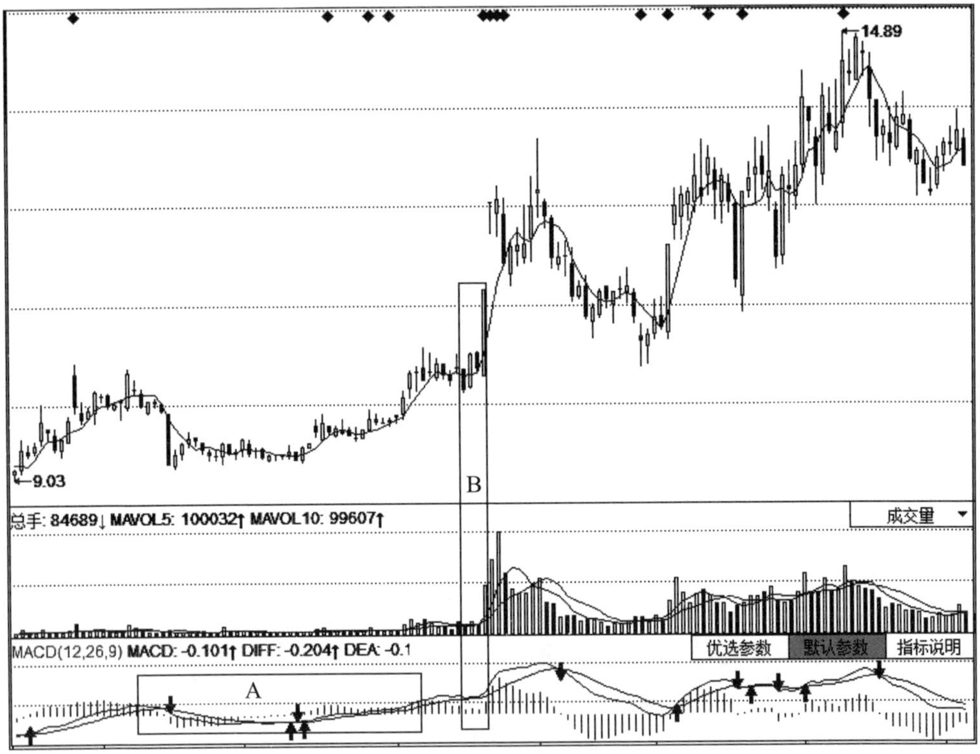

图 7-7　通富微电日线图

★ **实战要点**

1. 股价见底后并不一定意味着马上就会快速上涨，即使此刻趋势已经转强，主力资金仍然会通过震仓的方式在底部清洗筹码，如图 7–7 中 A 区域所示。

2. 股价见底后，主力资金的洗盘方式有所不同，震荡的方式也会有所不同，但不管主力资金如何洗盘，行情启动时，MACD 指标的征兆大同小异，比如 DIFF 线突然向上翘起，红柱快速变长，此时应及时把握时机买入股票，如图 7–7 中 B 区域所示。

7.2　强势买入形态与技巧

7.2.1　MACD 二次翻红

MACD 二次翻红指在股价缓慢上涨的过程中，双线向上运行时，MACD 柱转为红柱，却显现持续缩短的状态，但当缩至较短时并没有转为绿柱，而是转为逐渐放大。

这种形态是一种明显的股价强势特征，是股价缓慢调整过程中由强势转为更强势的表现。在这种上涨走势中，股价的调整幅度一般很小，而且调整速度缓慢，代表多方力量上攻过程中出现了短时停歇，因此是一种强势的买入形态。

★ **案例解读**

图 7–8 是东方锆业（002167）日线图，在上涨初期，进入 A 区域后，红柱持续缩短，但未变为绿柱即再次持续变长，出现二次翻红形态。因此时正处于下跌趋势的回升初期，应控制好仓位，短线参与。进入 B 区域后，再次出现 MACD 二次翻红形态，且发生在 0 轴附近，是趋势转为多头上涨的特征，应积极参与。

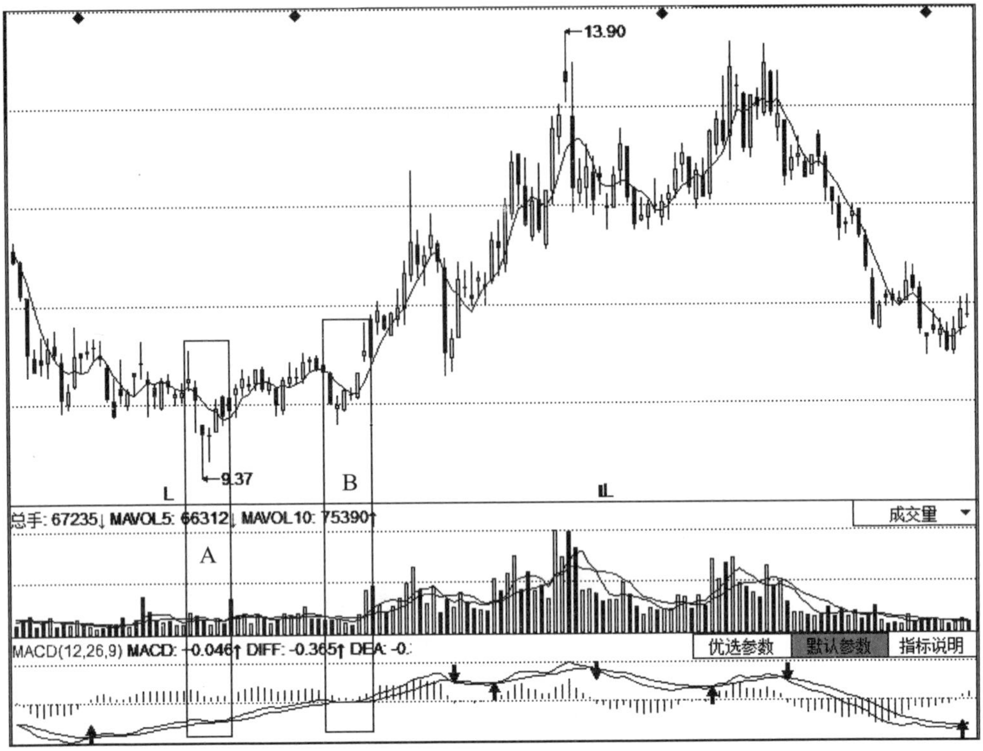

图 7-8　东方锆业日线图

★ 实战要点

1. MACD 二次翻红形态是 MACD 柱的买入形态，但只有出现在 0 轴附近或以上区域时，才是趋势转强的信号，如图 7-8 中 B 区域所示。

2. 如果 MACD 出现二次翻红时双线位于 0 轴以下，往往是一种弱势反弹的征兆，此时应控制好仓位短线参与，如图 7-8 中 A 区域所示。

7.2.2　0 轴之上 MACD 二次金叉

0 轴之上 MACD 二次金叉指双线向上突破 0 轴后，在双线盘整震荡时，接连两次出现金叉，并且第二次出现金叉时，DIFF 线明显向上翘起。这表明上涨趋势的调整已经结束，是强势买入股票的信号。

出现二次金叉时，两个金叉之间相隔的时间不能太长，否则不能以买入形态对待。同时，形成第二次金叉后，DIFF 线必须有明显的向上翘起，MACD 柱也会快速变长。如此时能够得到成交量的配合，即阳量放大，则后市转强的可能性更大。

★ 案例解读

图 7–9 是华仁药业（300110）日线图，双线向上突破 0 轴后的过程中，首次回拉 0 轴时未跌破 0 轴，并在 A 区域出现了两次 DIFF 线向上交叉 DEA 线的金叉。第二个金叉时，DIFF 线明显向上翘起，成交量也呈阳量持续放大状态，红柱变长，应果断买入。

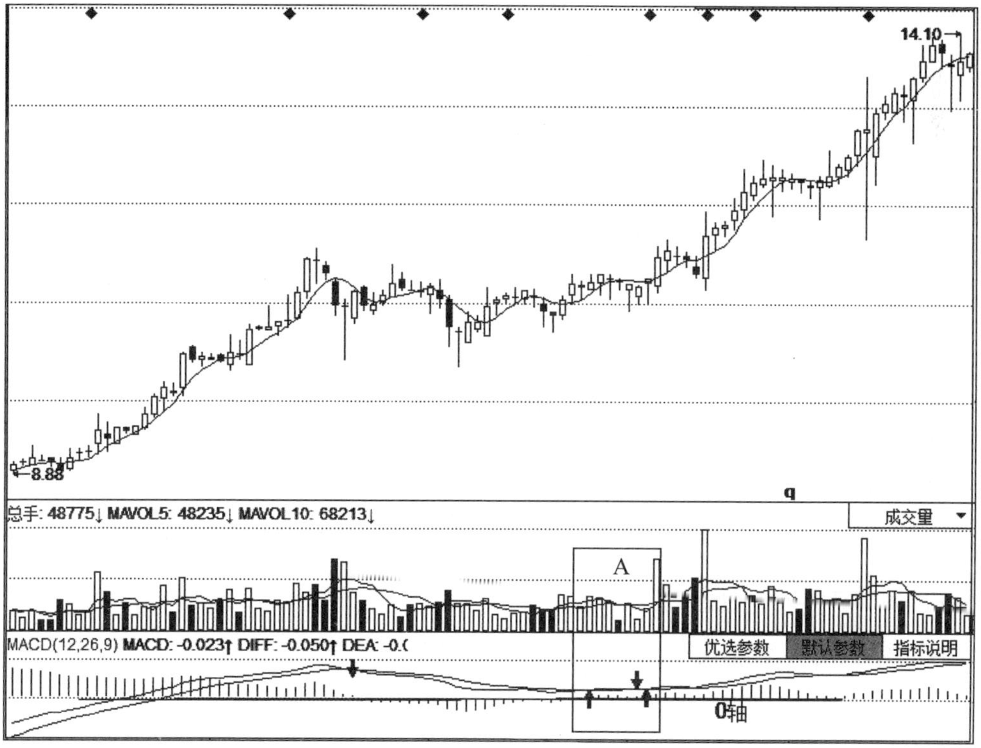

图 7–9 华仁药业日线图

★ 实战要点

1. 0 轴之上出现的 MACD 二次金叉，必须确保两个金叉出现在 0 轴以上区域，但并未到达指标显示区域的顶部，如图 7–9 所示。

2. 当 MACD 二次金叉出现在 0 轴之上时，应辅助观察成交量情况。成交量呈阳量放大，红柱也变长时，后市转强的可能性更大，如图 7–9 中 A 区域所示。

7.2.3 双线向上发散

双线向上发散是经典的上涨形态，双线略向上运行时呈喇叭口形态，向上张开。此时 MACD 柱为红柱且持续变长，成交量也出现阳量放大。

这是一种健康向上的形态，与 DIFF 线突然向上翘起形态的不同之处在于，DIFF 线突然向上翘起时，DEA 线可以是平行状态；双线向上发散则是双线均向上张口，像一个仰起的喇叭口。

★ 案例解读

图 7–10 是万讯自控（300112）日线图，进入 A 区域后，双线金叉，出现 DIFF 线在上、DEA 线在下，双线齐齐向上运行的形态，形成了一个逐渐向上开口的喇叭形。即双线向上发散，同时红柱持续变长，对应的成交量也呈阳量持续增长，表明趋势正健康上行，应果断买入。

★ 实战要点

1. 双线出现向上发散的形态时，必须双线均向上运行，呈张开的喇叭口形态，如图 7–10 中 A 区域所示。

2. 在确认为买入形态时，双线向上发散形态确立后，红柱须持续变长，成交量也呈阳量持续放大的状态，如图 7–10 中 A 区域所示。

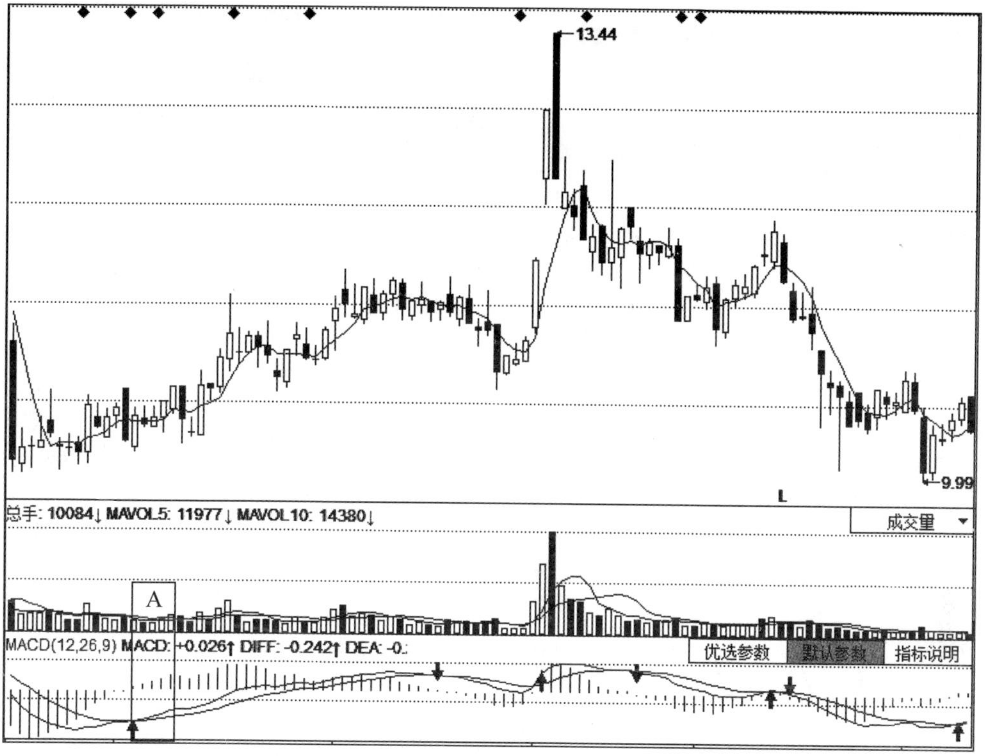

图 7-10　万讯自控日线图

7.2.4　DIFF 线突然向上翘起

前文提到过，DIFF 线突然向上翘起形态与双线向上发散之间关键的不同点在于 DEA 线。在 DIFF 线突然向上翘起的形态中，DEA 线可以是向上运行的，也可以是平行的，只不过 DIFF 线突然向上翘起，与 DEA 线拉开距离。

在震荡行情中，经常会出现这种形态。用其判断买入时机时，应确保之前双线处于缓慢上行或双线黏合的水平震荡状态。当 DIFF 线突然向上与 DEA 线拉开距离时，红柱突然快速变长，成交量出现明显的阳量放大，这说明盘中买入资金突然增加，拉动股价快速上涨，应果断买入。

★ 案例解读

图 7-11 是坚瑞沃能（300116）日线图，在上涨趋势中，进入 A 区域后，

双线黏合小幅震荡，股价也步入小幅震荡调整行情。进入 B 区域后，DEA 线处于平行状态，DIFF 线突然向上与 DEA 线明显拉开了距离，形成 DIFF 线突然向上翘起的形态。同时，红柱突然变长，成交量也出现近 3 倍左右的突然放大，表明震荡调整已经结束，股价选择了继续上涨，应果断买入。

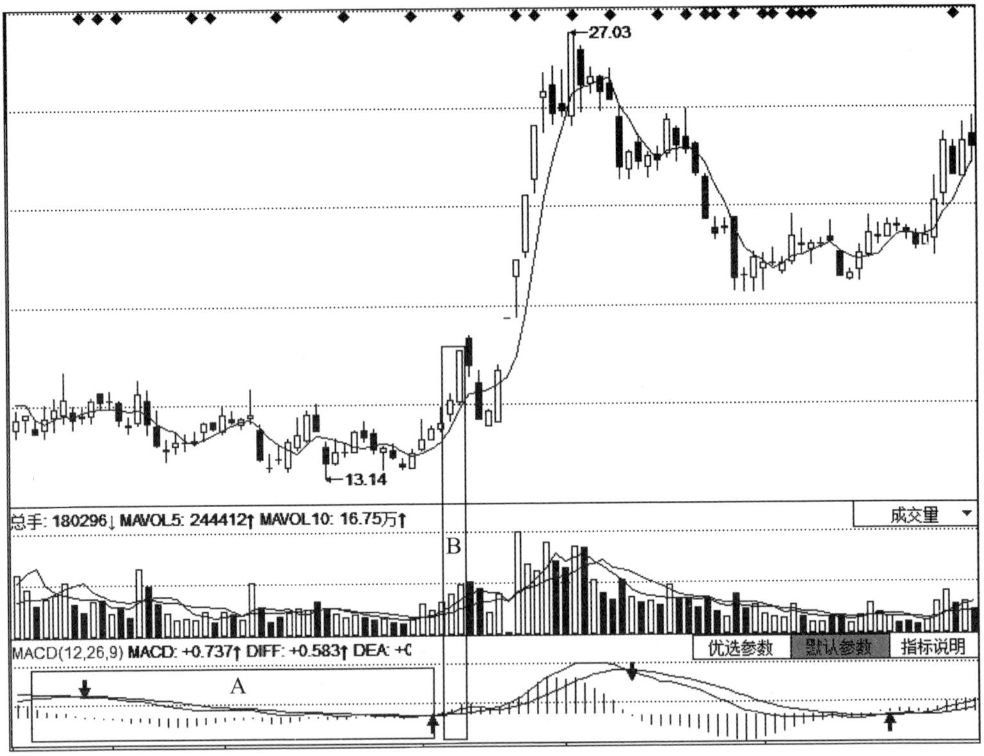

图 7-11 坚瑞沃能日线图

★ 实战要点

1. DIFF 线突然向上翘起前，通常为双线距离较近的黏合震荡趋势，如图 7-11 中 A 区域所示。

2. DIFF 线突然向上翘起形态与小幅震荡的区分在于 DIFF 线突然向上翘起时，红柱会突然变长，成交量也明显放大，因此是一种买入形态，如图 7-11 中 B 区域所示。

7.3　弱势反转买入形态与技巧

7.3.1　DIFF 线低位钝化 + 金叉

DIFF 线低位钝化 + 金叉指弱势运行中，当 DIFF 线运行到底部水平运行时，钝化现象结束，形成了 DIFF 线向上运行与 DEA 线的金叉。出现这种形态，往往表明弱势已经反转。

前文反复讲过，在下跌趋势中不能轻易言底，因在股价快速下跌时很容易出现 DIFF 线低位钝化，而弱势震荡中，低位钝化后出现金叉也是一种正常的弱势震荡。实战操作中，应当从大趋势出发，在下跌趋势中，股价快速下跌后反复盘整再下跌时，一旦出现 DIFF 线低位钝化 + 金叉，其后趋势反转的概率更大。

★ 案例解读

图 7–12 是捷成股份（300182）日线图，经历 A 阶段的下跌后，B 区域出现了盘整，C 阶段再次下跌。进入 D 区域后，股价不断创出新低，双线运行到底部区域，DIFF 线出现沿区域下沿平行的低位钝化。结束钝化后，出现了 DIFF 线向上与 DEA 线的金叉，形成了 DIFF 线低位钝化 + 金叉形态。同时，红柱明显地快速变长，成交量在交叉时为持续放大的阳量状态，表明弱势即将转强，应果断买入。

★ 实战要点

1. DIFF 线低位钝化虽然是极度超卖的表现，但不能单独作为买入形态，因为快速下跌过程中很容易出现这种情况，尤其是周线以下级别的 K 线图。下跌后出现盘整再下跌时，才有可能是趋势转强的信号。

2. DIFF 线低位钝化后形成双线金叉，如果趋势已经转强，红柱会快速变长，成交量也会出现持续的阳量，如图 7–12 中 D 区域所示。

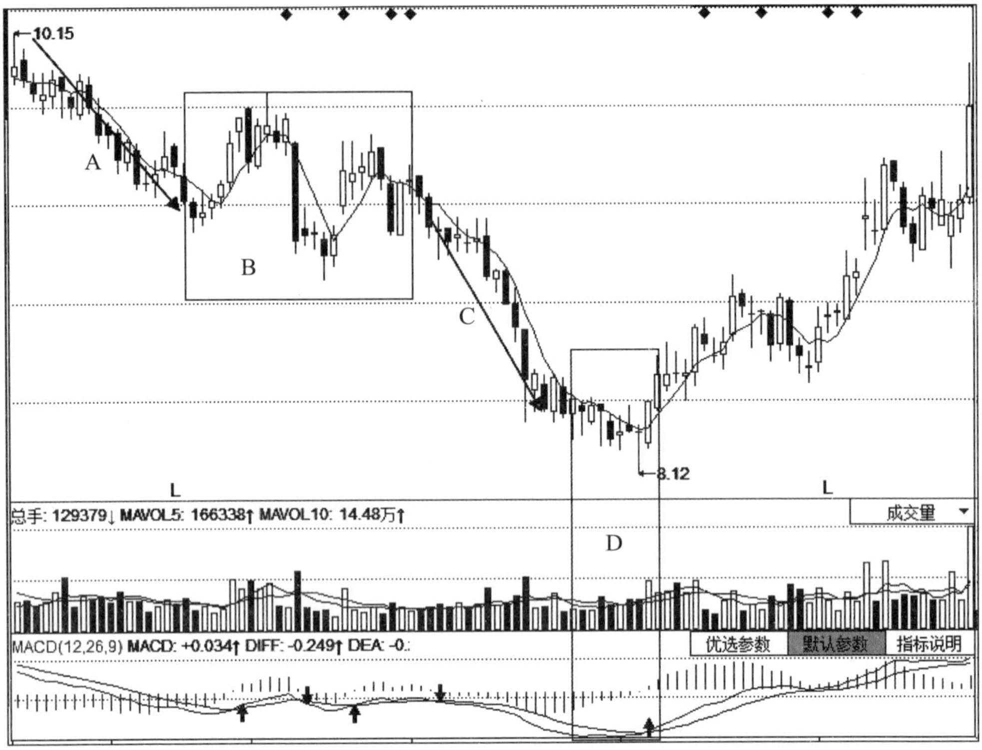

图 7-12　捷成股份日线图

7.3.2　0 轴之下 MACD 二次金叉

0 轴之下 MACD 二次金叉，即低位二次金叉，指金叉出现在 0 轴以下的弱势区域，且接连两次出现低位金叉，其间的时间间隔不能太长。

这种形态表明多方力量在第一次金叉上攻时，遭遇了空方的反扑，然后形成死叉。其后多方在第二次金叉上攻时，必然会集结更大的力量攻击，从而造成空方的失败。低位二次金叉后，股价暴涨的概率极大。

0 轴以下出现二次金叉时，为提高操作成功的概率，应确保两个金叉之间相隔的时间不超过 15 个交易日，以日线图或周线图为主；成交量呈阳量状态下的温和放量，股价出现量价齐升；红柱持续变长或快速变长。

0 轴以下的二次金叉若出现在下跌趋势中，应选择短期暴跌后，或下降趋势中出现盘整后的再次快速下跌过程中，或是出现在上涨调整行情中，这种情况下成功率更高。

★ 案例解读

1. 下跌趋势调整行情中 0 轴以下二次金叉

图 7–13 是恒邦股份（002237）日线图，下跌趋势初成后，经过反复盘整，其后股价快速下跌。进入 A 区域后，先后出现了两次低位金叉，仅仅相隔 5 个交易日。其间成交量呈小阳量温和放大，红柱在第二次金叉后的 B 区域快速持续变长，DIFF 线突然向上翘起，表明趋势已经快速反转，应果断买入，其后短期涨幅超过 30%。

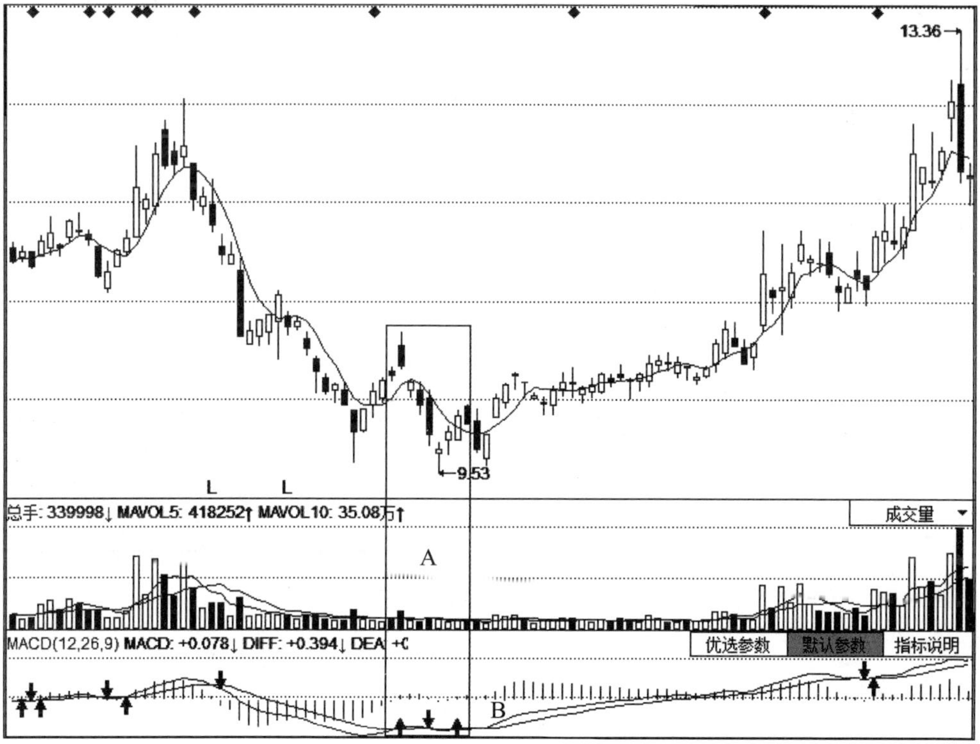

图 7–13　恒邦股份日线图

2. 上涨趋势调整行情中 0 轴以下二次金叉

图 7–14 是澳洋顺昌（002245）日线图，经历 A 阶段的上涨后，在 B 阶段的走势中，双线向上突破 0 轴，形成多头上涨趋势。在其后回拉 0 轴的调整中，跌破 0 轴后，进入 C 区域，接连出现了两次金叉，并且成交量呈阳量温和放大，红柱持续变长，DIFF 线突然向上翘起，表明调整已经结束，应果断买入。

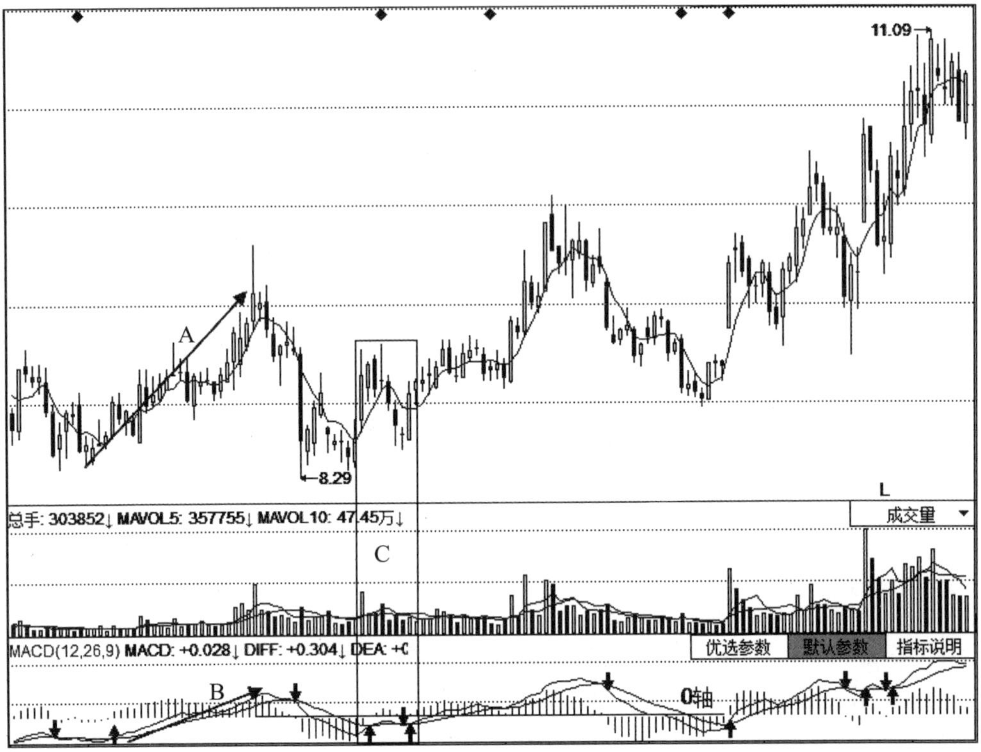

图 7–14　澳洋顺昌日线图

★ 实战要点

1. 0 轴之下出现二次金叉时，双线应位于 0 轴以下的低位区，且两次金叉的间隔不超过 15 个交易日，如图 7–13 和图 7–14 所示。如果间隔时间过长，容易引发变数，尤其是形成双线距离较近的盘整。

2. 0 轴之下二次金叉后，常出现短期股价暴涨的情况，但并不一定马上引发暴涨行情，因此应对当时的趋势进行分析，如图 7–13 中下跌趋势的判断，以及图 7–14 中上涨趋势中的调整行情，这更有助于顺势操作。

3. 0 轴之下出现二次金叉时，不应即刻买入股票，应观察在形态形成期间是否持续出现小阳量、是否有量价齐升的情况、DIFF 线是否突然向上翘起或双线向上发散、红柱是否持续变长或突然变长，然后再决定是否买入。

7.3.3　DIFF 线大角度向上

DIFF 线大角度向上指在双线下行过程中，DIFF 线突然以大于 30 度的角度快速向上运行。出现这种情况会伴随着红柱突然变长，成交量突然放大，是一种趋势快速转强的征兆。这种情况大多出现在股价在弱势状态中快速反转向上时，多数出现在一轮明显的暴跌行情末端，或是低位震荡中突然快速启动时，因此是一种短线操作的买入形态。

不管是哪种情况下出现的 DIFF 线大角度向上，都代表多方力量突然发力。空方虽然会在突然之间被打蒙，但随后必然引发空方奋力反攻，所以股价在短线快速上涨后必将调整下跌，因此应快进快出。

★ 案例解读

图 7–15 是拓维信息（002261）30 分钟图，在弱势震荡行情中，进入 A 区域后，DIFF 线突然以大于 30 度的角度上行，红柱快速变长，成交量突然放出大于之前近一倍的阳量，表明多方突然发力，其后必然会短期快速上涨，应果断买入。快速上涨后，空方随即反扑，因此应在 B 区域持续阴量、双线向下发散时及时卖出。

★ 实战要点

1. 出现 DIFF 线大角度向上走势之前往往处于弱势状态，如图 7–15 所示，或是一轮快速下跌趋势的末端，因此是短期趋势突然变强的信号。

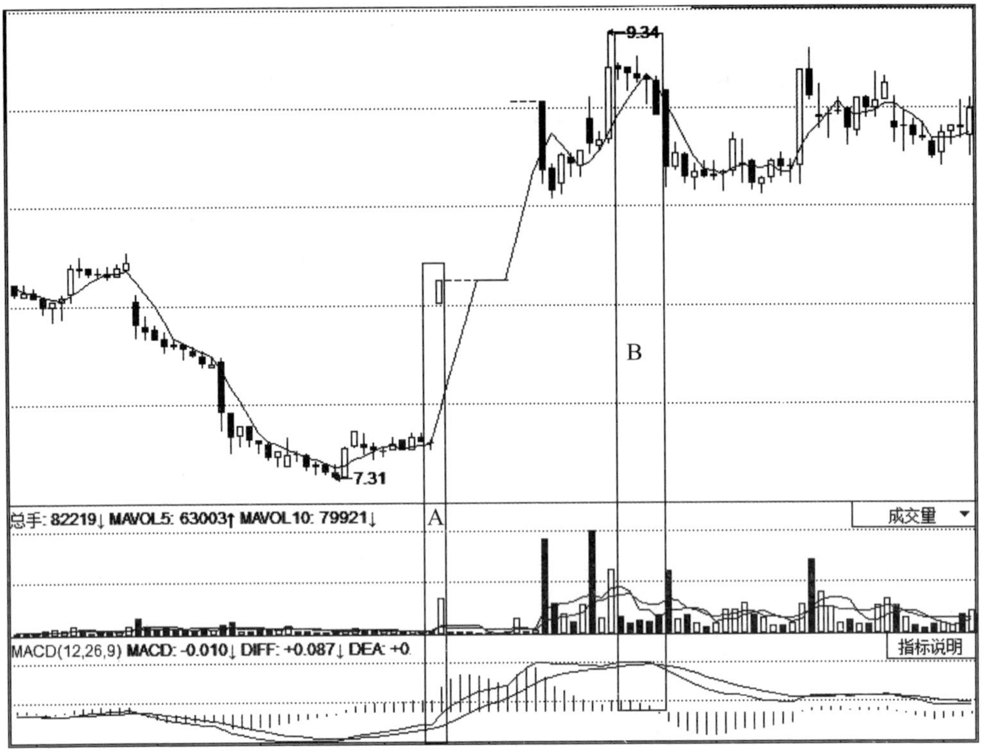

图 7-15　拓维信息 30 分钟图

2. 出现 DIFF 线大角度向上形态，往往伴随着成交阳量突然放大，红柱快速变长，是一种量价齐升的快速启动征兆，应短线及时买入。

7.3.4　死叉不死

死叉不死指 DIFF 线在 DEA 线之上向上运行时，当股价调整，DIFF 线转为向下运行时，在即将与 DEA 线形成向下交叉的死叉时再次拐头向上运行。出现这种形态表明空方力量突然衰竭，同时意味着多方力量突然变强，因此是短线弱势调整突然转强的征兆。

出现死叉不死形态时，MACD 柱通常表现为二次翻红形态，但并不意味着每次死叉不死时都会表现为二次翻红，有时也会短暂出现小绿柱后再转为红柱。买入时仍然以短线波段操作为主。

★ 案例解读

图 7–16 是东风汽车（600006）日线图，在上涨趋势中，进入 A 区域后，DIFF 线在 DEA 线之上运行时向下回调，在即将与 DEA 线交叉时，未形成交叉即转头向上，形成了死叉不死形态，同时 MACD 出现二次翻红，应及时买入。

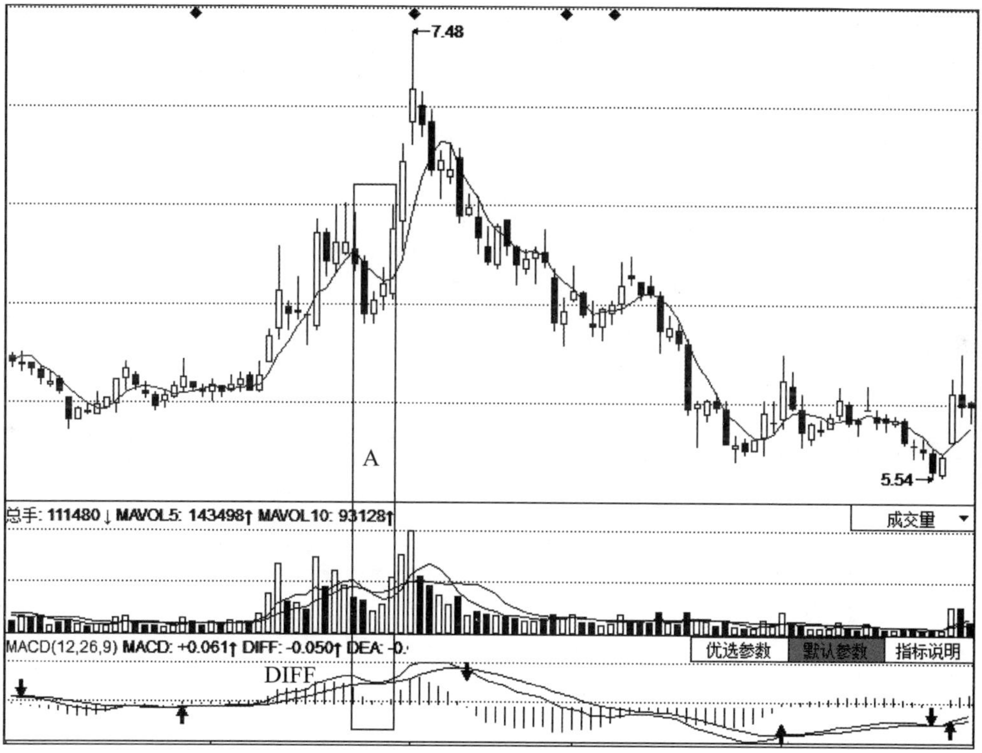

图 7–16　东风汽车日线图

★ 实战要点

1. 死叉不死通常出现在多头趋势中，即双线在 0 轴之上运行。死叉不死是股价上涨趋势中调整行情结束的一种表现，因此是买入形态。

2. 死叉不死形态如果出现在上涨初期，是股价加速上涨的表现，如图 7–

17 所示；如果出现在经过一定涨幅后的调整阶段，往往是上涨末端最后冲刺的表现，如图 7–16 所示。但如果出现在震荡行情中，则没有任何参考意义。

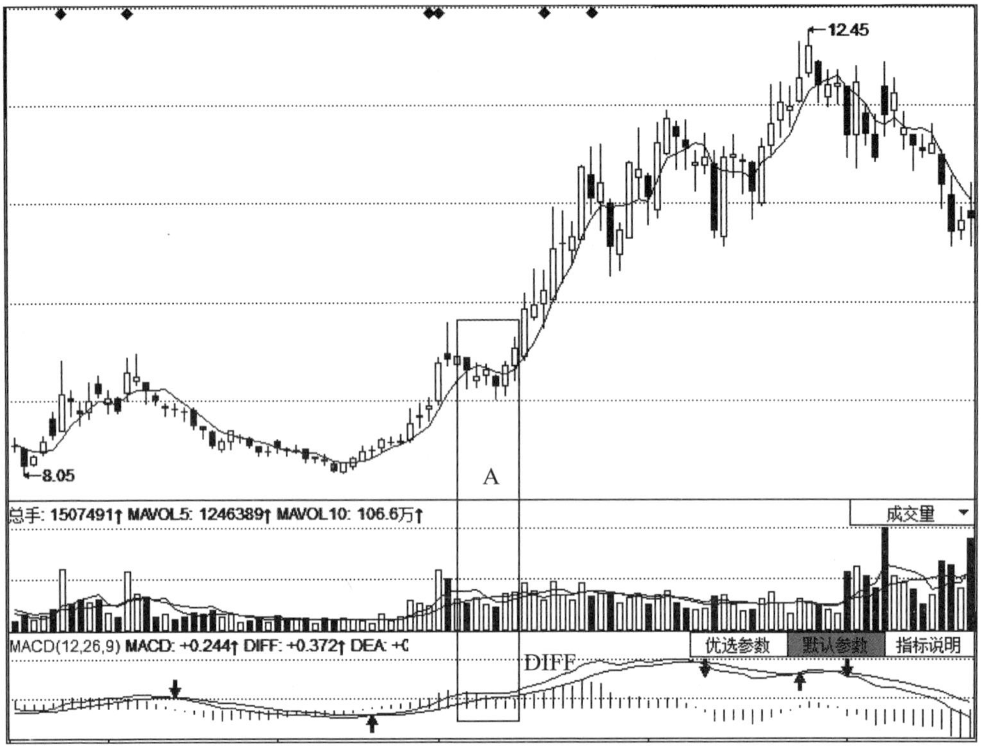

图 7–17 南方航空日线图

7.4 经典买入形态与技巧

7.4.1 佛手向上

佛手向上指双线金叉后，双线随股价的上行而上行。双线首次向上突破 0 轴后冲高回调，这时股价也震荡下行。当双线向下回调到 0 轴附近时，DIFF 线反转向上，DEA 线也由下行转为平行略向上，从而形成了“一只佛手翻转向上翘起”的样子，因此叫佛手向上。

出现这种形态说明股价形成上涨趋势后，上涨趋势中的调整已经结束，因此是一种经典的买入形态。

★ 案例解读

图 7-18 是诺德股份（600110）日线图，在弱势震荡期间，进入 F 区域后， A 阶段走势中双线由低位向上运行，并突然突破了 0 轴。B 阶段走势中向下回调，但运行到 C 阶段时，DIFF 线明显向上运行，DEA 线也转为平行略向上。此时红柱持续变长，D 区域的成交量呈明显放大的阳量，形成了佛手向上形态，表明调整已经结束，应果断买入。

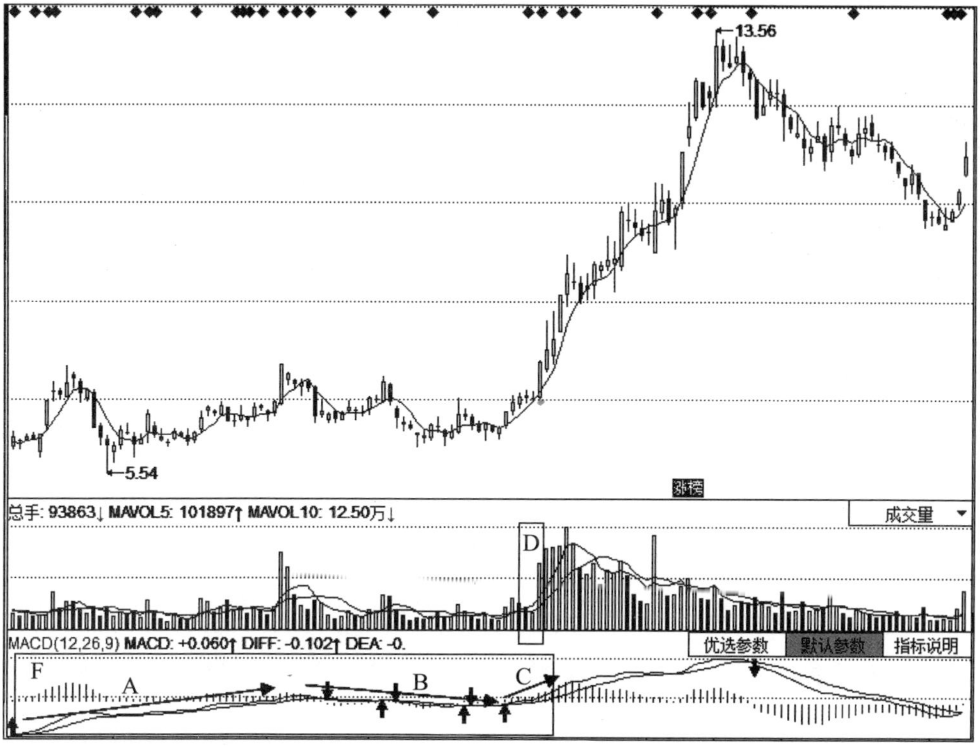

图 7-18　诺德股份日线图

★ 实战要点

1. 佛手向上形态出现在下跌末端的回升行情中，其后上涨的幅度才会大，即趋势转为上涨初期，这是双线首次向上突破 0 轴后的回拉所致，如图 7–18 所示。

2. 形成佛手向上形态后，具体的买点判断应在 DEA 线走平略向上的前提下，DIFF 线向上运行，同时红柱持续变长，成交量也明显放大，如图 7–18 中 C 阶段和 D 区域所示，此时才能买入股票。

7.4.2 小鸭出水

小鸭出水指双线在 0 轴以下弱势运行过程中， DIFF 线在 0 轴以下的底部区域与 DEA 线形成低位金叉，之后 DIFF 线没有继续上行并突破 0 轴，或是仅仅上穿了一点儿即再次回跌到 0 轴之下，之后 DIFF 线向下与 DEA 线形成死叉。震荡几天以后，双线再次形成金叉并向上突破 0 轴。由于这种形态出现时，就像一只潜水的鸭子突然向上冒出水面，警觉地观察一下周围环境，然后又迅捷潜回水中，待确认水面确实安全后，才放心地再次钻出水面，因此叫作小鸭出水。小鸭出水代表的是一种小鸭出水前的警觉，所以这种形态的安全性极高。

出现这种形态是趋势初转期一种弱势震荡整理后彻底走出底部区域的征兆，也是在趋势反转时期多方力量最终战胜空方力量的象征，因此是趋势反转时一种安全的买入形态。

★ 案例解读

图 7–19 是东方航空（600115）日线图，在弱势震荡趋势中，进入 A 区域后，双线先是在 B 区域形成金叉，双线向上运行。在 C 区域 DIFF 线向上突破 0 轴，随即回落下行，在 D 区域双线形成死叉。但相隔 4 个交易日后，在第 5 个交易日，E 区域再次形成金叉，双线向上突破 0 轴，形成了小鸭出水形态。观察发现：红柱在 E 区域持续变长，对应的 F 区域出现了阳量的持

续快速增长，表明趋势已经转变，应果断买入。

★ 实战要点

1. 形成小鸭出水形态前，趋势往往是大幅下跌后的震荡期，这是趋势反转前多空力量反复较量的表现，因此通常在第二次金叉前是不会跌破第一次金叉时的低点的，如图 7-19 中 B 区域和 E 区域所示。

2. 形成小鸭出水形态期间，有时也会出现短时的第二个金叉前低点跌破第一个金叉前低点的情况。在买入股票时，应根据趋势确立后红柱的持续或快速变长，以及成交量的持续或快速增长情况辅助判断，然后再决定是否买入，如图 7-19 中 E 区域和 F 区域所示。

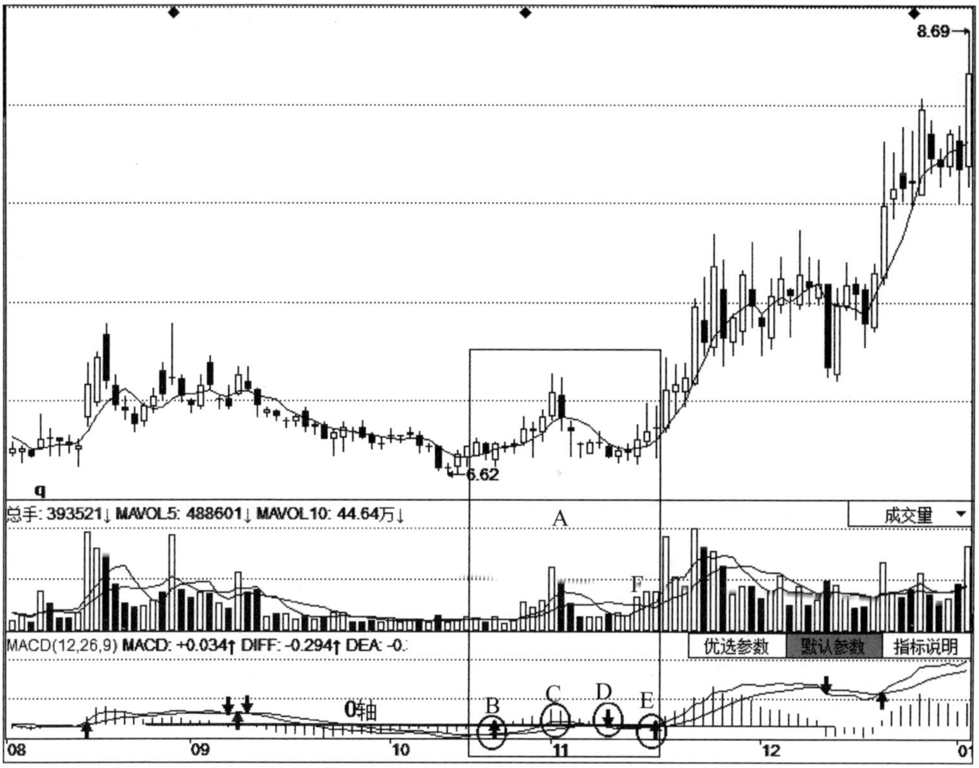

图 7-19　东方航空日线图

7.4.3 天鹅展翅

天鹅展翅指 DIFF 线在 0 轴以下与 DEA 线金叉后，双线并未相继向上突破 0 轴就已回调，并且 DIFF 线逐渐向 DEA 线靠拢，红柱逐渐缩短，DIFF 线却没有死叉 DEA 线就再次反转向上，形成了死叉不死的形态，同时红柱持续变长，就像一只在低空盘旋的天鹅突然展开了翅膀。

这种形态是天鹅展翅高飞的象征，因此是股价即将上涨的征兆，也是一种经典的买入形态。

★ 案例解读

图 7–20 是铁龙物流（600125）日线图，在上涨趋势的回调行情中，经过较大幅度的调整，进入 C 区域，双线在低位区形成弱势金叉。其后在 A 区域出现双线上行过程中的 DIFF 线小幅下行，即将与 DEA 线形成死叉时未交叉，然后转为继续上行，形成了天鹅展翅形态，提示了调整结束时的买点。

其后双线再次上行过程中，在尚未向上突破 0 轴前的 B 区域，再次出现了 DIFF 线下行的死叉未死形态。弱势震荡证明多头占据主动的情况，表明“天鹅”再次震动了一下翅膀，所以成为加仓的一次良机，应全仓买入并持股待涨，其后股价短期内出现了翻倍行情。

★ 实战要点

1. 天鹅展翅形态大多出现在上涨趋势中调整行情的末端，这一点从天鹅展翅出现前的均线多头趋势中也能够清晰地辨认出来，如图 7–20 中 C 区域前的长期均线向上、短期均线向下就属于这种情况。

2. 出现天鹅展翅形态时，允许股价出现快速深幅调整，但长期均线不能改变上行的趋势，如图 7–20 中 A 区域和 B 区域中位于下方的长期均线。低位金叉后接连出现死叉不死的形态，往往是股价持续加速的征兆，此时应在“天鹅”第二次展翅时全仓买入，如图 7–20 中 B 区域所示。但这种情况并不是每次行情都会出现，一旦出现，往往预示着后市短期涨幅较大。

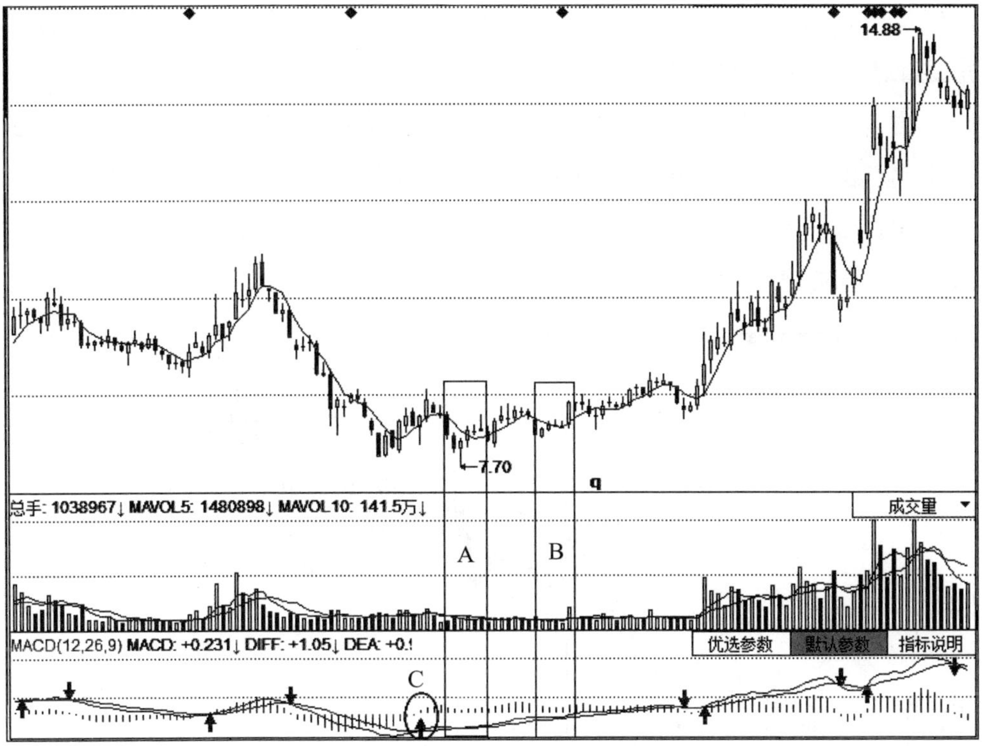

图 7-20　铁龙物流日线图

7.4.4　漫步青云

漫步青云指双线在 0 轴以上向上运行时出现调整，DIFF 线在 0 轴附近或 0 轴以上死叉 DEA 线后向下跌破 0 轴，但并未深跌到底部区域，而是双线小幅震荡，然后在 0 轴附近或 0 轴以上与 DEA 线形成了金叉。出现这种情况时，MACD 柱会在死叉后变为绿柱，金叉后又转为红柱，所以叫作漫步青云。

漫步青云形态是股价上涨过程中出现小幅调整形成的，也是结束盘整和探底回升的征兆，属于上涨趋势中调整结束的信号，应积极买入。

★ 案例解读

图 7-21 是重庆啤酒（600132）日线图，经历了 S 阶段的上涨，进入 A 区域后，双线向上运行。之后双线出现了死叉，但 DIFF 线并未向下深探，

双线位于 0 轴附近小幅震荡，期间出现绿柱，其后形成金叉，同时出现红柱，形成了漫步青云形态，表明短线调整已经结束，应果断买入。

进入 B 区域后，同样出现双线向下调整的死叉，同时出现绿柱，但双线并未向下深探，随后在 0 轴以上小幅震荡并出现金叉，同时出现红柱，形成了漫步青云形态。尽管此时出现了顶背离，但背离并未结束，因此属于背离式上涨，同样表明短线调整已经结束，应果断买入。

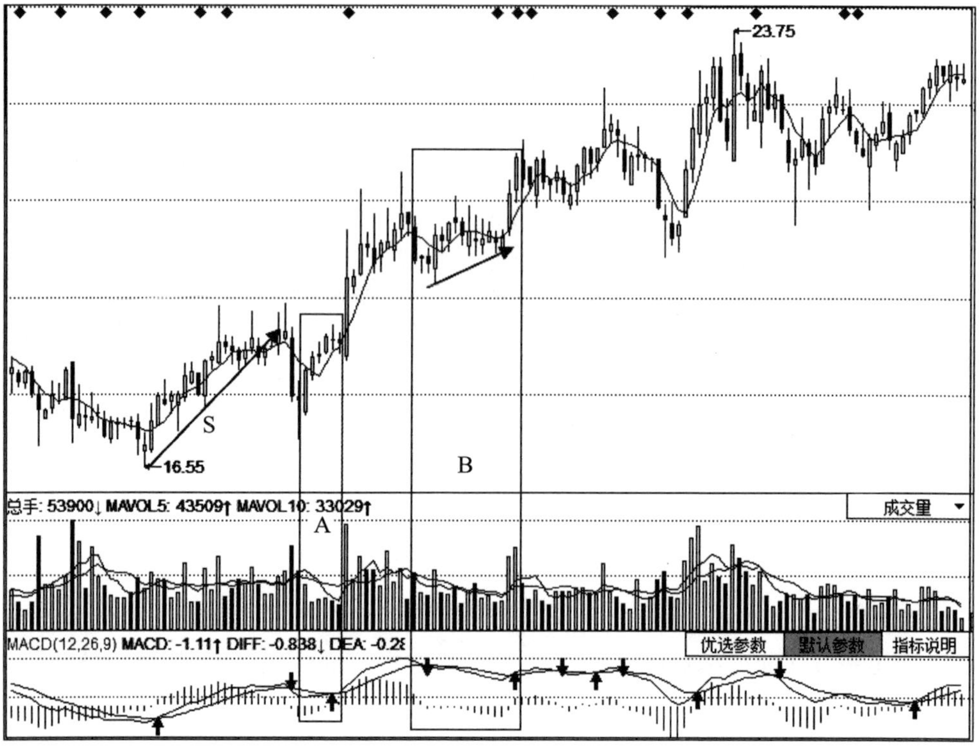

图 7-21　重庆啤酒日线图

★ 实战要点

1. 出现漫步青云形态前，双线必须确保在 0 轴以上向上运行，即均线呈长期均线向上、短期均线调整的状态，如图 7-21 中 A 区域和 B 区域之前的情况所示。

2. 出现漫步青云形态，双线可以先在 0 轴附近或 0 轴以上小幅震荡，但必须确保此时双线距离较近。如果不能形成背离，双线基本处于水平小幅震荡状态，如图 7–21 中 A 区域所示；如果形成背离，双线向下的幅度也不会大，即绿柱较短，如图 7–21 中 B 区域所示。

7.4.5 海底缆绳

海底缆绳指双线在 0 轴以下弱势运行过程中，运行到底部低位区时，形成了弱势金叉。之后双线之间的距离并未拉大，而是在距离较近的状态下略向上缓慢运行，绿柱出现且缓慢变长。从双线的形态看，就像是两根缆绳沉入了海底即将浮起，所以叫作海底缆绳。

出现海底缆绳形态表明多方力量正在逐步累积和增强，所以才会出现持续缓慢变长的情况。双线缓慢上行也预示着缆绳即将浮出水面，因此是一种股价见底回升的买入信号。

★ 案例解读

图 7–22 是兴发集团（600141）日线图，在弱势震荡中，当双线在低位区震荡时，进入 A 区域后，在其中的 B 区域形成了一个金叉，但双线并没有拉开距离，而是保持在极其接近的状态缓慢向上运行，绿柱转为红柱，形成了海底缆绳形态。这表明资金正在以缓慢的方式进入股市，是股价探底回升的征兆，应果断买入。

★ 实战要点

1. 出现海底缆绳形态时，双线必须已经运行到 0 轴以下的低位区，如图 7–22 中 A 区域所示。

2. 出现海底缆绳形态时，双线金叉时绿柱必须转为红柱，其后双线在距离较近的状态下缓慢向上运行，红柱也缓慢变长，此时方可确定为买入形态，如图 7–22 中 B 区域及其后的情况所示。

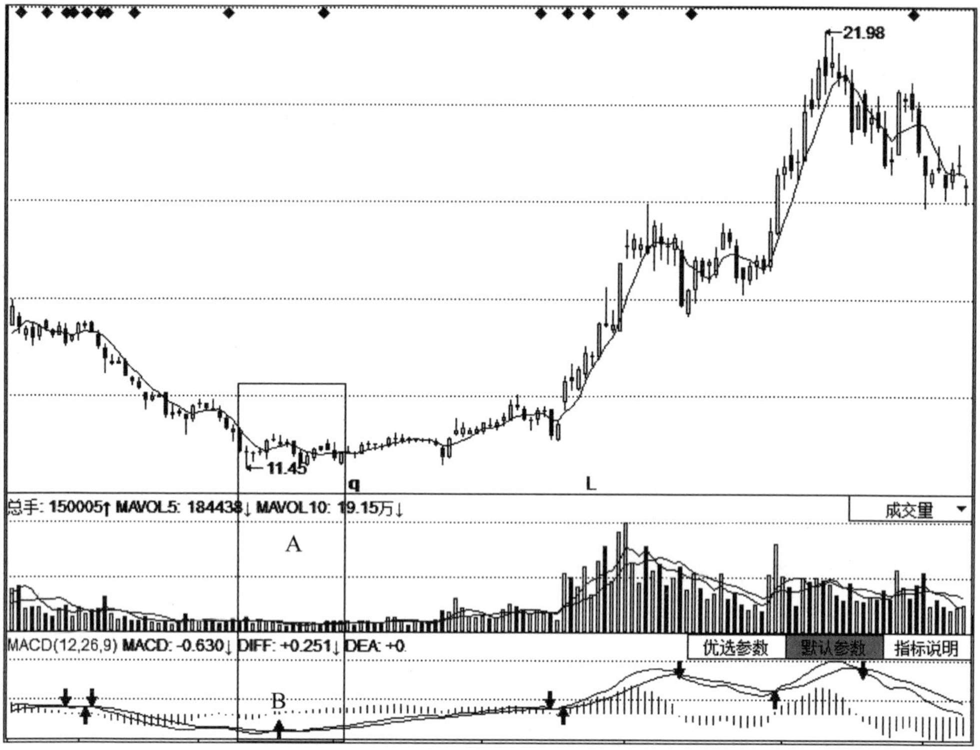

图 7-22　兴发集团日线图

7.4.6　空中缆绳

空中缆绳指双线从底部区域双双上行突破 0 轴后，在 0 轴之上运行一段时间，随着股价的回调，DIFF 线也开始向下回调，当 DIFF 线向下运行到接近 DEA 线时没有再继续下行，两条线几乎黏合在一起，出现了水平状态下的小幅震荡。由于这种形态就像两根缆绳高高悬浮在空中，因此叫作空中缆绳。

出现空中缆绳形态后，买点应当选择在双线再次分开，并形成 DIFF 线向上与 DEA 线拉开距离，红柱快速变长，或双线明显向上发散时。一旦出现这种形态，预示着调整已经结束，股价将恢复上涨趋势。

★ 案例解读

图 7–23 是长春一东（600148）日线图，当双线在 0 轴下向上运行时，进入 A 区域后，出现了向上突破 0 轴的情况。其后 DIFF 线开始震荡向下，但在接近 DEA 线时并未跌破，而是与 DEA 线距离较近状态下在 0 轴之上水平运行，形成了空中缆绳形态。其后在 B 区域，红柱快速变长，DIFF 线向上与 DEA 线拉开距离，双线向上发散，这说明股价已经结束短线调整，即将恢复上涨，应果断买入。

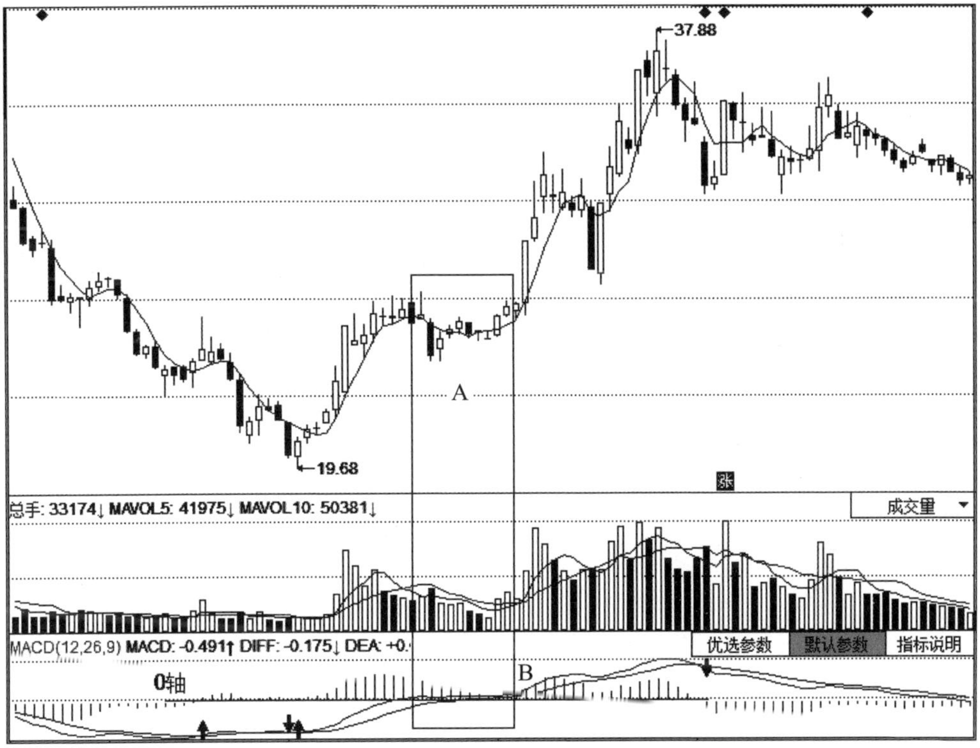

图 7–23　长春一东日线图

★ 实战要点

1. 出现空中缆绳形态前，双线必须由底部区域上行并向上突破 0 轴，如

图 7–23 中 A 区域之前的情况所示。

2. 空中缆绳形态与漫步青云形态有些类似，不同之处在于，空中缆绳形态中，双线是处于平行小幅震荡状态，并且 MACD 柱为小红柱。

第 8 章　MACD 逃顶实战攻略

顶部的判断尤其重要，甚至超过了底部判断，因为买入之后，只有会卖才能算是完美的操作。当股价达到顶部时，MACD 指标会发出一些明显的信号，帮助投资者在大跌前轻松躲过。

8.1　顶部形态判断技巧

8.1.1　MACD 指标的顶部特征

在一轮上涨趋势中，顶部到来时，最明显的特征是双线均已运行到 MACD 指标显示区域的顶部高位区，出现高位死叉、双线向下发散等形态。在明显的上涨趋势中，由于其间一直处于买入量大于卖出量的状态，所以如果不是出现极强的卖出量持续放大，一般不会引起大的趋势反转。在这种超强状态下，极易出现顶背离式上涨。

顶部到来时，在没有发生顶背离的情况下，高位死叉、高位双线向下发散等形态是重要的顶部特征，同时伴有红柱快速缩短并变为绿柱，成交量出现突然放大的阴量，或持续放大状态的阴量。如果发生了顶背离，则背离结束时，股价与双线同步向下，就是顶部反转的迹象。在背离式上涨情况下，再次反弹的高点未能继续创出新高，为背离式上涨结束的特征，也就是趋势反转向下的开始。

出现以上这些特征时，即可判断趋势顶已经到来。

★ 案例解读

图 8–1 是 ST 昌九（600228）日线图，经历了 C 阶段的快速上涨后，进入 A 区域，出现了股价震荡上涨、DIFF 线反弹高点逐渐降低的顶背离。考虑到背离式上涨的可能性，不能轻易卖出，应选择在进入 B 区域后，成交量持续出现阴量，绿柱持续变长，双线高位向下发散，股价再次反弹时未能刷新前期高点即转跌时再卖出，因为这种情况意味着顶背离已经结束，顶部已经形成。

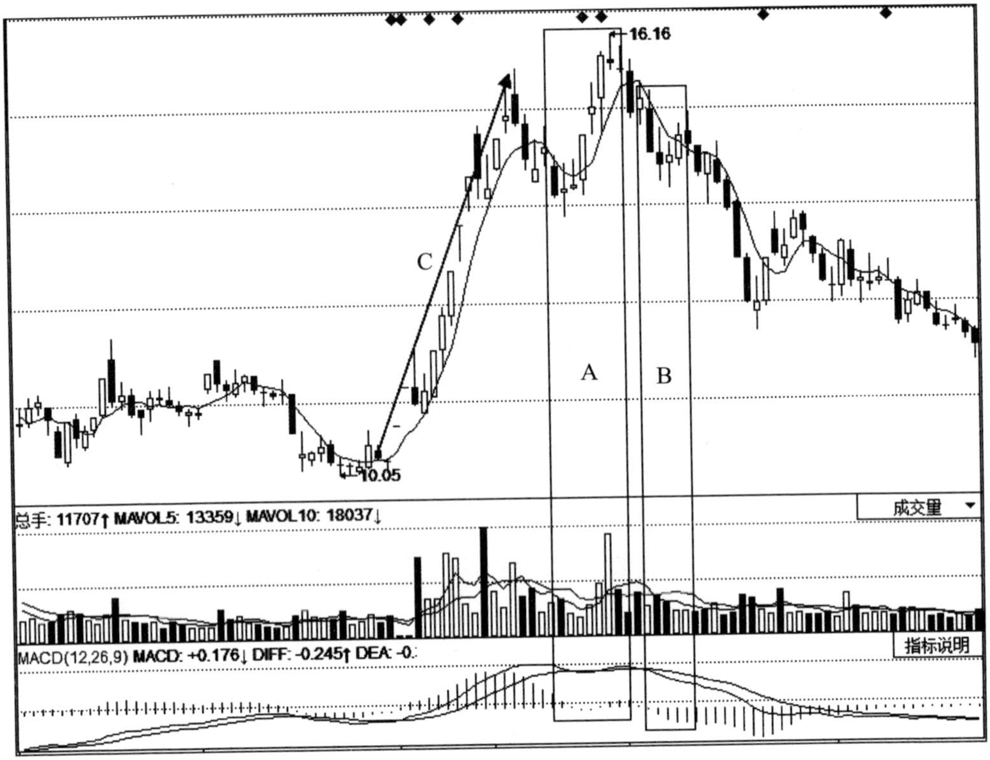

图 8-1　ST 昌九日线图

★ 实战要点

1. 利用 MACD 指标判断顶部时，双线往往已经运行到 MACD 指标显示区域的顶部高位区，如图 8-1 中 A 区域所示。

2. 如果双线运行到顶部高位区时形成了波谷顶背离，因为可能出现背离式上涨，所以应在再次止跌反弹时，股价未能继续刷新前高即转跌，与双线同步向下时，再择机卖出，如图 8-1 中 B 区域所示。

3. 顶部到来时，应结合成交量与 MACD 柱的情况综合判断，比如成交量持续放大状态下的阴量或突爆天量，MACD 柱为绿柱快速变长，等等。

8.1.2　弱势转弱时的征兆

弱势转弱指当股价下跌且 MACD 指标处于弱势整理时，再次出现了转弱的情况。此时，MACD 指标都会先于股价出现一些征兆。比如金叉不叉、MACD 二次翻绿、双线向下跌破 0 轴后向下发散（在 DEA 线上行或平行状态下，DIFF 线向下与 DEA 线形成死叉后，双线形成向下发散的形态）、绿柱持续变长等形态。

一旦出现这些弱势征兆，则表示未来股价将继续转弱。

值得注意的一点是，在下跌趋势中，一旦出现反弹，反弹后经常会出现继续走弱的情况，因为弱势转强势往往不是短期内就能实现的，必须经过相当长时间的弱势整理后，趋势才会发生根本性的转变。

有一种情况实战中需要引起注意，就是股价在快速转跌并出现盘整后，一旦再下跌形成了整理形态，若再次出现转弱的情况，通常是一种趋势弱到极致的表现，往往会表现为最后一跌。这时就不应以弱势转弱来对待了，而应留意这“最后一跌”后的企稳回升机会。

★ 案例解读

图 8–2 是皖维高新（600063）日线图，经过 A 阶段的下跌后，迎来 B 阶段的反弹。进入 C 区域后形成股价震荡上行、DIFF 线高点不断降低的顶背离。D 区域内股价与死叉后双线同步向下，成交量表现为持续阴量，为反弹结束的征兆。出现这种走势，应果断卖出，离场观望。

★ 实战要点

1. 弱势转弱形态往往出现在下跌趋势形成后的反弹末端，是趋势再次转弱的征兆，应远离这类股票，如图 8–2 所示。

2. 出现弱势转弱的情况，成交量并不一定会放出大阴量，因为此时的量能往往不会太大，而且这种状态下的下跌无须成交量配合即走出阴跌走势，因为此时的市场相对脆弱，如图 8–2 中 D 区域所示。

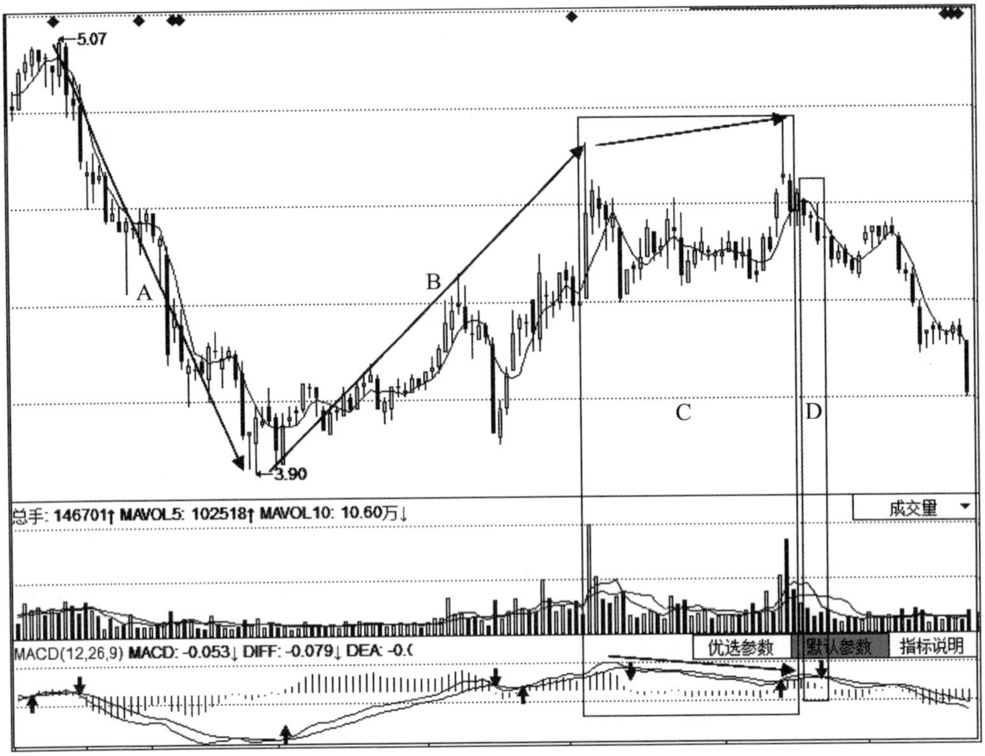

图 8-2 皖维高新日线图

8.2 经典反转卖出形态

8.2.1 DIFF 线高位钝化 + 死叉

DIFF 线高位钝化 + 死叉指双线向上运行到指标顶部高位区时，DIFF 线出现了沿区域上沿平行的高位钝化，结束钝化后，双线形成向下死叉。

这种形态是一种标准的趋势反转向下形态。DIFF 线高位钝化代表的是盘中出现了超买，但在上涨趋势中，高位钝化只能表明短期超买。出现死叉时 DIFF 线必须大角度向下，或是双线向下发散，绿柱快速变长或持续变长，方为趋势反转的征兆。

需要注意的一点是，DIFF 线高位钝化 + 死叉的卖出形态，并不一定只出现在多头上涨趋势中，在弱势反弹中，如果反弹的力度较大，也会出现这种形态，同样表明趋势即将反转向下。

如果观察的 K 线图周期较短，如 30 分钟图或 60 分钟图，则只能代表这一周期图上的趋势在其后会反转，并且其后反转的时间也是以观察的 K 线图级别决定的。也就是说，短周期图上的趋势反转只能代表短期趋势的变化。放在长周期图上，这种短周期图上的趋势反转可能只是一种震荡整理。

★ 案例解读

图 8–3 是澄星股份（600078）日线图，在 A 阶段的持续反弹行情中，

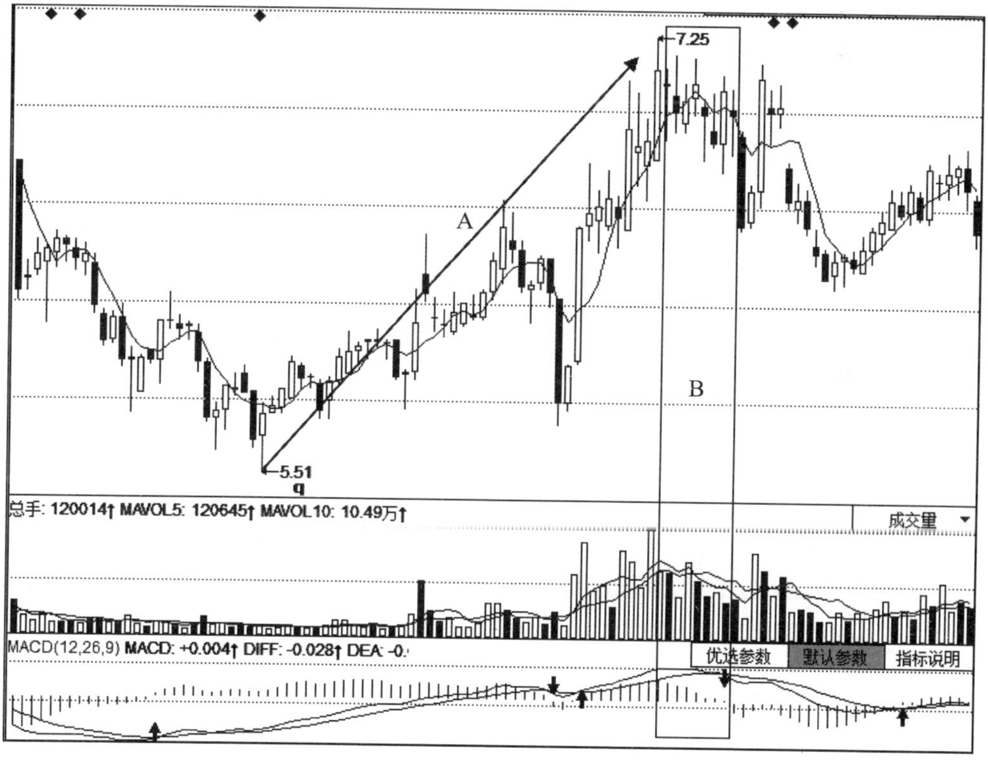

图 8–3　澄星股份日线图

双线由低位向高位运行。进入 B 区域后，双线运行到了顶部高位区，DIFF 线持续沿区域上沿水平运行（即高位钝化）。结束钝化时，DIFF 线向下与 DEA 线死叉，从而形成了 DIFF 线高位钝化＋死叉形态。死叉后绿柱快速变长，双线向下发散，说明趋势已经发生短线反转，即反弹行情已经结束，应及时在形态确立后卖出。

图 8–4 是中葡股份（600084）日线图，趋势转为上涨后，双线上行。进入 A 区域后，双线已经运行到区域顶部的高位区，DIFF 线出现沿区域上沿水平运行的高位钝化。结束钝化后，DIFF 线向下与 DEA 线死叉，形成了 DIFF 线高位钝化＋死叉的形态，同时死叉形成后出现了双线向下发散，绿柱快速变长的情况。

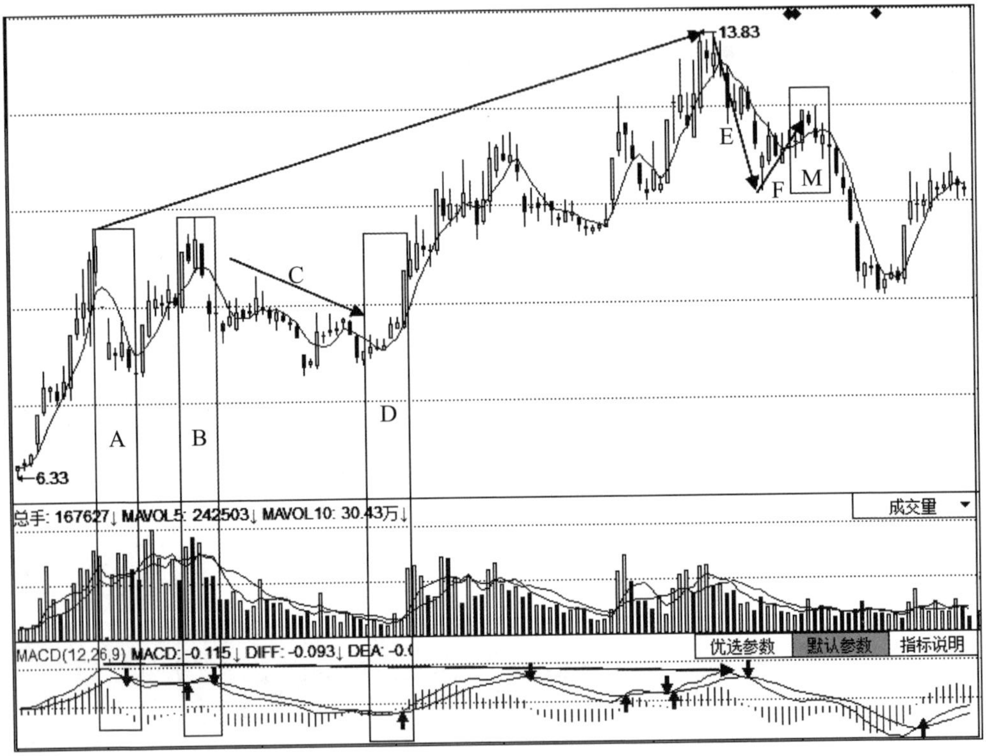

图 8–4 中葡股份日线图

如果此时投资者选择卖出，其后股价回升，即进入 B 区域后，发现股价刷新了 A 区域的高点，就应该在 C 阶段下跌的止跌点（即 D 区域）再将股票买回来。因为 B 区域创新高，和 A 区域放在一起来观察，就形成了明显的波峰顶背离。在 D 区域又出现金叉后 DIFF 线突然向上翘起、成交量明显放大、红柱突然变长等买入形态，表明新一轮背离式上涨已经形成。

E 阶段下跌后，进入 F 阶段的回升末端 M 区域后，股价在上行过程中未刷新 E 阶段开始端的高点每股 13.83 元即止涨转跌时，方可卖出股票，因为这表明背离式上涨已经结束。

★ 实战要点

1. 如果 DIFF 线高位钝化 + 死叉形态出现在下跌趋势的反弹行情中，往往是反弹行情结束时趋势反转的征兆，应果断在死叉后双线向下发散时卖出，如图 8–3 所示。

2. 如果 DIFF 线高位钝化 + 死叉形态出现在明显的上涨趋势中，往往是一种短线上涨过快的调整行情，此时即使是在形态确立后卖出了股票，也应在其后再上涨的过程中发现股价刷新了前高时，在回跌时的止跌点买入，因为这种情况表明股价出现了背离式上涨，其后应在背离式上涨确认结束时再卖出，如图 8–4 所示。

8.2.2　双线向下发散

双线向下发散指双线无法再继续向上运行时，DIFF 线在下，DEA 线在上，并且双线均向下运行，表现为向下张开的喇叭口的形状。

这种形态是一种标准的下跌趋势开始的形态，尤其是双线向下发散出现在指标显示区域的高位区时，是趋势由上涨转为下跌的征兆。此时往往伴随着绿柱快速变长，成交量由阳量转为放大状态的阴量。如果是阴量状态的天量（在成交量指标显示区域，阴量柱向上达到了区域顶部），更是趋势快速转跌的信号，是一种强烈的卖出形态。

还有一种情况，就是在下跌趋势的反弹行情中，双线形成了死叉或金叉不叉的形态，即 DIFF 线向上未与 DEA 线形成金叉即转为下行，双线同时向下发展。只不过此时成交量并没有明显放大，但绿柱会持续或快速变长。这种情况同样是短期趋势转弱的表现，也应及时卖出。

★ 案例解读

图 8-5 是浙江东日（600113）日线图，在 A 阶段上涨趋势中，股价大幅上涨，进入 B 区域后，双线运行到了区域顶部的高位区，双线向下死叉，其后双线向下发散。与此同时，绿柱持续变长，成交量为放大状态下的阴量，表明上涨趋势已经出现反转，应及时卖出。

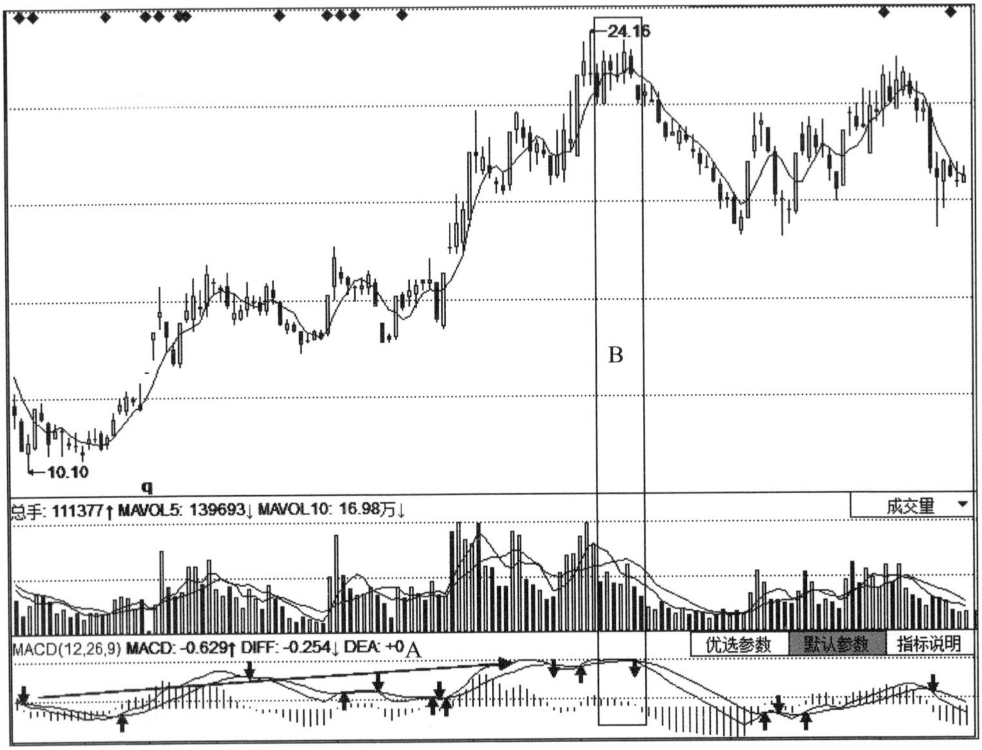

图 8-5　浙江东日日线图

图 8–6 是波导股份（600130）日线图，在反弹行情中，进入 A 区域后，双线高位死叉后向下发散，绿柱快速变长，成交量为持续阴量。表明反弹已经结束，趋势将转为下跌，应果断卖出。

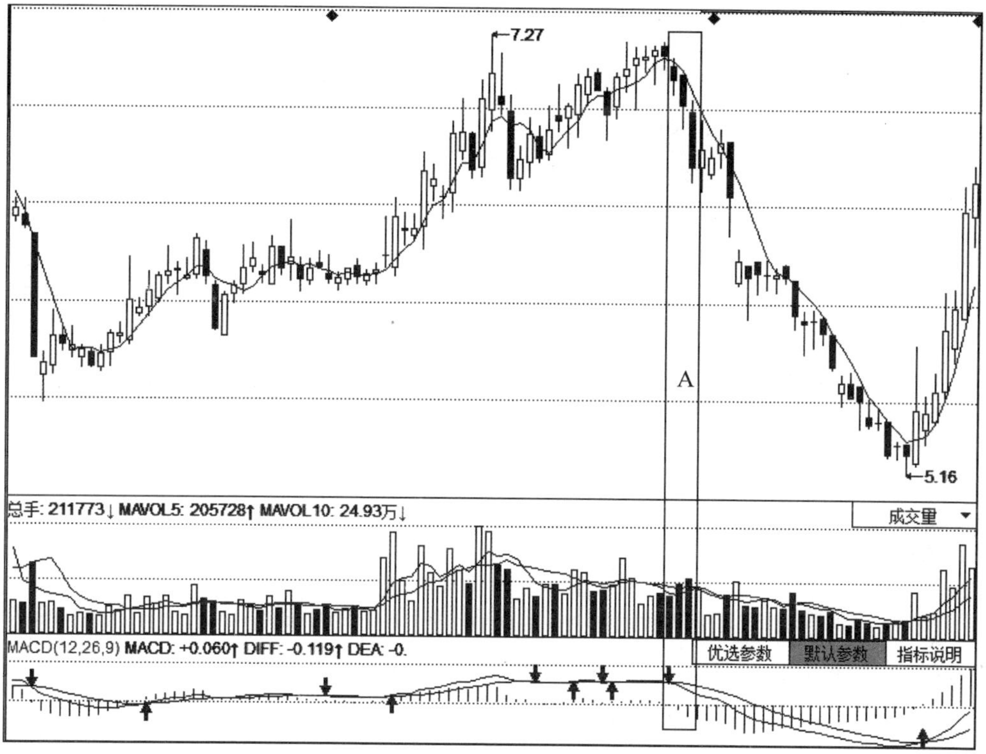

图 8–6　波导股份日线图

★ 实战要点

1. 双线向下发散形态是典型的趋势反转征兆，出现在上涨趋势中是大趋势反转向下的征兆，此时绿柱持续变长或快速变长，成交量为较高水平的阴量，如图 8–5 所示。

2. 双线向下发散形态出现在下跌反弹行情中是反弹结束、反转下跌的信号，此时成交量为阴量，但不一定会明显放大，绿柱会持续变长或快速变长，如图 8–6 所示。

8.2.3 DIFF 线大角度向下

DIFF 线大角度向下指双线向上突破 0 轴后，运行到高位区时，DIFF 线在上方突然以大于 30 度的角度向下运行。出现这种形态时，往往伴随着绿柱突然快速变长，成交量呈现出阴量的放大状态。同时，DIFF 线大角度向下，往往会形成高位死叉，因此是一种典型的股价快速反转向下的征兆。

值得注意的是，如果市场没有出现 DIFF 线大角度向下、绿柱快速变长、成交量呈放大状态的阴量、DIFF 线大角度向下后形成死叉等形态，则不能确定趋势已经反转向下。

另外，出现 DIFF 线大角度向下时，如果股价形成了波峰顶背离，则往往是背离式上涨的特征，此时应根据背离的情况，待背离结束时再考虑卖出。或是在 DIFF 线大角度向下时，小波段操作，先行卖出股票，待股价企稳后再买入，背离结束时则卖出离场。但这样操作的前提是对技术的掌握必须纯熟，尤其是短线操盘技术要过硬。

★ 案例解读

图 8–7 是东睦股份（600114）日线图，在上涨趋势中，双线向上运行到高位区后，进入 A 区域，DIFF 线以大于 30 度的角度向下运行，形成了 DIFF 线大角度向下运行的形态。同时双线形成死叉，绿柱快速变长，成交量为放大状态的阴量。这说明趋势已经在高位区反转向下，应果断卖出。

★ 实战要点

1. DIFF 线大角度向下形成趋势反转时，股价往往处在明显的上涨趋势中，或是较大的反弹行情中，此时双线已经向上运行到了 0 轴以上的高位区，如图 8–7 中 A 区域之前的情况所示。

2. DIFF 线大角度向下时， DIFF 线向下的角度必须在 30 度以上，同时绿柱明显快速变长，成交量呈放大状态的阴量，同时伴随出现高位死叉，如图 8–7 中 A 区域所示。

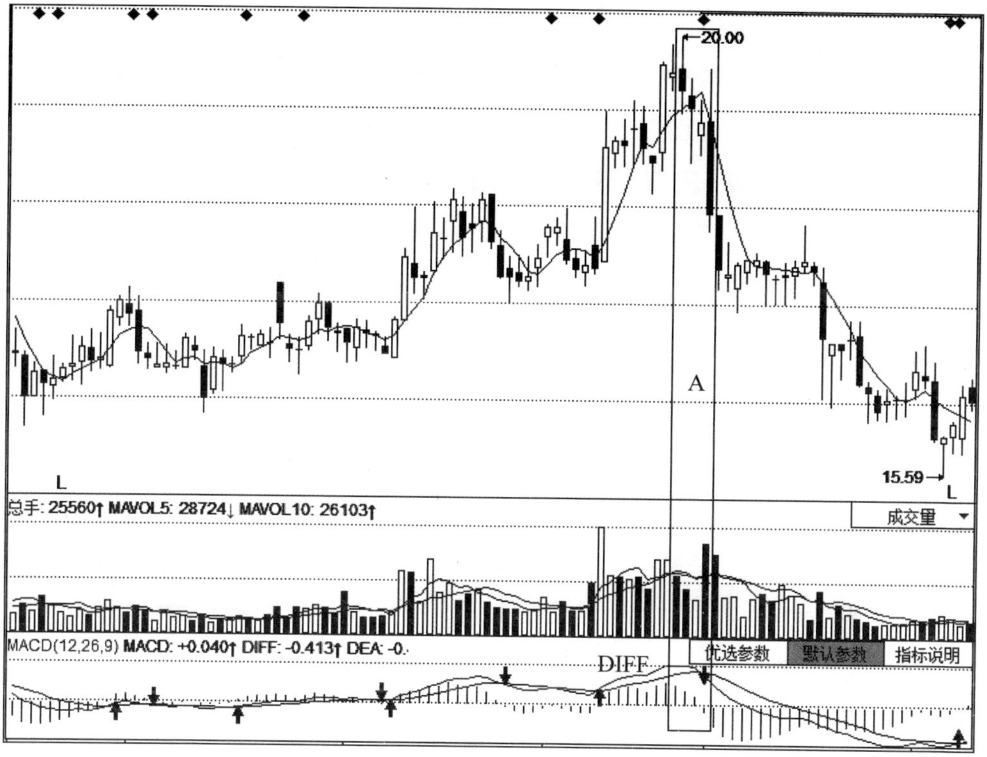

图 8-7　东睦股份日线图

8.3　弱势转弱卖出形态

8.3.1　MACD 二次翻绿

MACD 二次翻绿指绿柱出现后，在绿柱逐渐缩短的状态下，还没有转为红柱就再次持续或快速变长。因为是 MACD 绿柱二次变绿，所以叫作 MACD 二次翻绿形态。

出现这种形态，说明原本已经转弱的趋势并没有转强，而是再次转弱，因此是一种弱势转弱的形态。二次翻绿形态出现后，股价一般都会继续下跌。一旦出现这种形态，持有股票的投资者应果断卖出，未持有者应继续观望。

如果 MACD 二次翻绿形态出现在上涨趋势的调整行情中，表明调整将会继续，应继续观望，不可过早买入，因为其后股价可能有较大幅度的调整，甚至出现趋势反转。如果 MACD 二次翻绿出现在下跌趋势的反弹行情中，这种反弹的力度往往较小，意味着其后股价仍然会走弱，同样需要回避。

★ 案例解读

1. 下跌趋势中 MACD 二次翻绿

图 8–8 是国金证券（600109）日线图，在下跌趋势中，进入 A 区域后，绿柱持续缩短，缩到较短后未转换为红柱即再次持续变长，形成了 MACD 二次翻绿形态。这说明反弹已经结束，股价将继续下跌，因此应及时卖出，持

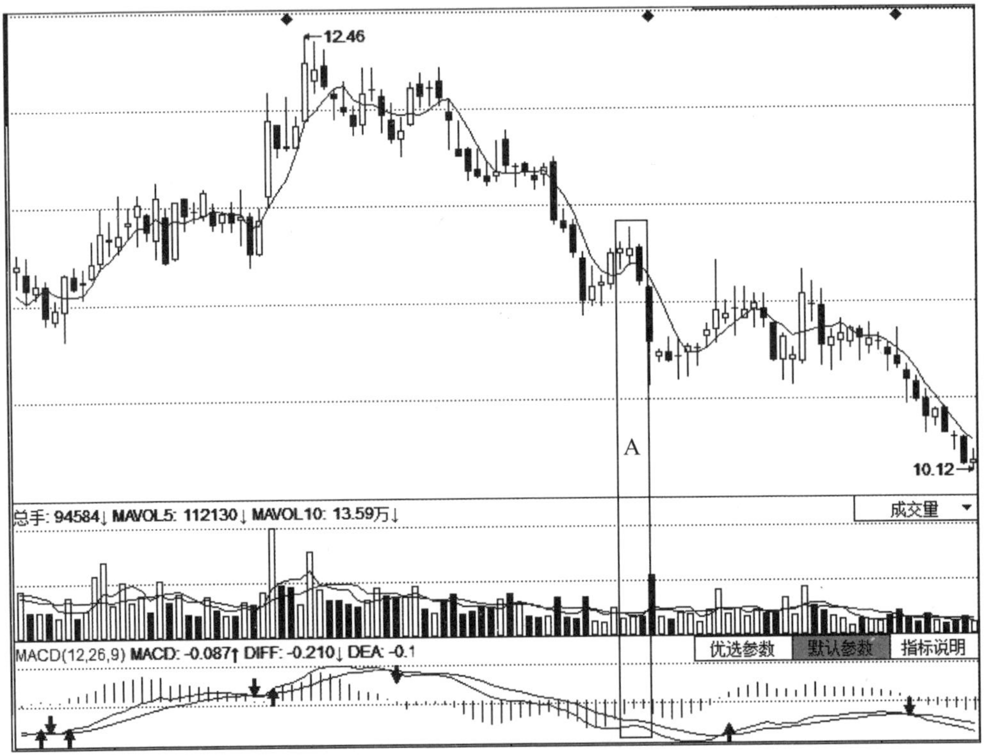

图 8–8　国金证券日线图

币观望。

2. 上涨趋势中 MACD 二次翻绿

图 8-9 是诺德股份（600110）日线图，在上涨趋势中，进入 A 区域后，绿柱持续缩短，股价也随之回升。当绿柱缩到较短时，还未转为红柱即再次变长，形成了 MACD 二次翻绿形态。这说明调整仍会继续，应先卖出股票观望。其后因多方力量转弱，趋势演变为下跌。

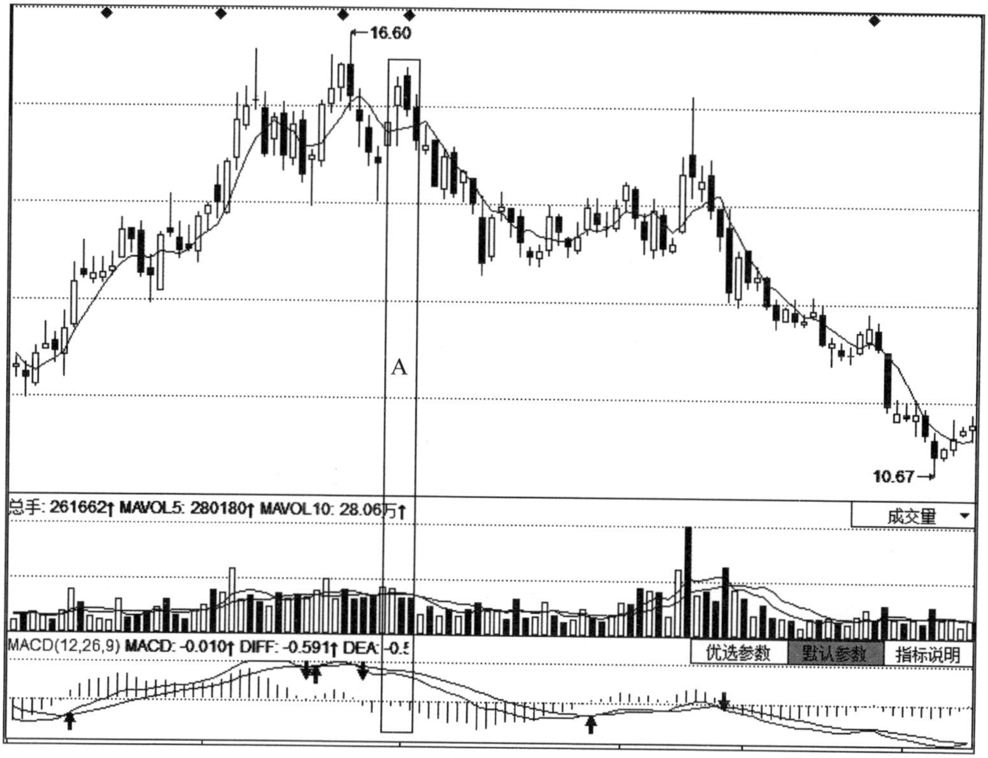

图 8-9　诺德股份日线图

★ 实战要点

1. MACD 二次翻绿形态出现在下跌趋势中，往往是弱势反弹结束、股价转弱的征兆，应卖出股票，如图 8-8 中 A 区域所示。

2. MACD 二次翻绿形态出现在上涨趋势中，往往是短线调整继续的征兆，短线同样需要先卖出股票回避，因为其后若趋势转弱，极易引发趋势反转向下，如图 8–9 中 A 区域所示。

3. MACD 二次翻绿形态出现时，成交量往往为阴量，但并不一定会放大，如图 8–8 所示。如果出现放大的阴量，往往意味着其后股价会快速下跌，如图 8–9 所示。

8.3.2 金叉不叉

金叉不叉指 DIFF 线在 DEA 线之下运行时，DIFF 线向上运行，即将与 DEA 线形成金叉时停止向上运行，而是转头向下。出现这种形态，表明在弱势中空方再次发动攻势，所以才会出现 DIFF 线未形成金叉即再次下行的走势，是一种经典的弱势转弱的形态。

出现金叉不叉时，MACD 柱经常表现为二次翻绿形态，但并不必然出现这种形态，有时会出现极小的红柱后再转为绿柱并呈放大的状态。

★ 案例解读

图 8–10 是铁龙物流（600125）日线图，在上涨趋势的调整行情中，DIFF 线在 DEA 线之下运行。进入 A 区域后，DIFF 线向上运行，但在即将与 DEA 线形成金叉时，却未向上突破，而是转为向下运行，形成了死叉不叉形态。MACD 柱二次翻绿，表明趋势已经再次转弱，应果断卖出。

图 8–11 是长江投资（600119）周线图，在快速上涨后的回调过程中，进入 A 区域后，DIFF 线在 DEA 线之下运行。随着股价反弹，DIFF 线出现了短暂的看似欲向上突破 DEA 线形成金叉的迹象。绿柱持续缩短后转为红柱，但随即红柱再次转为绿柱，DIFF 线也转头继续向下运行，形成了金叉不叉形态，此时应果断卖出。

★ 实战要点

1. 出现金叉不叉形态，通常是不会形成金叉，即 DIFF 线继续转头向下运行，MACD 柱多数表现为二次翻绿，如图 8–10 所示；极少会出现绿柱缩

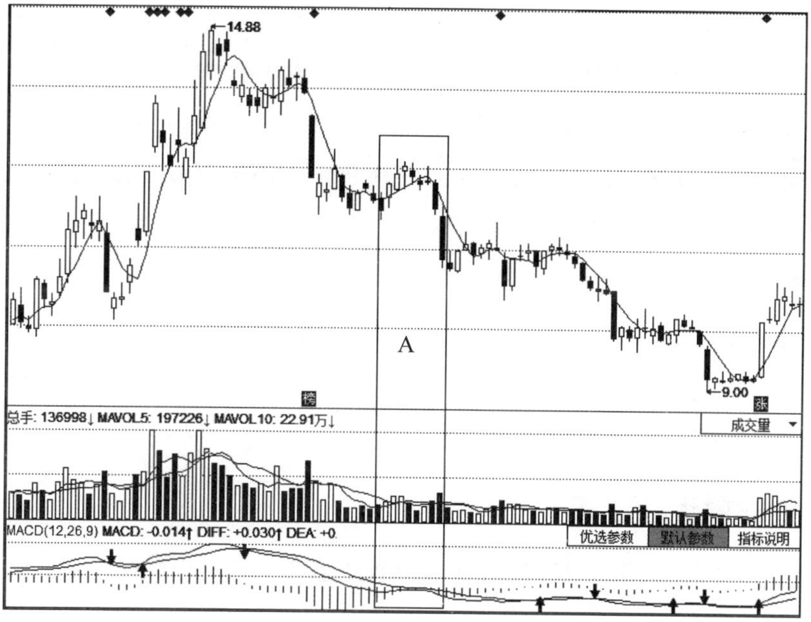

图 8-10 铁龙物流日线图

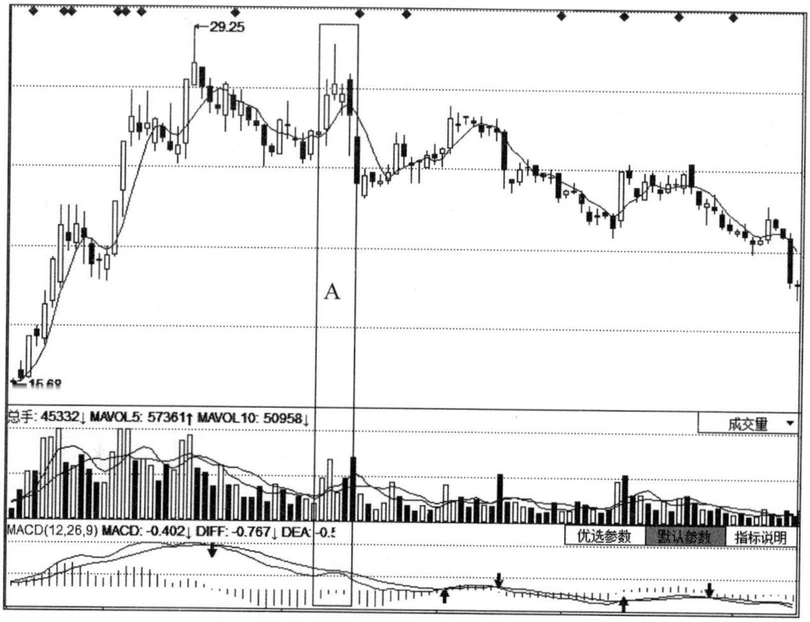

图 8-11 长江投资周线图

短后转为红柱的情况，如图 8–11 所示。但无论出现哪种情况，都预示着后市走弱，因此应远离此类股票。

2. 出现金叉不叉形态时，成交量辅助判断效果往往不明显，一般要求呈阴量即可。出现明显放大的阴量时，往往是快速下跌的征兆，应果断离场。从形态上判断时，出现金叉不叉形态后，双线往往会向下发散，MACD 绿柱也会逐渐放大，如图 8–10 和图 8–11 中 A 区域所示。

3. 出现金叉不叉形态时，DIFF 线短暂向上突破了 DEA 线，而后马上又跌破了 DEA 线，此时往往表现为弱势震荡行情，此时的金叉或死叉是没有意义的，不能将其视为金叉不叉形态。

8.3.3 0 轴附近接连死叉

0 轴附近接连死叉指双线运行到 0 轴附近时，出现一次死叉后，又在 3—15 个交易日内再次出现死叉，就形成了 0 轴附近的接连死叉。出现这种形态，说明多空双方较量过程中，空方力量过于强大，因此是一种趋势转弱的征兆。

利用 0 轴附近接连死叉判断趋势转变时，有一个条件应当强调一下，就是 DEA 线的钝化。前文介绍过，由于 DEA 线钝化时表现为双线距离较近的小幅震荡，所以这种情况下出现的接连死叉或是多次死叉属于无效死叉，不能将其视为 0 轴附近的接连死叉形态，应视为盘整状态。但是，如果在 DEA 线钝化状态下出现 0 轴附近接连死叉，最后一个死叉形成后，双线向下发散时，应视为有效死叉，后市同样会转为弱势下跌，应果断卖出。

★ 案例解读

图 8–12 是宝硕股份（600155，现名华创阳安）日线图，在反弹行情中，进入 A 区域后，先在 B 点形成了一个死叉。间隔 11 个交易日后，先是出现金叉，其后在 C 点再次形成死叉。两次死叉均发生在 0 轴附近，形成了 0 轴附近接连死叉的形态。两个死叉表明多头力量由强再次转弱，空方最后占据了主导地位，意味着反弹结束，趋势转为下跌，因此应及时卖出。

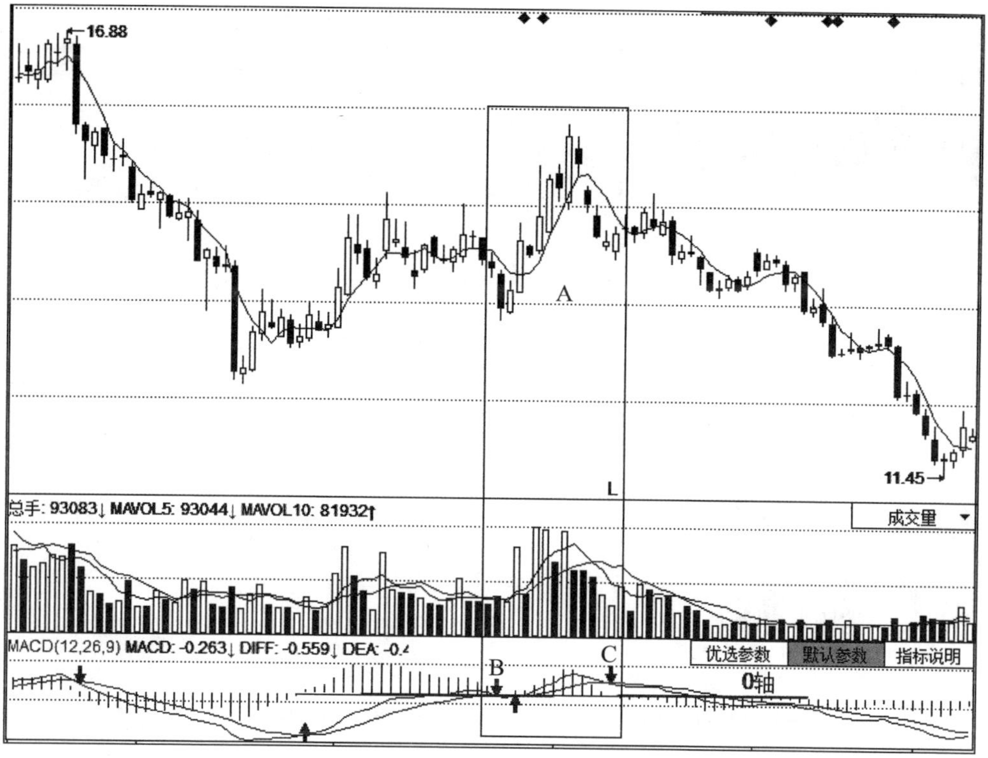

图 8–12　宝硕股份日线图

图 8–13 是东湖高新（600133）日线图，在下跌反弹期间，进入 A 区域后，双线出现了距离较近的水平小幅震荡，意味着 DEA 线钝化。其后在 B 点形成死叉，在 C 点再次形成死叉。因 DEA 线钝化期间金叉与死叉均无效，所以不能视其为 0 轴附近的接连死叉。但是，在 C 点形成第二个死叉后，绿柱快速变长，双线向下发散，因此应卖出。

★ 实战要点

1. 0 轴附近接连出现死叉时，两个死叉必须发生在 0 轴附近，之间应相隔 3—15 个交易日，否则不能视为 0 轴附近的接连死叉形态，如图 8–12 中 A 区域所示。

图 8-13　东湖高新日线图

2. 0 轴附近接连出现死叉时，如果出现在 DEA 线钝化的情况下，不能视其为 0 轴附近接连死叉的形态。如果在最后一个死叉出现后形成了绿柱变长状态下的双线向下发散形态，同样是一种趋势转弱的卖出形态。

8.4　MACD 柱卖出形态

8.4.1　红柱快速大幅缩短

红柱快速大幅缩短指在上涨趋势或反弹行情中，红柱持续变长且达到一定长度后无法再继续变长，而是明显地快速缩短。

红柱快速大幅缩短表明盘中买盘突然大幅减少，如果此时股价震荡走低，成交量为放大状态下的阴量或天量阴量，则意味着其后将转为下跌趋势。尤其是出现在股价大幅上涨后的上涨趋势中，其后趋势反转向上的概率极大。如果出现在短期反弹幅度较大的情况下，是反弹即将结束的征兆。

如果红柱快速大幅缩短，成交量表现为明显的阴量缩减，那么这是一种量价背离形态。如果此时在高位区，意味着主力资金筹码较为集中，此后股价仍然会快速上涨，但已接近尾声。一旦股价转跌，红柱转为绿柱，应及时卖出。

★ 案例解读

图 8–14 是巨化股份（600160）日线图，在上涨趋势中，经过 A 阶段的短期大幅上涨，进入 B 区域后，红柱放大到一定程度后快速缩短，成交量也

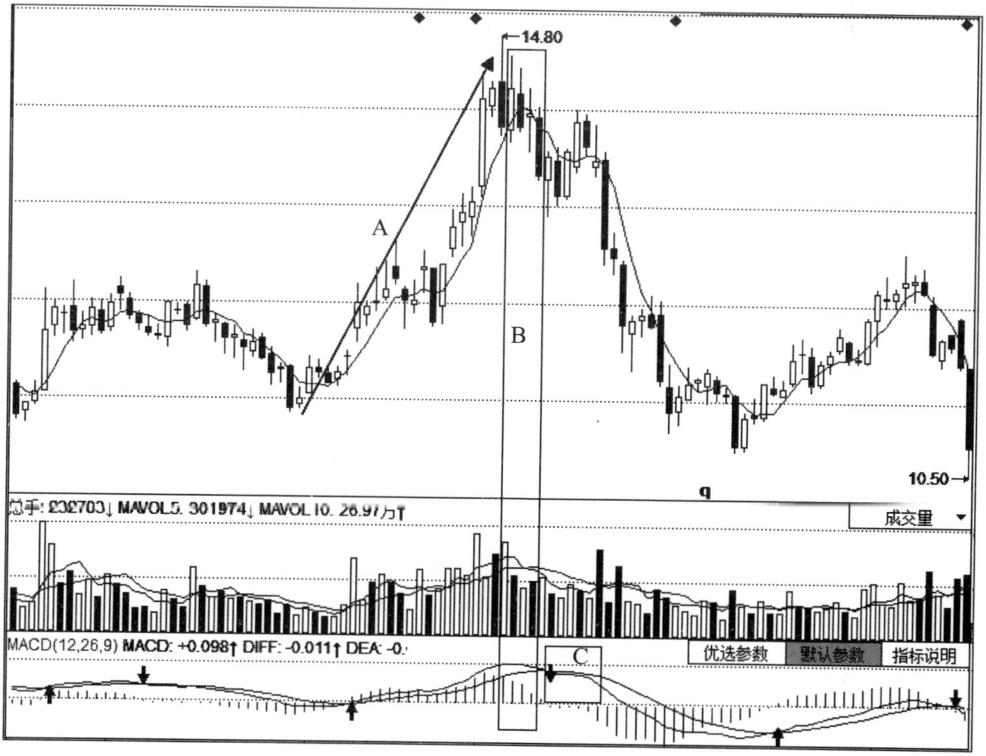

图 8–14　巨化股份日线图

由阳量转为阴量，表明趋势转跌的概率极大，因此应果断卖出。其后在 C 区域出现高位死叉，之后双线向下发散，红柱变为绿柱后快速变长，说明趋势已经彻底反转向下，应远离该股。

图 8–15 是华仪电气（600290）日线图，在上涨趋势中，进入 A 区域后，红柱持续变长后无法继续变长，而是快速缩短，但此时成交量为极度缩量的小阳量，表明主力资金的筹码依然集中，考虑到整体涨幅并不大，应先观察后再决定是否卖出。

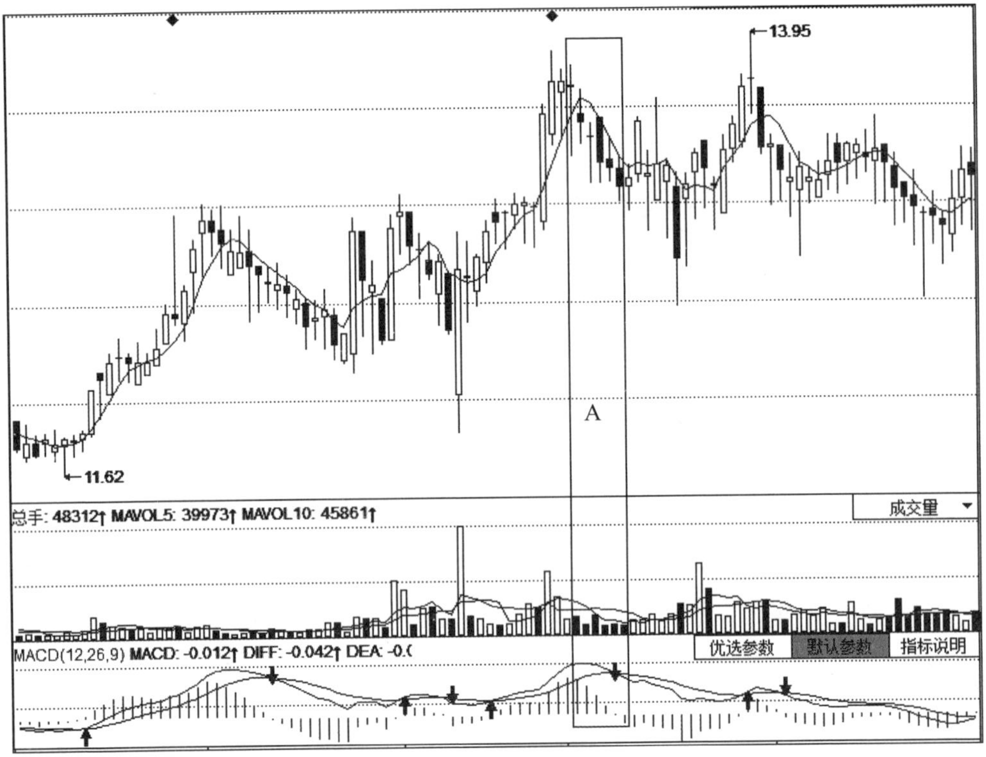

图 8–15　华仪电气日线图

★ 实战要点

1. 红柱快速大幅缩短往往意味着多方力量衰竭，尤其是成交量为放大阴量状态下，或是股价大幅上涨后，以及弱势反弹行情中出现时，应果断卖出，如图 8–14 所示。

2. 如果红柱快速大幅缩短出现在涨幅不大的情况下，成交量也表现为极度缩小的阴量，说明主力资金依然处于收集筹码的状态，此时不可卖出。一旦其后出现一波快速的上涨行情，则应根据具体形态选择卖出股票，如图 8–15 中 A 区域所示。

8.4.2 绿柱快速大幅变长

绿柱快速大幅变长指绿柱出现后突然快速大幅地变长。出现这种形态，表明盘中的卖盘压力突然增大，所以是股价转势下跌前的征兆。尤其是出现在下跌趋势的反弹行情中，或是股价大幅上涨后，成交量也出现明显放大状态的阴量或天量阴量，都是上涨趋势快速结束的征兆，应及时卖出。

但在弱势反弹行情中，成交量可能不会明显放大，尤其是在反弹幅度并不大的情况下，因为此时市场处于弱势，无须太大的卖盘即会引发股价下跌。反而是在明显的上涨趋势中，通常会出现较高水平的阴量，出现天量阴量更是明显快速转跌的征兆。

★ 案例解读

图 8–16 是鄂尔多斯（600295）日线图，在上涨趋势的高位震荡过程中，进入 A 区域后，红柱转为绿柱并持续快速变长，成交量也由小阳量转为放大状态的阴量，这说明趋势已经快速转为下跌，应果断卖出。

图 8–17 是安迪苏（600299）日线图，在下跌趋势的反弹行情中，经过小幅反弹后，在 A 区域出现了盘整。进入 B 区域后，绿柱持续快速变长，虽然此时的成交量为阴量，并且量能并不大，但此时为下跌趋势的弱势盘整，说明股价已经快速转弱，同样应卖出股票，以回避其后的再下跌。

★ 实战要点

1. 绿柱快速大幅变长如果出现在上涨趋势中的高位区，往往是趋势快速转弱的征兆，此时成交量也会呈放大状态的阴量，如图 8–16 所示。

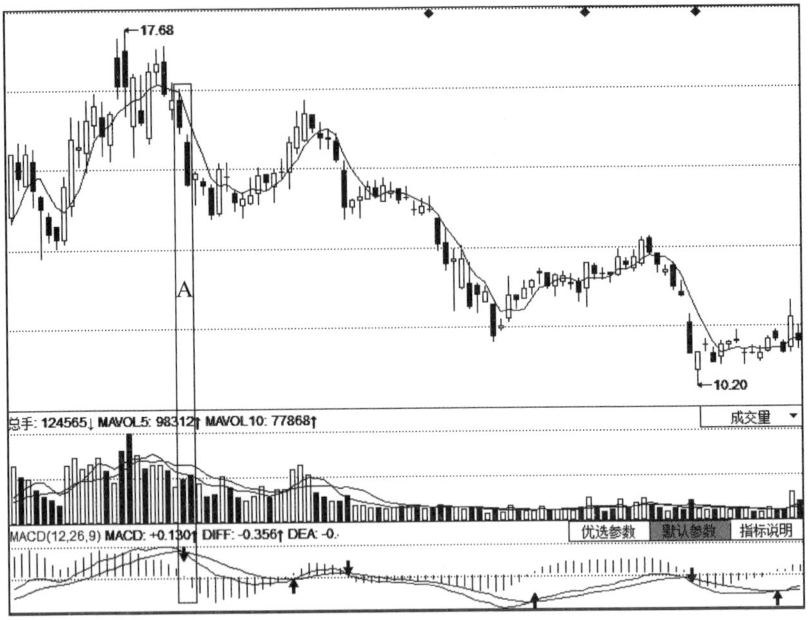

图 8-16　鄂尔多斯日线图

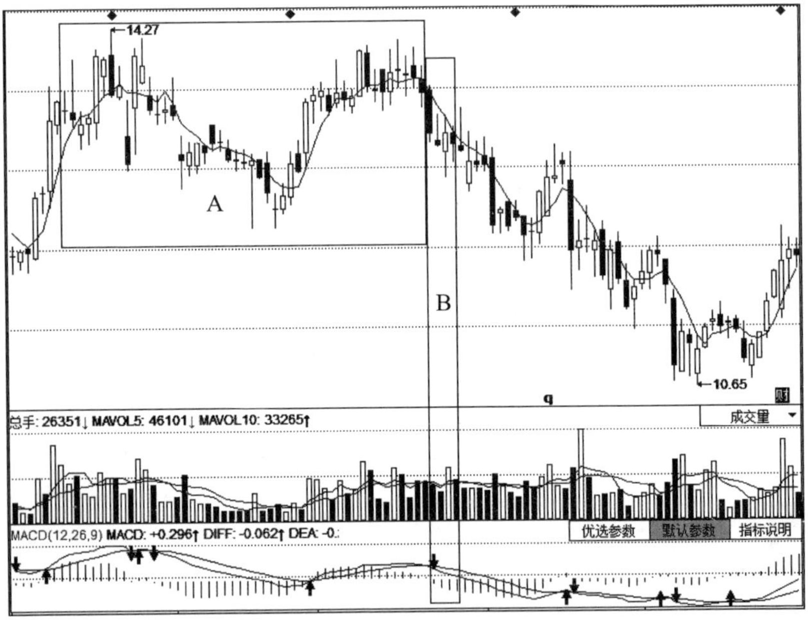

图 8-17　安迪苏日线图

2. 绿柱快速大幅变长如果出现在弱势反弹的震荡行情中，往往表明盘整已经结束，其后趋势将演变为继续下跌，所以同样应以卖出股票为主，以免亏损进一步扩大，如图 8–17 所示。

第9章　MACD指标量化战法

量化分析是金融危机后华尔街采用的一种分析方法，是大数据支持下对股票进行技术分析的方法。现实中，由于普通投资者无法掌握这些数据，所以华尔街的量化分析方法并不适用，反而可以根据MACD指标的计算原理，以及MACD指标的优缺点，结合不同周期的K线图变化，对MACD指标的统计数据进行更改，从而达到不同量化标准下准确判断趋势演变的效果。

9.1　认识 MACD 交易系统

9.1.1　MACD 交易系统简介

指数平滑移动平均线（MACD）是从双指数移动平均线发展而来的，在应用时需要先计算出通常为 12 日的快速移动平均值，和通常为 26 日的慢速移动平均值，用快的指数移动平均线（EMA12）减去慢的指数移动平均线（EMA26）得到快线（DIFF 线），今日 DEA(MACD)= 前一日 DEA×8/10+ 今日 DIF×2/10，（DIF−DEA）×2，即可得到 MACD 的数值，从而画出柱状图。

以上是 MACD 指标双线一柱的计算方法。在持续的涨势中，差离值 DIF 为正值，并且会越来越大；相反，在持续下跌的趋势中，差离值 DIF 为负值，并且会越来越小。行情开始反转时，正负差离值要缩小到一定程度才会发生。

另外，MACD 值也有正负值之分，当 MACD 值由负值转为正值时，是买入信号；当 MACD 值由正值转向负值时，是卖出信号。

这些都是 MACD 指标的基本用法，在前文中都一一详细讲解过。回顾一下，从中可以发现一个 MACD 技术的关键问题，就是移动平均值 EMA 的计算是以 12 日或 26 日的平均值来计算的。在所有的炒股软件中，MACD 指标的参数设置也均是以（12，26）为基础计算双线一柱。这就说明，在 MACD 指标中，（12，26）这一平均值是计算 MACD 指标的基础。

对大多数投资者来说，可能都不会明白（12，26）这一周期的取值根据。这其实只是查拉尔德·阿佩尔（Geral Appel）在 1970 年创建 MACD 指标时采取的一种统计数据，即利用短期 12 日的收盘价平均值与长期 26 日的收盘价平均值进行计算。这就像在设置均线时，通常使用 5 日、10 日、20 日、

30 日、60 日均线，同样地，40 日和 50 日均线依然可以采用。

在 MACD 交易系统中，无须过多关注指标的计算方法，因为指标参数只不过是统计计算周期的问题。只需要明白，DIFF 线为统计周期较短的快线，类似于均线中的 5 日或 10 日均线，其运行变化较快；DEA 线为统计周期较长的慢线，类似于均线中的 30 日或 60 日均线，其运行变化速度较慢。然后再根据前面讲到的 DIFF 线与 DEA 线的不同变化，以及 MACD 柱的颜色与长短变化，判断趋势演变即可。

★ 案例解读

图 9-1 是新天药业（002873）日线图，打开 MACD 指标的参数设置，会发现系统中的参数设置是以 A 区域中的 12、B 区域的 9、C 区域的 26 等默认数值来统计计算 MACD 指标的，其中 DIFF 线为快线，DEA 线为慢线。

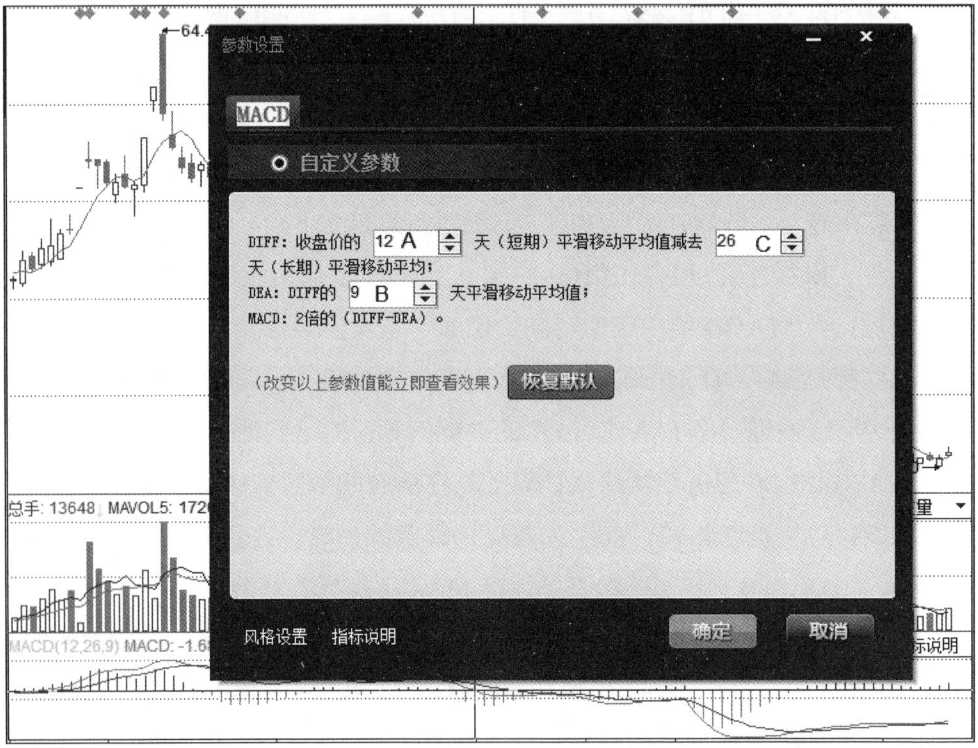

图 9-1　新天药业日线图

根据 MACD 交易原则，可以将 A 区域出现 DIFF 线突然向上翘起、双线向上发散、红柱持续快速变长、成交量阳量放大判断为买入时机，将其后 B 区域出现高位金叉不叉、双线向下发散、成交量持续为放大状态的阴量等特征判断为趋势转弱的卖点，如图 9-2 所示。

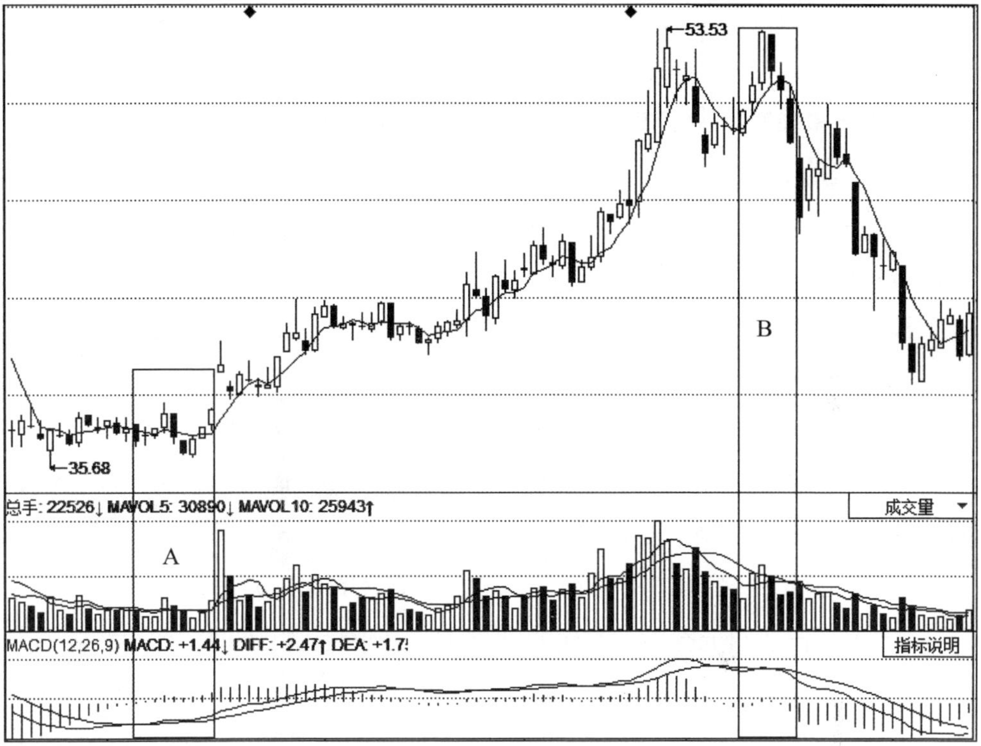

图 9-2　新天药业日线图

★ 实战要点

1. 在了解 MACD 交易系统的过程中，各指标的计算方式只是一种统计的逻辑，投资者只要有一定的了解即可，无须纠结为什么要如此统计和计算，因为统计周期是可以更改的，如图 9-1 所示。

2. 利用 MACD 交易系统判断买卖点，关键在于对趋势演变的把握，即 MACD 买入形态出现时买入，卖出形态出现时卖出，如图 9-2 所示。

9.1.2 MACD 交易系统的优劣

在实战中运用 MACD 指标进行交易的过程中，虽然它能够反映较长时间段内的趋势高点与趋势低点，作为中长线操盘或波段操盘的买卖依据，但是如果波段周期过短，或陷入了震荡趋势，MACD 指标就无法准确反映波段的高低点以及行情的变化。这时如果按照 MACD 指标的买入信号买入，很快又会卖出，买点与卖点之间有时可能毫无利润，甚至遭受亏损。

另外，短线操作中，如果是一两天的持股周期，股价涨跌幅度特别大时，即使是从短期 K 线图出发，MACD 指标的移动也相对迟缓，出现 MACD 指标提示与股价涨跌的错位，也就是当指标反映出股价趋势时，往往行情已经成为过去。

投资者使用 MACD 指标判断行情时，一定要了解指标的这一缺陷，这样才能充分利用这一指标。

至于 MACD 的优点，在此无须过多阐释，因为在中长线操作中，MACD 指标对波段高低点的判断准确度高，尤其是在周线以上级别中，只要时刻观察是否出现背离，即可做到应用自如。

但是，MACD 的缺点也是显而易见的，具体有如下两点。

（1）当行情忽上忽下、震荡幅度过小或处于盘整状态时，如果按照信号买入进场，随即又要卖出离场，买卖之间或许没有利润，甚至还要赔点儿价差或手续费。因此，在盘整趋势的牛皮行情中，MACD 指标会出现失真的情况，无法准确提示趋势的演变。

（2）在短线操作时，如果股价在一两天内的涨跌幅度较大，MACD 来不及反映行情。因为 MACD 指标移动平缓，与行情的移动之间存在一定的时间差，所以一旦行情迅速大幅涨跌，MACD 指标不会立即发出相应的买卖信号。此时，MACD 指标是无法起到作用的。

应对的方法其实较为简单，就是当 MACD 指标指示的趋势不明朗时，可以将 K 线图的级别向上提升一级，然后再观察。比如，如果观察的日线级别趋势盘整或不明朗时，可观察更高一级即周线图的趋势。如果是观察 30 分钟图，一旦行情出现快速涨跌，MACD 指标出现滞后的反应时，可以将观察的 K 线图升级到日线上来观察。

★ 案例解读

图 9-3 是传艺科技（002866）30 分钟图，进入 A 区域后，双线上行到顶部后回调。进入 B 区域后，双线在 0 轴附近形成黏合状态的水平小幅震荡，表明 DEA 线钝化，趋势进入震荡盘整。在此期间无法根据 MACD 指标判断行情，因此可将 K 线图调整到日线级别去观察。

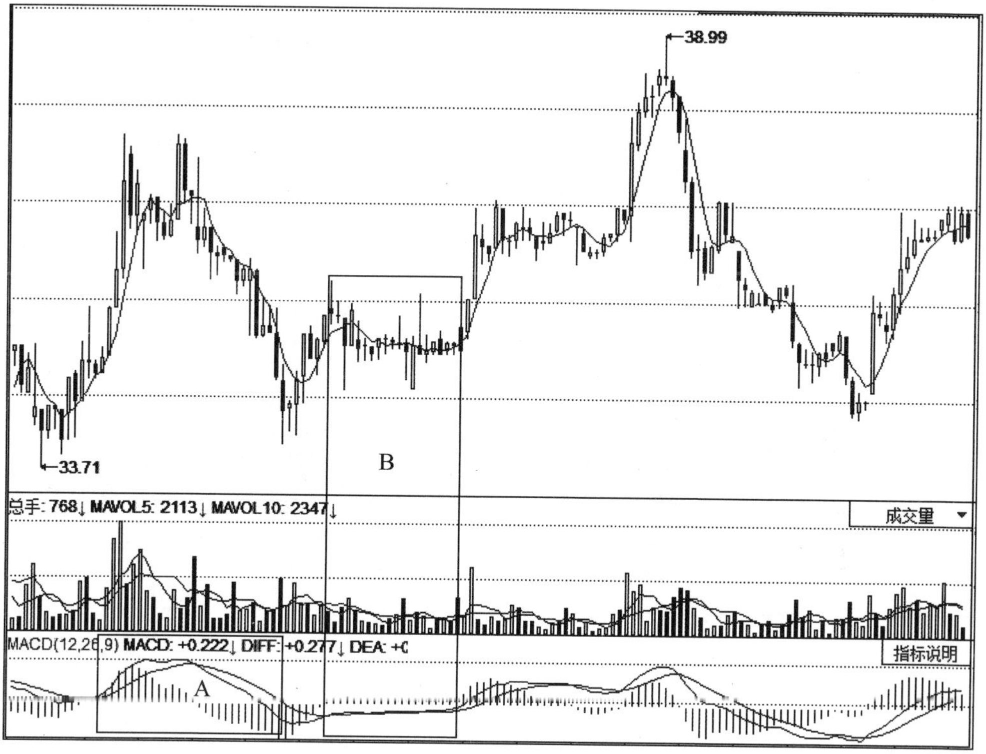

图 9-3　传艺科技 30 分钟图

图 9-4 是传艺科技日线图，在股价大波段运行中，经历了 A 阶段的上涨趋势，B 阶段双线震荡上行。进入 C 区域后，即图 9-3 中 B 区域对应的时间段，双线已经运行到顶部区域，出现双线距离较近的震荡整理，属于高位震

荡整理。同时成交量呈缩减状态下的阳量，表明只是短线的震荡调整。考虑到此时股价涨幅已达到 50% 左右，并且日线趋势依然处于上涨趋势，其后的反复震荡格局或会延续，因此，操作上仍然应当回到 30 分钟图上做短线的小波段操作。一旦发现日线上出现高位卖出形态，应果断中止短线操作，卖出股票。

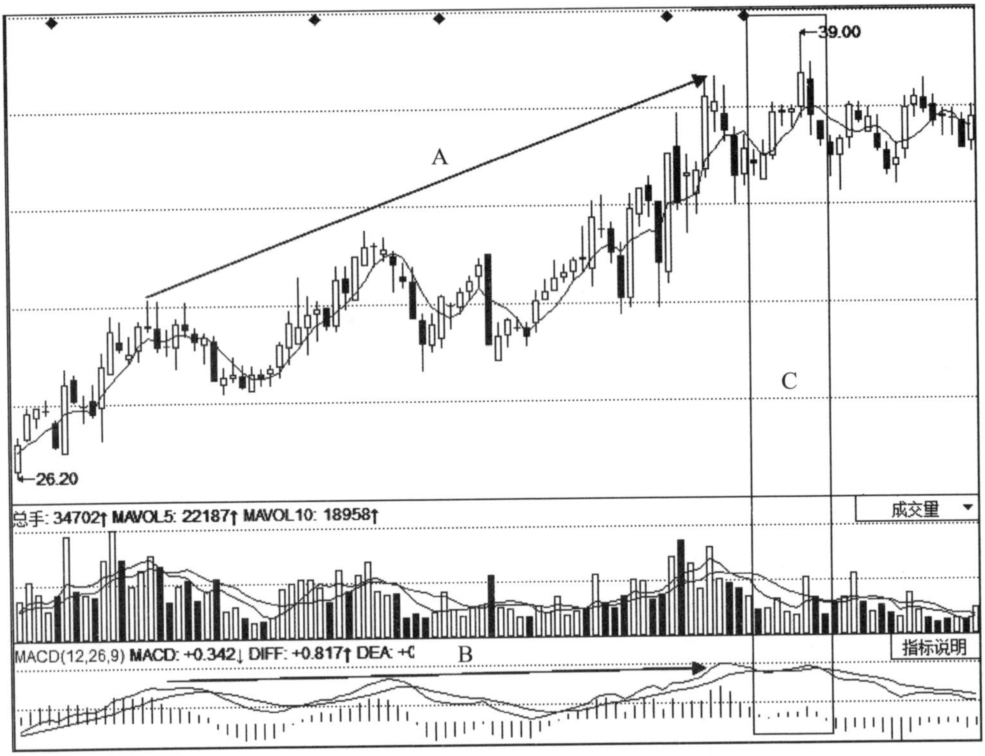

图 9–4　传艺科技日线图

★ **实战要点**

1. MACD 指标最大的缺点是震荡格局造成的 DEA 线钝化，如图 9–3 中 B 区域所示，此时应观察更高一级的 K 线图的趋势演变。MACD 指标的优点是分析大波段的运行趋势，所以此时不能降低 K 线级别来观察更短周期的趋势变化，并以此来决定操作。

2. MACD 指标在短线操作中还有一个问题，就是短期内股价出现了大幅波动，但 MACD 指标出现了反应滞后的情况，此时仍然要向更高一级的 K 线图寻找趋势演变的方向。

9.1.3　MACD 交易系统的参数修改与设定

了解了 MACD 交易系统的计算方法和参数设定之后，就可以像更改和设置均线周期一样更改 MACD 指标的参数。MACD 指标的默认参数为（12，26，9），所以在更改参数时，应针对这三个数据进行更改，也就是改变统计的时间周期。更改后，系统就会按照更改后的统计周期自动计算并生成图像显示在 MACD 指标显示区域。

更改 MACD 指标参数的步骤和方法如下。

（1）将 K 线图调整到需要更改的周期图上。比如要更改日线图时，只要打开任意个股或大盘的日线图即可。

（2）鼠标对准 MACD 指标显示区域中任意一条线，DIFF 线或 DEA 线均可，点击鼠标右键，就会出现一个对话框。

（3）鼠标对准对话框中的“修改指标参数（C）”，点击左键。

（4）这时屏幕上会弹出一个长方形的大对话框，就可以根据自己的需要对（12，26，9）这三个参数值进行修改。

（5）修改后检查一遍，然后点击确定，系统就会按照修改后的指标参数自动计算并生成指标图。

修改完成后，最好再检查一遍，即按修改步骤调出 MACD 指标参数对话框，看看数据是否已经更改为自己想要的数值。如果已经改好，可以直接点击确定或取消；如果未改过来，可以再按照上面介绍的步骤一步步操作。

需要注意的一个重要问题是，修改 MACD 指标参数时，只是针对这一级别的所有 K 线图进行参数更改。比如在日线图上修改，修改后炒股软件中所有的日线图都会随之更改。但是，其他周期的 K 线图（如周线图和 30 分钟图等）是不会更改的，仍然需要按照上面介绍的修改步骤和方法进行修改。

★ 案例解读

如果想修改 30 分钟图的 MACD 指标参数，可以按照下面的步骤操作。

（1）先打开一张 30 分钟 K 线图，比如选择钧达股份（002865）30 分钟图，从 K 线周期上调出 30 分钟图即可，如图 9-5 所示。

图 9-5　钧达股份 30 分钟图（一）

（2）此时，鼠标对准下方 MACD 指标显示区域两条线中的任意一条，点击鼠标右键，屏幕上会出现一个小的选择框，如图 9-6 所示。

（3）鼠标向右移动到选择框，选择“修改指标参数（C）”选项，即图 9-6 中的 B 区域，然后点击鼠标右键，就会再次跳出一个大的方形对话框，如图 9-7 所示。

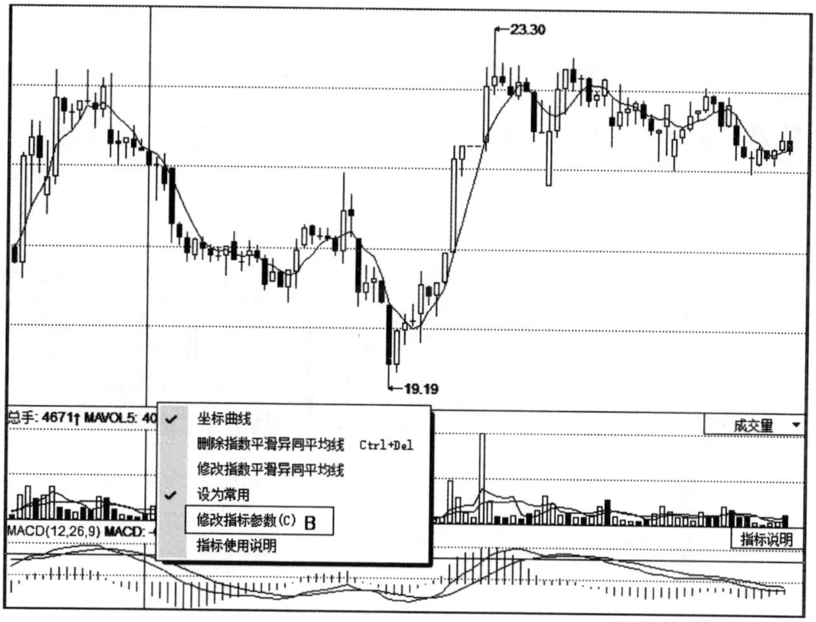

图 9-6　钧达股份 30 分钟图（二）

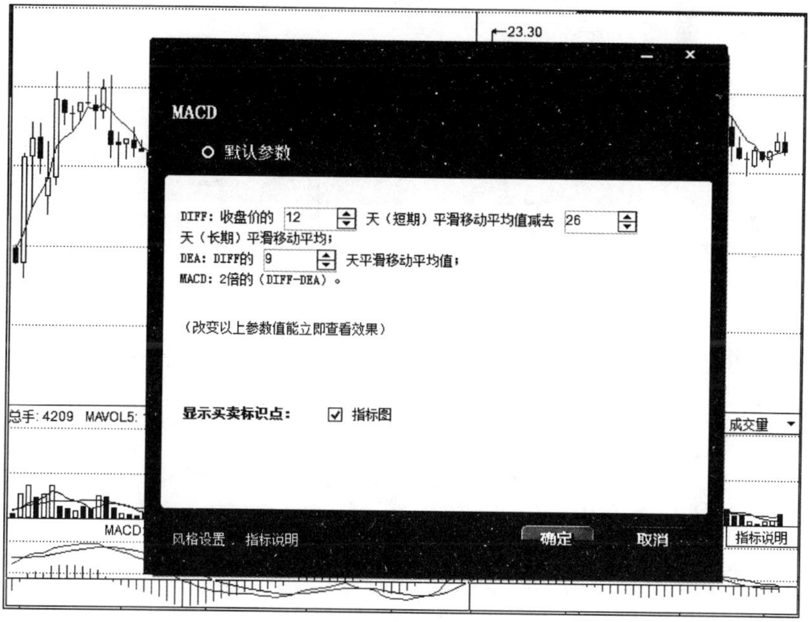

图 9-7　钧达股份 30 分钟图（三）

（4）选中需要修改的参数，通过移动数值后方的上下按键，使前面的数值达到自己想要设置的数值，或是用鼠标对准数值手动修改。比如，将短期统计的周期参数改为 10，长期周期参数改为 20，DEA 改为 DIFF 的 5 天平滑移动平均值，如图 9–8 所示。

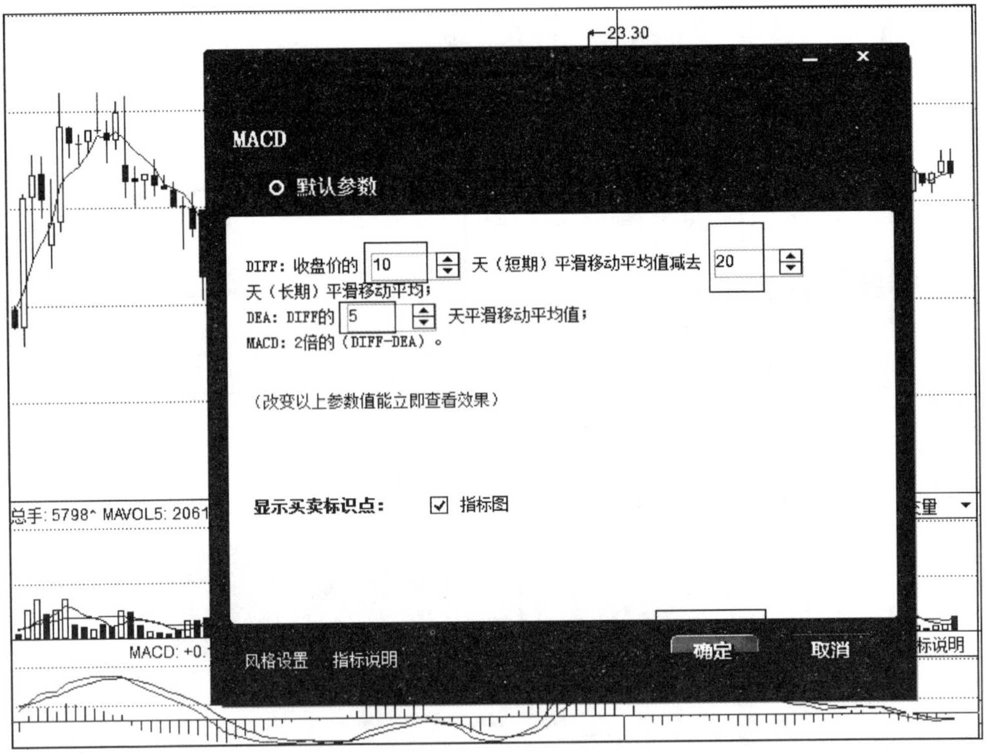

图 9–8　钧达股份 30 分钟图（四）

（5）这时候只需要检查修改的数值，然后用鼠标对准图 9–8 中下方的“确定”按钮，点击鼠标左键，这样在所有 30 分钟图上都会自动生成这一参数的 MACD 指标，如图 9–9 所示。

现在，在炒股软件中，所有 30 分钟图上的 MACD 指标参数都已经改为（10，20，5）条件下的计算结果。为了确保前面的修改已经生效，此时不妨随意打开一只股票或大盘的 30 分钟图查看。比如，选择上证指数 30 分钟图，按照前面介绍的步骤再操作一次，结果就会发现 MACD 指标参数已经变

图 9–9 钧达股份 30 分钟图（五）

为修改后的数值。此时只需点击对话框右侧下方的“确定”或“取消”按钮即可，如图 9–10 所示。

★ 实战要点

1. 在更改 MACD 交易系统的指标参数时，一定要按照 5 个步骤进行，并且在完成修改后再检查一遍，以确认参数已经修改成功。有时候可能因为个人操作过快，或是系统突然因短时断网等原因导致修改不成功。

2. 在更改 MACD 交易系统的指标参数时，当用鼠标点击 MACD 指标显示区域的双线时，对准其中任意一条即可。如果对准的是 MACD 指标显示区域的空白处，跳出的选择框相对较长，选项较多，但同样可以寻找其中的“修改指标参数（C）”，点击进入指标参数的修改。

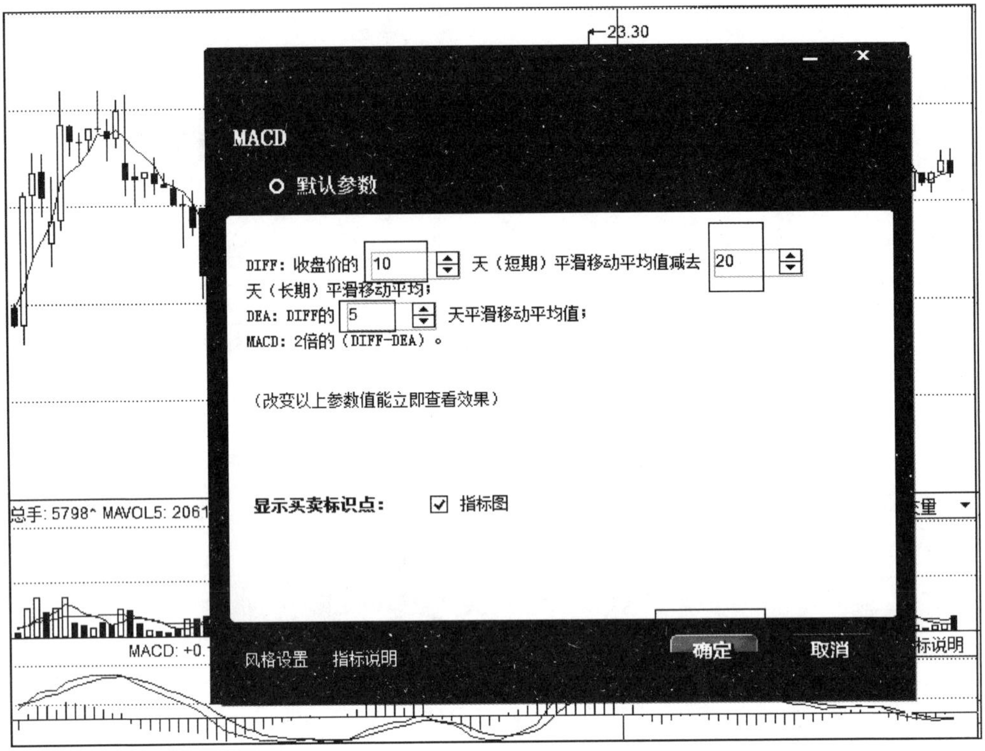

图 9-10　上证指数 30 分钟图

9.2　建立属于自己的 MACD 交易系统

9.2.1　根据自身需求更改 MACD 指标参数

对于 MACD 指标参数，一般来说不能随意更改，修改前一定要考虑到自己判断趋势变化时的需要，这就要分析双线对趋势反映的强度和自身的操作习惯。比如投资者是以中长线波段操作为主，那么基本上不需要更改参数值，只要根据周线图和月线图默认参数的 MACD 指标，就能够顺利完成波段操作。

对短线操作者来说，由于股价短期内上下波动较大，MACD 指标有时无法及时反映股价的趋势变化，这样不妨适当缩短统计周期，如将参数由原来的（12，26，9）更改为（5，10，7）。更改之后，MACD 指标对股价变化的反映更及时，更有利于投资者分析趋势变化，捕捉买卖点。

★ 案例解读

图 9–11 是卫信康（603676）30 分钟图，在 A 阶段快速上涨过程中，短线操作难以捕捉到 MACD 指标的变化，比如观察对应的 B 区域，双线一柱的变化并不明显。这时不妨调整一下 MACD 指标的参数，将统计周期缩短为（5，10，7）再观察。

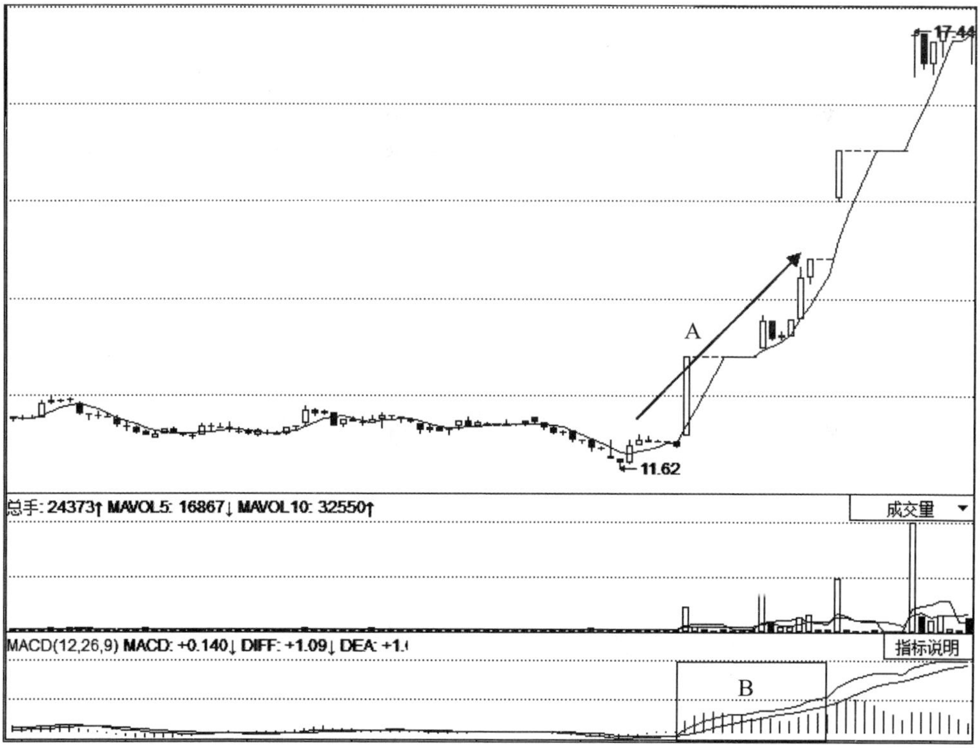

图 9–11　卫信康 30 分钟图

图 9-12 是将 MACD 指标参数修改为（5，10，7）后的卫信康 30 分钟图，调整参数后，很明显就能够观察出 A 区域之后 DIFF 线突然向上翘起，B 区域出现了死叉不死和 MACD 二次翻红的买入形态，短线买点一下子变得清晰可见。

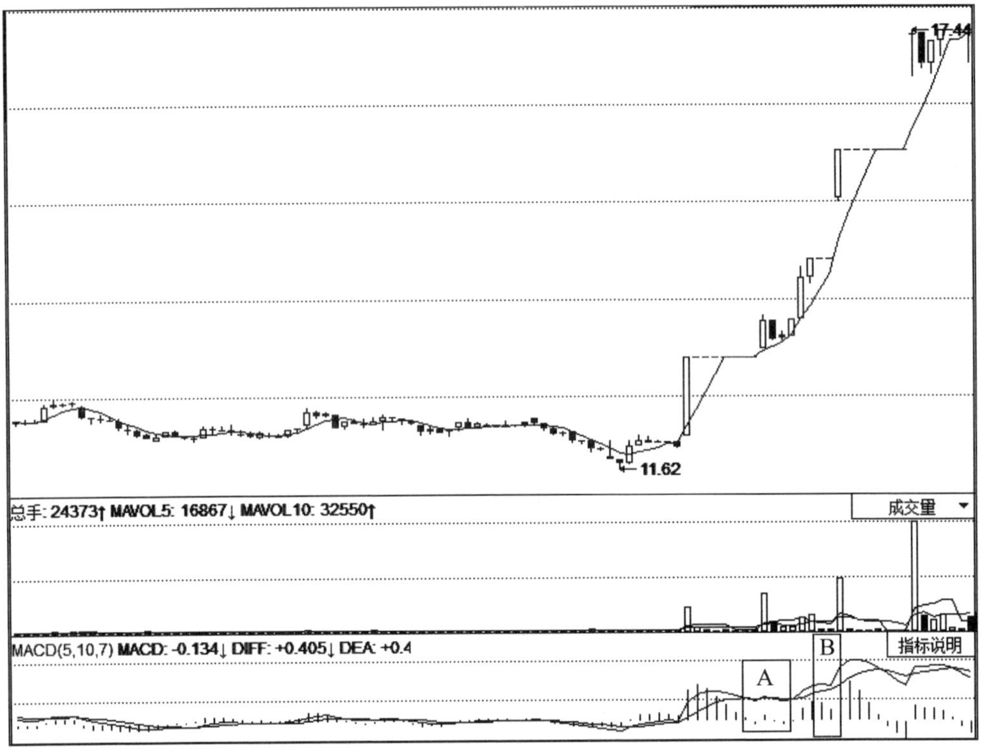

图 9-12　卫信康 30 分钟图

★ 实战要点

1. MACD 指标参数不能盲目修改，要考虑操盘需要。一定要根据自己的操作策略，结合 MACD 指标的缺点做出适当的修改和调整，如图 9-11 和图 9-12 所示。

2. 如果投资者是以大波段操作为主，无须修改 MACD 指标参数，只需以周线图为基础，结合月线图，就能够完成大波段操作。短线操作时，可根据自身的需求修改参数。

9.2.2 不同周期的参数设定

不同周期的 MACD 指标参数，从修改方法上并没有什么难度，关键在于修改哪个周期图。前文已经讲过，以中长线大波段投资为主的操作不需要修改参数，只要观察较长周期的 K 线图，即可准确捕捉到高低点。

短线操作很大程度上与个人的操作习惯有关，比如有人喜欢观察 1 分钟图，再结合 60 分钟图判断短期趋势，那么此时不妨修改一下炒股软件中的 1 分钟图和 60 分钟图的 MACD 参数。

问题是应当如何修改指标参数？首先考虑 1 分钟图，在所有 K 线图中，1 分钟图是最短的周期图，MACD 指标在 1 分钟图上的反应会很快，尤其是在快速涨跌时，所以周期图本身已经很好地克服了 MACD 指标的缺点，不必修改 1 分钟图的 MACD 指标参数，或是适当降低 MACD 指标的反应速度，将适当加大指标参数的数值，向较长周期靠拢，比如默认值为（12，26，9）不妨改为（20，38，12）。

对于 60 分钟图，因在短线操作中周期较长，所以可适当减小 MACD 指标参数。比如将默认参数（12，26，9）修改为（10，20，7），这样 60 分钟图上的 MACD 指标就会变得更贴近股价趋势，更有利于捕捉短线指标的变化。

★ 案例解读

图 9–13 是台基股份（300046）1 分钟图，由于 1 分钟图本身反映的周期变化较快，所以完全可以不调整 MACD 指标参数，或是将参数略微变大，这样才不会因 MACD 指标变化太快而出现错误操作。比如在不改变参数的情况下，A 区域股价突然上涨，DIFF 线也随之突然向上翘起，红柱快速变长，成交量突然放大，表明盘整趋势向上演变，此时可作为短线买入的参考。

根据 1 分钟图买入后，再观察 60 分钟图的变化。考虑到 60 分钟图周期较长，作为短线操作的依据，应当使 MACD 指标更快地反映股价的快速变化，

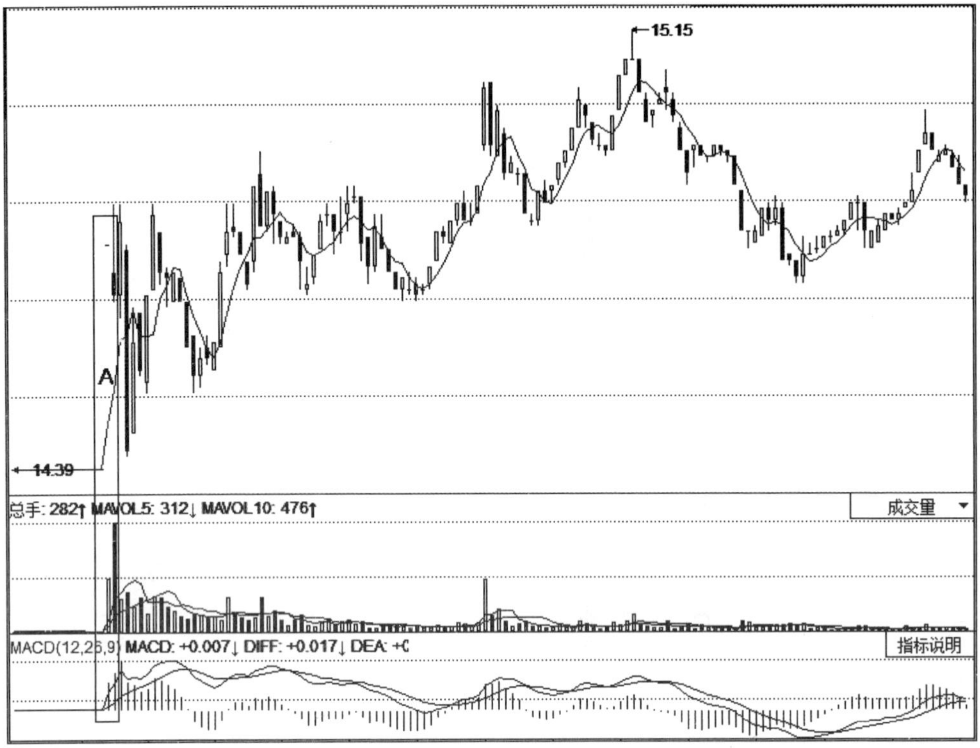

图 9-13　台基股份 1 分钟图

所以不妨将默认的参数（12，26，9）更改为（10，20，7），这样 60 分钟图上的 MACD 指标就会及时反映趋势的快速转变。

图 9-14 是台基股份 60 分钟图参数变更为（10，20，7）后的显示，从图 9-13 中 1 分钟图买入后的情况观察，对应 60 分钟图中是 B 区域 2018 年 8 月 20 日开盘后的情况。随后进入 C 区域后，双线依然呈明显的上行趋势，这说明短时间内双线还有持续上行的空间，即股价依然会短时上涨，此时可持股观察后期走势，再决定是否卖出。

★ 实战要点

1. 不同周期的 MACD 指标参数设置，应根据自身的操作习惯选择相应的参数，如图 9-13 和图 9-14 都是根据短线操盘的使用习惯而定的。

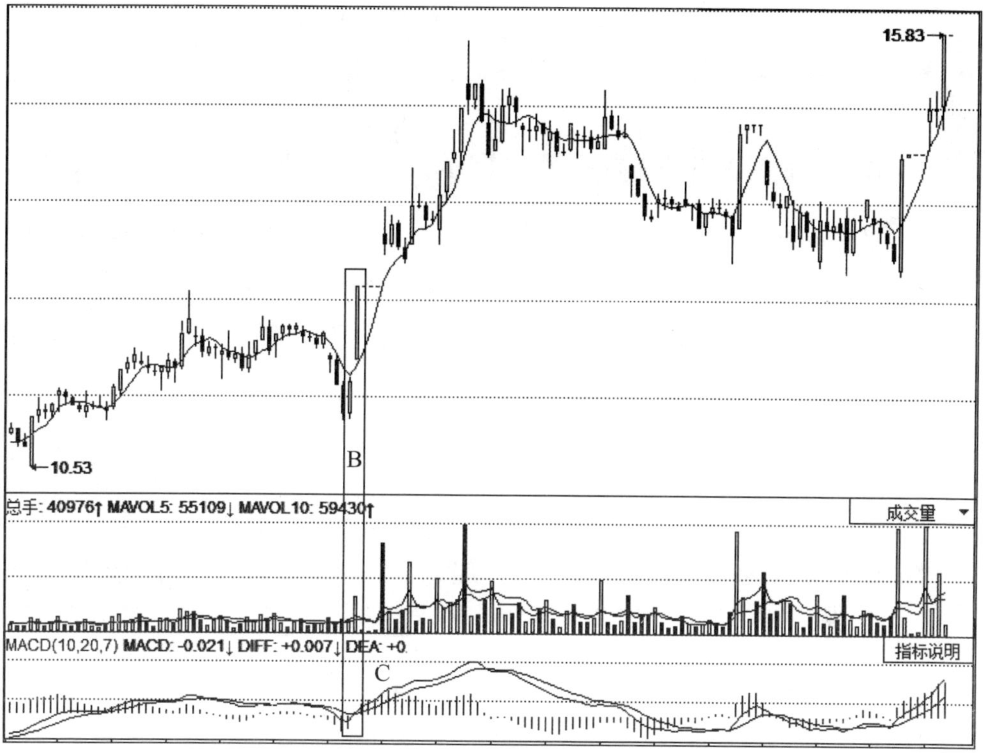

图 9–14　台基股份 60 分钟图

2. 在修改不同周期的 MACD 指标参数时，应根据所选周线图的周期，并结合 MACD 指标的缺点来修改，不能任意更改。比如 1 分钟图，原本 MACD 指标与股价趋势的显示就较快，所以可不改动，或是将参数改大，这样就会克服因参数周期过短所造成的 MACD 指标反应过快的问题，如图 9–13 所示。

3. 在修改不同周期的 MACD 指标参数时，如果周期图的周期较长，可以将默认参数（12，26，9）缩小，即让较长周期图上的 MACD 指标更快地反映趋势的变化，这样才能及时捕捉短期的趋势性行情，如图 9–14 所示。

9.3 MACD 交易系统实战

9.3.1 根据新 MACD 交易系统的提示买入

更改了 MACD 指标参数后，只是根据需要改变了 MACD 指标计算时的长短周期，并不影响前文介绍的 MACD 指标各种形态和使用方法。即使参数改变了，在判断行情时，依然要根据 MACD 指标的买入形态提示进行买入操作，这一点是操作过程中不可更改的方法。

★ 案例解读

图 9-15 是丹邦科技（002618）60 分钟图，在短线操作中，将 60 分钟图的指标参数改为了（10，20，7），那么在判断时就应在这种参数下寻找

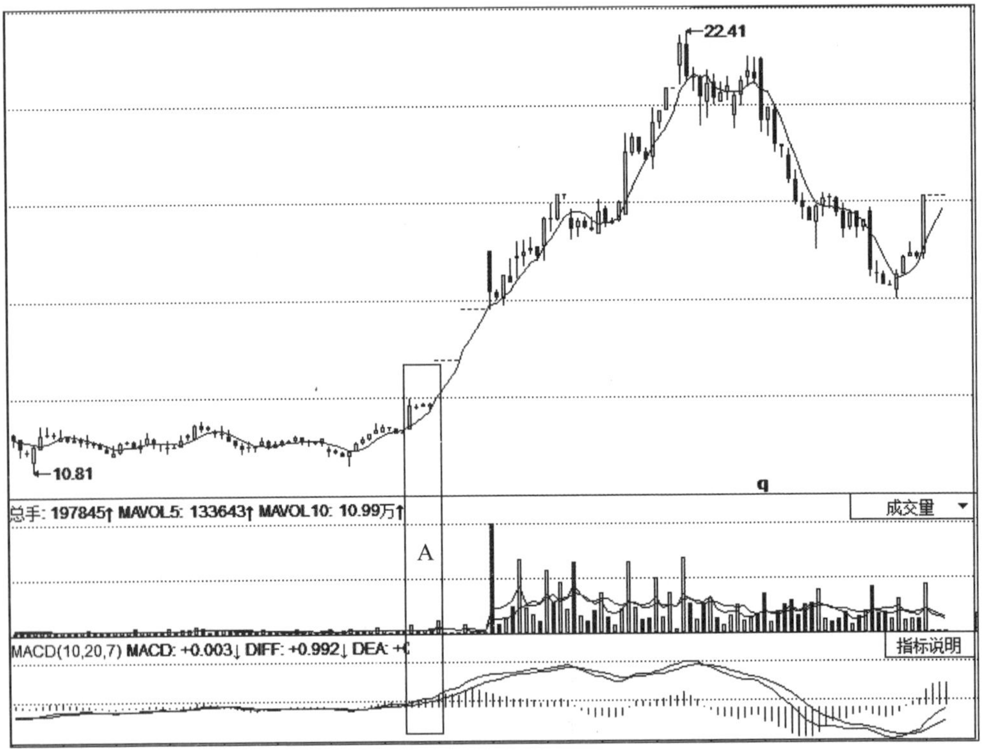

图 9-15　丹邦科技 60 分钟图

买入形态。比如进入 A 区域后，红柱持续快速变长，双线形成了明显的向上发散形态，并且成交量出现了明显的阳量放大，形成了明显的买入形态，此时就应果断买入。

★ 实战要点

1. 更改了 MACD 指标参数后，买入时仍应遵守 MACD 指标的买入原则和买入方法，即在 MACD 指标发出买入信号时果断买入，如图 9–15 中 A 区域所示。

2. 更改了 MACD 指标参数后，根据前面介绍的 MACD 指标买入形态买入时，仍然需要通过 MACD 双线形态、MACD 柱变化的规律，并结合成交量情况来判断，如图 9–15 所示。

9.3.2 根据新 MACD 交易系统的提示卖出

更改 MACD 指标参数后，系统会自动按这一参数生成相应的指标图。投资者利用新的指标参数判断趋势时，依然要遵循 MACD 指标的卖出形态决定是否卖出。只有当双线一柱以及成交量变化符合卖出标准时，方可卖出股票，否则就应当继续持有。

★ 案例解读

图 9–16 是中石科技（300684）MACD 指标参数改为（10，20，7）后的 60 分钟图，尽管参数已经更改，但判断卖出形态时仍然应以 MACD 指标的卖出信号为准。比如在上涨趋势中，B 区域形成了股价震荡创出新高、DIFF 线高点却不断降低的波峰顶背离，那么就应在其后，即双线同步向下运行时果断卖出。

★ 实战要点

1. 更改了 MACD 指标参数后，在选择卖出股票时，应当观察到 MACD 指标在新参数之下形成卖出形态时再卖出，如图 9–16 所示。

2. 更改了 MACD 指标参数后，只是对 MACD 指标中计算周期大小做出更改，并不会影响其使用方法和判断卖点的依据，因此仍要遵守 MACD 指标出现卖出形态时卖出股票的操作原则。

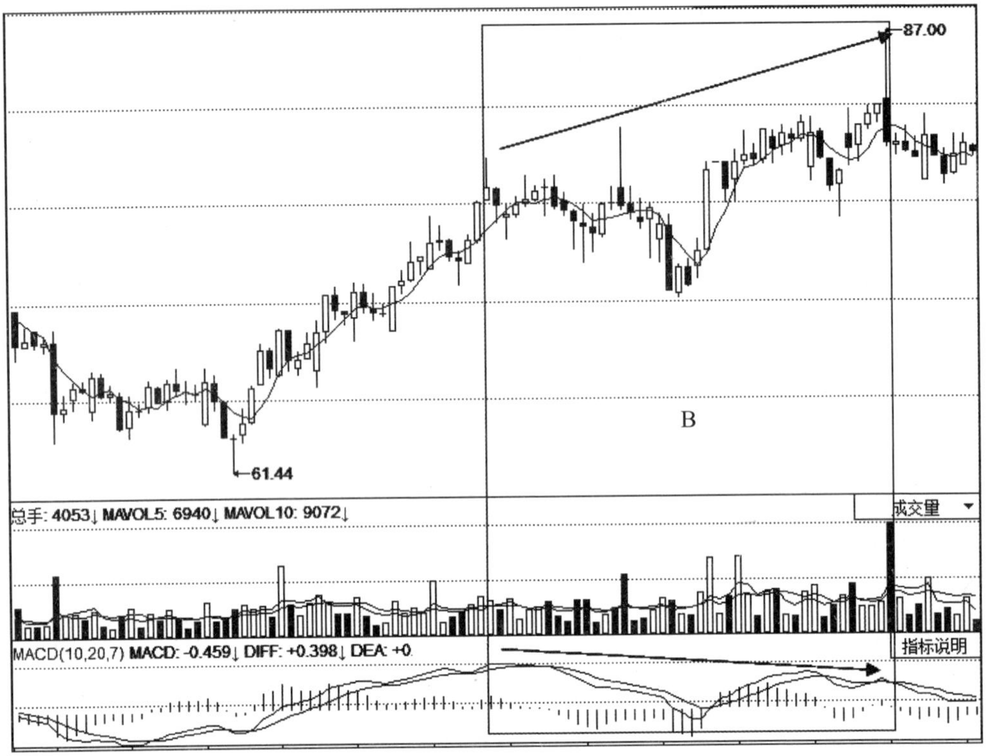

图 9-16　中石科技 60 分钟图